Gerhard Fischer

Katastrophenbegegnungen –

revisited!

Anekdoten und Episoden von der Helferfront

Bibliografische Information der Deutschen Nationalbibliothek:
Die Deutsche Nationalbibliothek verzeichnet diese Publikation in der Deutschen Nationalbibliografie; detaillierte bibliografische Daten sind im Internet über dnb.dnb.de abrufbar.

Verlag: BoD · Books on Demand GmbH, In de Tarpen 42,
22848 Norderstedt
Druck: Libri Plureos GmbH, Friedensallee 273,
22763 Hamburg

ISBN: 978-3-7693-1701-5

Inhalt

Vorwort 2019

Warum die Geschichten eines humanitären Helfers lesen? Was kann daran interessant sein, was neu, was wurde nicht schon so oft berichtet?

Ich wurde von Gerhard Fischer als ehemaliger Kollege und Vorgesetzter, aber vor allem als Freund gebeten, ein Vorwort für dieses Buch zu schreiben. Ich hatte das Glück, mit ihm viele dieser kleinen Anekdoten selber erleben zu können, sei es als Sachbearbeiter in Montenegro, Serbien oder Moldawien, sei es als Direktor der internationalen Zusammenarbeit der Caritas Luxemburg. Nach der Lektüre des ersten Entwurfes fand ich mich so sehr in dem Buch wieder, dass ich die Aufgabe das Vorwort zu schreiben, mit Freude übernahm.

Gerhard Fischer erzählt in diesem Buch nicht nur seine Geschichte, er erzählt vor allem die Geschichten der Menschen, die er getroffen hat. Er berichtet davon, wie die Menschen auf ihn gewirkt haben, wie die Kulturen auf ihn gewirkt haben. Der Witz, die Anekdote entsteht zumeist aus diesen verschiedenen Perspektiven, der des Lesers und der des Betroffenen. Normale alltägliche Dinger werden aus den zwei verschiedenen Perspektiven erlebt, dies macht den Reiz des Buches aus.

Gerhard Fischer hat in seinem bisherigen Leben als humanitärer Helfer sehr viel erlebt, viel Leid gesehen, viel Not gefühlt, viel Gefahr verspürt. Doch was in ihm geblieben ist, sind die Menschen, ihre Geschichten, ihr Lachen, ihre Freundschaft. Davon berichtet er in seinem Buch.

Um diese Geschichten so zu erleben, muss man sich ihnen öffnen. So wie Gerhard Fischer sich öffnete um diese Geschichten dieser Menschen in sein Herz und letztendlich auch in dieses Buch zu lassen, so muss sich der Leser dieses Büchleins auch beiden öffnen, dem Helden der Geschichten, wie auch dem Erzähler, denn nur wenn man beide Seiten versteht, ergibt sich einem der Sinn dieses Buches.

Gerhard Fischer ist aber sicherlich mehr als ein Geschichtenerzähler, er ist ein professioneller humanitärer Helfer, ein zuverlässiger Kollege und ein Rückhalt für viele Menschen in Not.

Ich wünsche ihnen liebe Leserinnen und Leser, dass Sie sich von den Geschichten in fremde Welten und Kulturen mitnehmen lassen und selbst in Not und Leid Platz für die Geschichten anderer finden.

Viel Spaß.
Dr. Michael Feit

Liebe Leserin, lieber Leser,

stell dir vor, du würdest einen Freund nach langer Zeit wieder einmal besuchen. Von außen erkennst du das Haus sofort. Nachdem du aber hineingelassen wurdest, merkst du, dass sich einiges verändert hat. Der Flur, die Zimmeraufteilung - manche Wände wurden sogar durchgebrochen, um Räume zu verbinden – der Fußboden wurde erneuert, die Wände sind andersfarbig, hier stehen dir noch altbekannte Möbel, dort fehlen einige, dafür sind andere dazugekommen - irgendwie scheint alles anders zu sein, und trotzdem fühlt es sich vertraut an. Am Hintereingang fragt dich der Freund suggestiv: „Meinst du nicht, dass es jetzt lebenswerter erscheint?" Ähnlich ist es mit dem vorliegenden Buch; es ist, meiner Meinung nach, noch lesenswerter.

Dessen erste Version hatte ich im Jahr 2019 veröffentlicht (in englischer Version unter dem Titel: ‚Disastrous encounters' im Jahr 2022 erschienen). Nachdem ich meine Auslandseinsätze für humanitäre Hilfsorganisationen endgültig beendet hatte, nahm ich mir vor, ein zweites zu schreiben, in welchem ich ausschließlich auf meine Arbeit detaillierter zurückblicken wollte – auch kritisch.

Die hatte ich zwar in den ‚Katastrophenbegegnungen' zumindest in einem Kapitel ansatzweise skizziert, aber eben nicht darüber hinaus. Zu meiner Zeit im Ausland gehörten auch die übrigen Anekdoten und Episoden. Daher wäre es logisch gewesen, beide Inhalte in einem Buch zu vereinen. Jedoch barg diese Überlegung die Gefahr, entweder in einer unübersichtlichen Vermischung unterzugehen oder, wie ich nach einem ersten Entwurf feststellen musste, dass die lustigeren Geschichten (Katastrophenbegegnungen) neben der ernsthafteren Darstellung meiner Tätigkeit wie ein Fremdkörper erschienen.

Deshalb beschloss ich, beide Teile wieder voneinander zu trennen. Damit der Titel - genauso wie die ‚Katastrophenbegegnungen' – doppeldeutig zu verstehen ist, habe ich das Buch mit dem Fokus auf die Arbeit ‚Katastrophenabschied' genannt. Denn, zum einen habe ich mich von den Katastrophen verabschiedet, die der Grund für meine jeweilige Entsendung gewesen sind, andererseits vollführte ich meinen allerletzten Abschied für mich in geradezu katastrophaler Weise, weil ich vorzeitig kündigte. Obendrein soll der Titel ein Hinweis auf die katastrophale Organisation, meinen damaligen Arbeitgeber, sein, wie ich sie empfand, und die keineswegs die einzige in meiner Karriere gewesen ist.

Beim Schreiben darüber fiel mir auf, dass ich unbewusst dazu neigte, auf Episoden aus den ‚Katastrophenbegegnungen' zurückzugreifen, manchmal sogar den identischen Wortlaut übernahm. Als ich mir dann in der Vorbereitung einer Lesung die ‚Katastrophenbegegnungen' nochmals genauer vorgenommen hatte, kam ich zu dem Schluss, sie erneut zu veröffentlichen, und zwar aus zwei wesentlichen Gründen.

Zuallererst wollte ich, wie ich es im ‚Katastrophenabschied' formulierte, die Geschichte zu Ende erzählen. Denn nach meinem Einsatz in der Türkei, währenddessen die ‚Katastrophenbegegnungen' erschienen waren, folgte ein weiterer in Georgien.

Außerdem gefiel mir jetzt der damalige Stil nicht mehr. Daher habe ich den Inhalt nahezu völlig entkernt, indem ich einige der ursprünglichen Kapitel entweder in andere einarbeitete oder komplett herausgenommen habe. Zudem habe ich ihnen neue Überschriften gegeben. Alle übrigen Abschnitte habe ich inhaltlich nochmals überarbeitet, zum Teil auch ergänzt. Und zwar dort, wo ich glaubte, näher erläutern zu müssen, wobei mir das eine oder andere zuvor unerwähnte Episödchen wieder in den Sinn kam. Völlig neu geschrieben habe ich dagegen die Einleitung sowie das Schlusskapitel.

Letzteres entsprang der Aussage eines Lesers der ‚Katastrophenbegegnungen'. In Anlehnung an den von dem Sportjournalisten Bruno Morawetz geäußerten, berühmt gewordenen Ausspruch: „Wo ist Behle?", fragte mich ein Freund: „Wo sind die Menschen (in den Katastrophenbegegnungen)?" Er hätte zwar sehr oft über all die Anekdoten und Episoden lachen müssen, trotzdem bedeute eine Begegnung doch in erster Linie, „dass man Menschen trifft". Gerade die seien aber höchstens konturenhaft erwähnt.

Das habe ich mir zu Herzen genommen, sodass ich einige Personen inner- und außerhalb meines Arbeitsplatzes näher vorstelle, die mich in der einen oder anderen Art beeindruckt haben, und mir in besonderer Erinnerung geblieben sind.

Komplett verzichtet habe ich hier auf die Fotos aus den ‚Katastrophenbegegnungen', weil deren Qualität sehr zu wünschen übrigließ.

Insofern mag der Kenner auf den ersten Blick denken, es handele sich im Folgenden nur um einen kosmetischen Umbau. Ich, dagegen, würde es fast als Neufassung bezeichnen, die in etwa der Grundsanierung einer Wohnung entspricht, die man nach langer Zeit wieder besucht (revisited).

Hereinspaziert, überzeuge dich selbst!

November 2024
Gerhard Fischer

22 Jahre professionell – kurz und bündig

Der letzte Satz in den 2019 veröffentlichten ‚Katastrophenbegegnungen' lautete, „dass (…) ich weitere Katastrophenbegegnungen haben werde, ob im Ausland oder daheim." Dass sich diese damals floskelhafte Prophezeiung tatsächlich in einem solchen Ausmaß – nämlich in zweieinhalbfacher Hinsicht – bewahrheitete, hätte ich zugegebenermaßen damals nicht für möglich gehalten. Anderthalb von ihnen hebe ich mir für das Nachwort auf, da ich sie nach meiner Auslandstätigkeit hierzulande erlebte, während mir die dritte – chronologisch eigentlich die erste - noch im Ausland widerfahren war.

Irgendwie gleicht es einem Treppenwitz in meiner beruflichen Biografie, dass ich nach mehr als zwanzig Jahren ausgerechnet am 24. Februar 2022 meinen allerletzten Arbeitstag im Ausland im Bereich humanitäre Hilfe hatte; nämlich genau an dem Tag, als Russland seinen südlichen Nachbarn Ukraine völkerrechtswidrig überfiel und damit eine der größten Katastrophen der frühen 2020er Jahre auslöste, die kein Ende zu nehmen scheint.

Bemerkenswert ist darüber hinaus, dass ich mich, nach meinem Dafürhalten, von jenem letzten Einsatz in katastrophaler Weise verabschiedete, indem ich vorzeitig meinen Vertrag kündigte, da ich meinen Arbeitgeber, eine auf Katastrophen spezialisierte Hilfsorganisation, als bei weitem katastrophalste im Vergleich zu allen vorherigen empfunden hatte – in der Tat eine Katastrophenbegegnung sondergleichen. Die Details darüber habe ich im ‚Katastrophenabschied' geschildert. Für den vorliegenden Zusammenhang soll die Erklärung genügen, dass ich die Reißleine aufgrund des Verhaltens des mir übergeordneten Managements zog, und nicht wegen der inhaltlichen Arbeit, und schon gar nicht wegen des georgischen Kontextes.

Nach wie vor genießen Hilfsorganisationen und das Arbeitsfeld humanitäre Hilfe im Ausland hierzulande großen Respekt. Schließlich tue man Gutes und vor allem Sinnvolles; ein Satz, den ich unzählige Male zu Hause von Freunden oder Bekannten zu hören bekam. Unter ihnen hatte ich jedenfalls ein Alleinstellungsmerkmal, womit ich stets nach einigen Augenblicken deren Aufmerksamkeit auf mich gezogen hatte. Denn, meine Tätigkeit klang nach Abenteuer, klang nach Gefahr, und klang keineswegs nach einem Alltagstrott – eine nicht alltägliche Geschichte hatte ich immer auf Lager.

Ein Zyniker könnte behaupten, dass der Krieg im ehemaligen Jugoslawien in den 1990er Jahren mein Glück war, weil dort meine spätere professionelle Karriere als Projektmanager im Bereich humanitäre Hilfe ihren Anfang genommen hatte. Er könnte sogar so weit gehen und behaupten, ich hätte mit der Not der Menschen meinen Lebensunterhalt verdient – in der „Mitleidsindustrie", wie die Journalistin Linda Polman ein Buch betitelte.

Jedenfalls behauptete in Sri Lanka ein Deutscher, mit dem ich dort zusammenarbeitete, je länger man in diesem Geschäft tätig wäre, desto zynischer würde man werden. Was genau er damit meinte, verriet er mir nicht. Damals hätte ich ihm sarkastisch entgegnen können, dass er, der meinte, anderen Menschen zu helfen, zuerst einmal selbst Hilfe in Anspruch nehmen sollte. Die hätte er nämlich bitter nötig gehabt.

Nicht nur, dass er ein schwieriger Charakter war, so wie er sich den lokalen Kollegen gegenüber benahm. Die galten für ihn genau genommen lediglich als Kofferträger. Sondern ich schien auch der einzige Ausländer inner- und außerhalb unserer Organisation gewesen zu sein, der sich gelegentlich mit ihm abgab. Vor allem bei Festlichkeiten am Abend, bei denen stets fast die gesamte Helfergemeinschaft anwesend war, suchte er meine Nähe, folgte mir auf Schritt und Tritt wie ein kleiner Hund, und war kaum abzuschütteln.

Andererseits lieferte er als Projektmanager eines, zugegeben, komplexen Vorhabens – die völlige Neuinstallation der Wasserversorgung in einer Kommune – über Monate keinerlei Ergeb-nisse. Dabei wäre es wegen der ständigen Verzögerungen (angeblich) seitens der lokalen Behörden gerade seine Aufgabe gewesen, diesen permanent auf den Füßen zu stehen. Stattdessen flüchtete er sich in die zweifelsohne zynische Aussage: „Die wollen unsere Hilfe offensichtlich gar nicht!"

Als ich später zusammen mit ihm zu einer Einweihung anlässlich der Beendigung eines Vorhabens in der Nachbargemeinde gewesen bin, versuchten tatsächlich einige Menschen aus ‚seinem' Projektort mit ihm über die Wasserleitungen ins Gespräch zu kommen. Er aber wich ihnen allen aus, indem er sich schnellstmöglich auf einen für die Honoratioren reservierten Stuhl setzte, an den sich die gemeinen Einwohner nicht herantrauten. In jenen Momenten gewann der Buchtitel ‚Hilfe, die Helfer kommen' eine ganz eigene Bedeutung für mich.

Dass nur er und ich von unserer Organisation zu der Feierlichkeit eingeladen worden waren, lag daran, dass ich der Teamleiter war, und er von einem lokalen Politiker explizit dazu gebeten worden war, weil die Menschen große Hoffnung in sein Projekt gesetzt hatten, und ihm damit eine besondere Wertschätzung vermitteln wollten. Die ganze Zeremonie glich fast einer Satire, zumal mein Kollege, der in den Ansprachen sogar stets als Mr. Soundso beim Namen genannt wurde, und sich entsprechend feiern ließ, obwohl es diesbezüglich gar nichts zu feiern gab. Die Ironie der Geschichte war, dass er sich kurz vor dem ersten Spatenstich für die Wasserleitungen aus dem Staub gemacht hat. Zu dem Zeitpunkt war mein Einsatz längst beendet. Von ihm gehört habe ich nie wieder.

Warum erwähne ich diese Episode? Zum einen war es in meiner über zwanzig Jahre während Auslandstätigkeit das einzige Mal, dass jemand im Zusammenhang mit meiner Arbeit von Zynismus sprach. Den hatte ich keineswegs, wie von ihm behauptet, selbst bei langjährigen, in dem Bereich Tätigen je vernommen. Ganz im Gegenteil: ausnahmslos hatten sie nach wie vor den Willen zu helfen, ohne vom Helfersyndrom befallen gewesen zu sein. Zynismus könnte man allenfalls nach einer Katastrophe jenen Politikern vorwerfen, die großspurig in einer Geberkonferenz hohe Geldsummen versprechen, und sie hinterher dann doch nicht überweisen.

Darüber hinaus birgt die Begegnung mit ihm einige typische Gesichtspunkte der humanitären Arbeit, die sich wie ein roter Faden auch durch meine Karriere zogen, und die ich selbst, mal mehr, mal weniger nuanciert so wahrnahm.

Humanitäre Hilfe wird insbesondere von Hilfsorganisationen unmittelbar nach einer Naturkatastrophe oder einem bewaffneten Konflikt geleistet. Aufgrund der desaströsen Situation kann diese Unterstützung sogar Jahre dauern. Oft genug werden vor allem die internationalen Hilfswerke dann gar als alleiniger Heilsbringer gesehen, die sich den Problemen der Menschen annehmen, während den Politikern und Behörden vor Ort hinter vorgehaltener Hand kein großes Vertrauen geschenkt wird. Trotzdem ist man bei der Realisierung von Hilfsmaßnahmen auf sie angewiesen, sodass selbst vermeintlich einfache Verteilungen zu einem vertrackten Unterfangen werden können.

Dabei sollen die betroffenen Menschen eigentlich im Mittelpunkt stehen, und am Ende drücken sie gewöhnlich ihre Dankbarkeit auch mehr als herzlich aus. Bis dahin werden sie allerdings oftmals lediglich als Statisten gesehen, die bei der Projektplanung, außer bei der Bedarfsermittlung, keinerlei Rolle spielen. Dennoch muss man ihnen Rede und Antwort stehen, und wenn man dazu nicht in der Lage ist, sollte man sie wenigstens respektvoll behandeln.

Eines unserer Projekte in Sri Lanka war die Beschaffung und Verteilung von Fischerbooten an diejenigen, denen der Tsunami 2004 ihre Existenzgrundlage genommen hatte. Um sicherzustellen, dass wir die richtigen Boote beschafften, schlug ich vor, einige der Betroffenen sollten den dafür zuständigen Logistiker im Landesbüro in Colombo zu ausgewählten Lieferanten begleiten. Die Fischer waren begeistert und nahmen gerne die anstrengende achtstündige Autofahrt dorthin in Kauf.

Im Büro angekommen, ließ man sie allerdings erst einmal stundenlang warten und bei Dienstschluss wurde ihnen mitgeteilt, sie sollten am nächsten Tag wiederkommen, jetzt hätte man keine Zeit. Als wäre es für sie ein Leichtes gewesen, so einfach in der Fremde übernachten zu können. Offenbar, so erzählte mir einer von ihnen später, wären sie schüchtern dagesessen und von den herumlaufenden Ausländern mit Handy am Ohr zu beeindruckt gewesen – im Mittelpunkt sind sie jedenfalls nicht gestanden, sondern eher als Störenfriede der ach so wichtigen Arbeit betrachtet worden.

Weiterhin war die Episode ein Fingerzeig auf die Einstellung so manches Ausländers zu sowie die Zusammenarbeit mit den lokalen Kollegen vor Ort. Meistens kann er mangels Sprachkenntnisse gar nicht ohne sie agieren, und am Ende sind es ohnehin sie, die die eigentliche Arbeit verrichten. Wenn ich ihnen daher von Anfang an mit einer gewissen Arroganz begegne, ist vorauszusehen, dass die Kooperation hinterher alles andere als loyal vonstattengehen wird. Neben anderen Faktoren könnte das ein Grund gewesen sein, warum das Wasserprojekt des Deutschen nicht zum Laufen kam. Ich, jedenfalls, vermutete das ganz stark.

Im Hinblick auf sein Sozialverhalten war er schließlich einer der Wenigen, denen ich in all den Jahren begegnet bin, die vor Ort große Probleme hatten, sich zurechtzufinden. Man muss ja nicht gleich von Integration sprechen. Trotzdem musste ich, vor allem wenn ich als einziger Ausländer im Einsatz gewesen bin, selbst schauen, wie und mit wem ich meine Freizeit gestaltete. In den allermeisten Fällen waren es anfangs immer die lokalen Mitarbeiter, die mich zu sich nach Hause einluden, oder mich irgendwohin mitnahmen. Mir erleichterte das die Eingewöhnung ungemein. Dagegen hatte ich bei dem deutschen Kollegen den Eindruck, dass er sich gar nicht eingewöhnen wollte, und ich mich ohnehin fragte, wie und warum er überhaupt dazu kam, in dem Bereich zu arbeiten.

Ich selbst bin durch puren Zufall während meines Studiums dazu gekommen. Im Jahr 1994 hatte ich mich auf eine Zeitungsanzeige gemeldet, in der Freiwillige zur Arbeit in kroatischen Flüchtlingslagern gesucht wurden. Infolgedessen bin ich vor Ort zum ersten Mal mit dem Arbeitsbereich ,Humanitäre Hilfe' in Berührung und zu der Überzeugung gekommen, meine berufliche Zukunft dort zu suchen.

Um den professionellen Einstieg schaffen zu können, schloss ich zunächst noch ein Aufbaustudium ,Master in Humanitarian Assistance' ab und drei Wochen danach begann ich als Projektkoordinator in der Zentrale einer deutschen Hilfsorganisation.

Genau ein Jahr später erhielt ich dankenswerterweise die Gelegenheit, ein Projektbüro in Belgrad, der Hauptstadt der damaligen Bundesrepublik Jugoslawien, heute Serbien, als dessen künftiger Leiter zu eröffnen, womit meine berufliche Auslandstätigkeit ihren Anfang nahm.

Nach einem Jahr dort war jedoch Schluss, da ich aus arbeitsrechtlichen Gründen keinen weiteren Vertrag bekommen hatte. Auch danach wurde ein stetig befristetes Arbeitsverhältnis zur Normalität für mich, sodass ich bis zum Schluss für sieben Hilfsorganisationen im Ausland tätig war. Die meisten von ihnen waren Nicht-Regierungs-Organisationen (NROs; engl. NGOs); nur einmal war ich bei einer Regierungsorganisation angestellt. Darüber hinaus hatte ich mich zwischenzeitlich als selbstständiger Berater versucht, und Aufträge für sechs Hilfswerke durchgeführt. Insgesamt waren es aber viel zu wenige, um damit ein stabiles Auskommen bestreiten zu können.

Zähle ich die Freiwilligeneinsätze sowie das eine Jahr in Deutschland dazu habe ich in insgesamt fünfzehn Ländern gearbeitet. Im Kosovo war ich zweimal für denselben Arbeitgeber und in der Türkei ebenfalls zweimal, jedoch für zwei verschiedene.

Außerdem war ich in folgenden Staaten tätig (in alphabetischer Reihenfolge): Albanien, Armenien, Bosnien und Herzegowina (BiH), Georgien, Kroatien, Moldawien, Montenegro, Pakistan, Russland (Nordkaukasus), Sri Lanka und Tadschikistan. Obendrein führten mich Dienstreisen oder Workshops nach Nordmazedonien, Italien, Jordanien und Libanon.

Anders als einige Dozenten während des Aufbaustudiums bin ich allerdings nie als ,Ersthelfer' unmittelbar nach einer Katastrophe entsendet worden. Ich kam immer erst dann, nachdem sich die Lage merklich beruhigt hatte – fragil ist sie trotzdem stets gewesen und geblieben.

Die Auslöser für meine Einsätze waren entweder zurückliegende Kriege, wie etwa im Kosovo, der laufende in Syrien, als ich in der Türkei war, der verheerende Tsunami 2004 in Sri Lanka oder schlicht und ergreifend grassierende Armut. Wenn es sich wie bei der Türkei oder Sri Lanka gemeinhin um Urlaubsziele handelte, so war mein Standort dort alles andere als das. Hingegen glichen sich alle, da ich nirgends die Landessprache konnte, abgesehen von meinen Kenntnissen des Serbo-Kroatischen, das immerhin zu etwas mehr als bloßem Smalltalk ausreichte. Ansonsten verständigten wir uns in den Büros ausschließlich auf Englisch.

So wie ich in Belgrad als Büro- und Projektleiter seinerzeit startete, beendete ich auch meinen Einsatz in Georgien. Dort hieß meine Position jedoch Teamleiter. Anderswo wurde ich als Head of Mission bezeichnet, und nur einmal explizit als Projektmanager. Das Budget jenes Vorhabens in Höhe von etwa fünfunddreißig Millionen Euro erreichten alle anderen zusammengenommen nicht annähernd. Neben der finanziellen beinhaltete meine Verantwortung darüber hinaus das Personal und die Verwaltung der Maßnahmen.

Diese summierten sich auf über 150, für die ich verantwortlich zeichnete. Deren Bandbreite reichte von Hilfsgüterverteilungen, über Wiederaufbauprojekte (besonders in Sri Lanka), der Organisation verschiedenster Fortbildungen, Arbeitsbeschaffungsmaßnahmen bis hin zur komplexen Ausarbeitung einer Ausschreibung im Kosovo im Bereich Community Development. Obendrein galt es überall entweder Prozesse für die Implementierung zu entwickeln, anzupassen oder zu verbessern, sodass ich neben dem Projektmanagement noch vielseitige Kenntnisse im Hinblick auf Organisationsentwicklung und Qualitätsmanagement erworben habe. Deshalb bezeichne ich mich heute als Managementallrounder.

Dass der Arbeitsbereich humanitäre Hilfe im Vergleich zu anderen ein ausgefallenerer ist, verdeutlicht die mitunter sehr hohe Aufmerksamkeit in den Medien. Dort wird unmittelbar aus Katastrophengebieten berichtet, während laufender Hilfsmaßnahmen sowie nicht selten danach, wenn Journalisten vor Ort reisen, um herauszufinden, was tatsächlich mit den Geldern geschehen ist. Andersherum benutzen Hilfsorganisationen alle zur Verfügung stehenden Kommunikationsmittel, um zum einen die Aufmerksamkeit der Öffentlichkeit zur Akquise auf sich zu ziehen, und, zum anderen, der Pflicht des Geldgebers dazu nachzukommen, denn der möchte natürlich ebenfalls, dass der Steuerzahler sieht, wohin seine Abgaben unter anderem geflossen sind.

In der Praxis erhielt ich deswegen sehr oft Anfragen oder verfasste selbst Pressemitteilungen vor allem dann, wenn wir entweder ein neues Projekt starteten oder eines beendet war. Infolgedessen wurde ich besonders in den ersten beiden Einsätzen, in Serbien und Montenegro, sehr häufig interviewt, in Serbien sogar einmal im landesweit ausgestrahlten Morgenmagazin.

In der Anfangszeit ist es mir zweimal gelungen, den Medien in gewisser Weise ein Schnippchen zu schlagen. Das erste Mal war kurz nach dem zweiten Erdbeben in der Türkei im November 1999. Die bereits zuvor terminierte mehrtägige Dienstreise dorthin als zuständiger Koordinator in der Zentrale entwickelte sich zu einem zweimonatigen Dauereinsatz als selbsternannter Logistiker. Zum vereinbarten Radiointerview per Satellitentelefon am Tag meiner Ankunft in Istanbul konnten wir das Epizentrum, etwa zweihundertvierzig Kilometer östlich davon, nicht rechtzeitig erreichen, sodass ich die Fragen der Moderatorin irgendwo im nirgendwo beantwortete, indem ich meiner Fantasie freien Lauf ließ und ein Bild zeichnete, dass sich hinterher als keineswegs so dramatisch herausstellte, wie ich es beschrieben hatte.

Später in Montenegro wollte der stadtbekannte Reporter nicht – wir nannten ihn nur „Whiskey-Journalist" (warum wohl?) –, dass ich in den von mir verfassten Pressemitteilungen lokale Honorationen und deren Meinung über unsere Projekte zitierte. Ihn interessiere doch nicht die Ansicht von Menschen, die er kenne. Vielmehr wolle er meine Auffassung hören. Mein Geschriebenes wurde anschließend stets Wort für Wort gedruckt, worin es dann immer hieß, „Herr Fischer, der Projektleiter, ist besonders angetan von dieser Maßnahme…" und dergleichen. Für uns war das zwar sehr positiv, allerdings war es nach meinem Dafürhalten eine eigentümliche Auslegung von unabhängigem Journalismus.

So häufig wie damals hatte ich später nie mehr persönlichen Kontakt mit Medienvertretern. In der Türkei, bei meinem zweiten Einsatz, war es sogar so, dass wir keinerlei Informationen herausgaben – selbst innerhalb unserer Organisation, und zwar aus gutem Grund. Unsere Maßnahmen in Syrien wollten wir keinesfalls aufs Spiel setzen, sodass es prinzipiell eine sogenannte ‚No-visibility-Policy' gab. Das bedeutete, dass wir weder Werbung dafür machten noch beispielsweise unser

Logo irgendwo sehen wollten. Zu groß wurde die Gefahr angesehen, dass nach außen dringende Berichte einen negativen Einfluss auf unsere Arbeit haben konnten, womöglich sogar Menschenleben in unserem Zielgebiet in Gefahr brachten.

Neben dem hohen Medieninteresse war vor allem der Aspekt Sicherheit in allen Auslandseinsätzen von besonderer Wichtigkeit, in manchen Ländern sogar oberste Priorität. Im Nordkaukasus gab es deswegen sehr strikt geregelte Ausgangssperren; außerhalb des Büros durften wir Ausländer uns auch nur in Begleitung von bewaffneten Bodyguards bewegen. Dagegen schwelte der ethnische Konflikt in Sri Lanka weitestgehend im Hintergrund unserer Aktivitäten, führte aber dazu, dass wir dort ebenfalls strenge Regularien innerhalb der Organisation hatten.

Da die meisten anderen Hilfsorganisationen in beiden Fällen gleichermaßen davon betroffen waren, schloss uns das fest zusammen, ich kann fast sagen, wir wurden eine verschworene Gemeinschaft. Neben den offiziellen Koordinationsmeetings trafen wir uns am Abend zum Essen, Feiern, Sport treiben oder am Wochenende zu gemeinsamen Ausflügen. Ein Anlass ließ sich immer finden.

In späteren Einsätzen hatte ich solche Gelegenheiten, wenn überhaupt, nur noch vereinzelt zusammen mit anderen Internationalen erlebt – kurioserweise gerade in Ländern und Kontexten, in denen ich mich frei bewegen konnte, und wo es so gut wie keine Sicherheitsbeschränkungen gab. Das lag daran, dass meine Verantwortung im Hinblick auf die Hilfsmaßnahmen zunehmend wuchs, mehr aber an schlichter Trägheit meinerseits, oder anders gesagt, mein persönliches Paradoxon: je mehr Spaß ich abseits der Arbeit hätte haben können, desto mehr schien ich diesen gerade darin gefunden zu haben. Dabei wusste ich, und meine Erfahrung vor allem in Serbien hatte es mir gezeigt, dass ich, um nicht vom Arbeitsalltag komplett aufgesogen zu werden, ich unbedingt einen notwendigen Ausgleich außerhalb des Büros benötigte.

Damals, wie auch beim ersten Einsatz im Kosovo, hatte ich ein Zimmer im Büro. Tagsüber waren wir im Lande unterwegs, sodass ich abends oder am Wochenende die liegengebliebene Büroarbeit so schnell wie möglich erledigen musste. Zumindest war es in der Anfangszeit meine Auffassung von Pflichtgefühl vor allem der Zentrale gegenüber. Mit der Zeit lernte ich aber, dass oftmals deren Pflichtbewusstsein genau bis zum täglichen Büroschluss reichte, von Freitagnachmittag gar nicht zu reden. Und wenn von mir unverzüglich Informationen oder Ähnliches verlangt wurden, geschah es andersherum häufig genug allenfalls im Schneckentempo.

Wohingegen diejenigen, die dort äußerst engagiert waren, und bisweilen sofort antworteten, offenbar davon ausgingen, dass humanitärer Auslandseinsatz automatisch permanente Verfügbarkeit bedeutete. In der Praxis wurde ich manchmal daher, wie selbstverständlich nach meinem Feierabend kontaktiert oder, besonders während wir von dort Besuch bekamen, wollte der eine oder andere Einblicke in mein Privatleben bzw. meine Wohnung vor Ort gewinnen, wo dann allerdings spätestens – bei aller Liebe – meine kollegiale Hilfsbereitschaft endete.

Dagegen waren die meisten meiner lokalen Mitarbeiter voll im Bilde, was meine Umstände oder Beschäftigungen in meiner Freizeit betrafen. Viele von ihnen hatten mich ohnehin anfangs sprichwörtlich an die Hand genommen, um mir die Akklimatisierung in die für mich neue Umgebung zu erleichtern. Zum Teil haben sich daraus Freundschaften entwickelt, die ich noch heute, wenn auch nur sporadisch fernmündlich pflege.

Während unserer Zusammenarbeit haben sie mir jedenfalls viele unterschiedliche Einblicke gewährt, die, zum Beispiel im Hinblick auf und für meine interkulturelle Kompetenz nicht nur sehr wertvoll waren, sondern die eben auch bisweilen diesbezügliche Unterschiede, besonders, was den Geschmack betraf, unweigerlich offenbarten. Als mich meine Freundin einmal vor Ort besuchte - wo genau, verschweige ich hier lieber - bekam sie als Gastgeschenk von der Frau eines Mitarbeiters mintgrünglänzende Unterwäsche (!), sehr wahrscheinlich chinesischer Herkunft, überreicht, die dort möglicherweise als etwas Besonderes angesehen wurde, bei uns dagegen eigentümliche Überraschung hervorrief und daheim in der Mülltonne landete.

Die Vielschichtigkeit von verschiedenartigen Wahrnehmungen solcherart war ohnehin ein Grundmotiv aller meiner Katastrophenbegegnungen in jeder erdenklichen Hinsicht. Innerhalb des Büros bedurfte es stets einer gewissen Zeit, bis ich mich auf die Mentalitäten oder Arbeitsweisen einstellen konnte bzw. musste. Aber selbst dann blieben, aus meiner Sicht, die jeweiligen Perspektiven oftmals eine Kröte, die nur schwer zu schlucken war. Es gab Aufgaben, die ich Mitarbeitern übertrug, die jedoch grenzüberschreitend mit ganz wenigen Ausnahmen dieselben Reaktionen zur Folge hatten. Egal wo ich Mitarbeitern auftrug, zum Beispiel ein Dokument genau zu lesen oder einen Text zu korrigieren, dann war klar, dass die meisten es nicht taten. Und wenn, dann geschah es so oberflächlich, dass ich es besser selbst erledigte. Das Gros von ihnen sah sich eher als Machertypen, wozu bloßes Lesen eindeutig nicht zu gehören schien. In der Folge erntete ich von ihnen stets ein verschmitztes Lächeln, wenn es um gedankliche Aufgaben ging, und das bloße Hochhalten eines Dokuments von mir wurde fast überall zum Running Gag.

Einmal musste ich dann aber doch über die Kollegen laut lachen. In Inguschetien war unser großangelegtes, von ECHO finanziertes Verteilungsprojekt kurz vor dem Ende. ECHO war damals das Büro für humanitäre Angelegenheiten der EU. Die Folgephase war bereits bewilligt, jedoch mussten wir, der Form halber, die Mitarbeiter zunächst offiziell entlassen, wobei klar war, dass sie nachher wieder für die gleiche Position eingestellt würden.

Am Tag, als sie ihren letzten Lohn – stets in bar – bekamen, legte ich deshalb jedem Einzelnen die Kündigung vor, betonte, er solle das Schreiben aufmerksam lesen und unterschreiben. Selbstverständlich nahm sich keiner die Mühe, genauer hinzuschauen. Stattdessen gingen sie freudig lächelnd runter ins Erdgeschoss, und als unsere Verwaltungskraft sie sah, meinte sie: „Dafür, dass ihr eben eure Entlassung erfahren habt, seid ihr überraschenderweise frohen Mutes!" Sofort kam einer nach dem anderen mit versteinerter Miene zurück. Nachdem ich sie nochmals aufgeklärt hatte, zogen sie erleichtert ab.

Ähnliche lustige oder skurrile Momente erlebte ich in allen Einsätzen innerhalb des Büros im Rahmen der Arbeit, aber auch abseits davon.

Und genau von diesen möchte ich im Folgenden erzählen. Wenn sich auch die Länder und Kontexte zum Teil spürbar unterschieden, so gab es doch immer wiederkehrende Aspekte, denen ich begegnet bin: angefangen bei den fremdartigen Kulturen und Traditionen, meinen diversen Unterkünften sowie Ämtern und Handwerkern. Obendrein fand ich mich hie und da in Gefahrensituationen wieder, die Ausdruck des fragilen Hintergrunds der Arbeit waren, und denen zu Hause stets am aufmerksamsten zugehört wurde.

Trotzdem gab es auch ein Leben nach Büroschluss, sodass ich auch während meiner Freizeitgestaltung, die eine oder andere Überraschung erfuhr. Im Vorwort 2019 hatte Michael Feit zwar davon gesprochen, dass ich die Geschichten der Menschen erzähle, einigen von ihnen habe ich jetzt noch größeren Raum gegeben. Ausnahmslos alle waren bemerkenswert. Denn es waren Begegnungen in der Katastrophe ohne wirkliche Katastrophenbegegnungen gewesen zu sein.

1 Fremde Kulturen – Andere Länder, andere Sitten

Zu den vielen Freiwilligeneinsätzen in Kroatien und BiH zwischen 1994 und 1997 bin ich ausnahmslos immer mit der damaligen Eurobuslinie, meistens von Mannheim bis Split gefahren. Beim Blick aus dem Fenster während der Reise nahm ich vor allem nach jeder Grenzüberquerung gewisse Veränderungen wahr. In Österreich waren es andersfarbige Verkehrsschilder, in Slowenien anderssprachige, und je südlicher es ging, desto ärmlicher war mein Eindruck beim Anblick der Gebäude. Direkt nach der slowenisch-kroatischen Grenze empfand ich den Unterschied noch gravierender, und in BiH fehlten meistens Schilder oder sie waren von Kugeln durchlöchert, ganz zu schweigen von den vielen Kriegsruinen. Abgesehen davon, war deren städtebauliche Anordnung völlig anders als bei uns. Dass es sich um mir fremde Kulturkreise handelte, merkte ich spätestens anhand der vielen Moscheen oder, wie später in Sri Lanka, den zahlreichen buddhistischen Tempeln.

Bei den Menschen auf den Straßen konnte ich das äußerlich am ehesten an der Kleidung erkennen; anderswo an der Hautfarbe. Die mir überall fremde Sprache ließ nicht sofort auf eine andere Kultur schließen, genauso wie Gesten oder Mimik. Erkennbar wurde es erst, davon bin ich auch heute noch überzeugt, wenn man mit den Menschen zusammenarbeitet. Dann erst wird der Ausländer nach und nach feststellen, wie die Menschen ticken, wie sie miteinander umgehen und mit welchen Traditionen sie behaftet sind.

Wenn daher ein Tourist nach seinem Urlaub vollmundig meint, er hätte viele Einblicke in eine fremde Kultur bekommen, dann hege ich starke Zweifel, weil es sich in den allermeisten Fällen wohl nur um folkloristisches Theater handelte, das dem ahnungslosen Gast vorgegaukelt wurde. Selbst wenn man Kontakt zu Ottonormal-Einheimischen hatte, meinen viele, vorher vorhandene Stereotypen bestätigt vorgefunden zu haben und die nachher oft genug mittels Stammtischplattitüden verbreitet werden: „Die schaffen doch nix!"; „Alles Gauner!"; „Bei denen ist es dreckig und vor allem so laut!"; „Und wie teuer es dort erst ist!"; „Die fahren alle Super-Autos"; „So schlecht kann es denen doch gar nicht gehen!"; aber auch: „Bei denen wird Tradition noch gepflegt"; „Was für schöne Trachtenkostüme die anhaben!"

Andersherum eilten die oft uns Deutschen zugesprochenen Eigenschaften, wie Pünktlichkeit, Direktheit und Fleiß ihrem Ruf weit voraus. Einmal machte mein Arbeitskollege in Montenegro seinem Vater schwere Vorwürfe, dass er in den 1970er Jahren nach nur wenigen Jahren als Gastarbeiter bei uns, plötzlich wieder in die Heimat zurückgekehrt sei. Jetzt könnte die ganze Familie ein „so" gutes Leben in Deutschland führen. Darauf antwortete der Vater, sein Sohn wisse ja gar nicht, wie es dort zugehen würde: immer nur arbeiten und selbst für ein Tässchen Kaffee sei keine Zeit gewesen. Da sei er lieber wieder ins Land seiner Väter zurückgekehrt, um es etwas ruhiger zu haben. Als ihm sein Sohn dann mitteilte, dass sein neuer Chef ein Deutscher sein werde, gemeint war ich, hätte der Vater „Oh Gott" aufgeschrien!

Gelegentlich hörte ich im Kosovo von meinen Mitarbeitern, ich würde mich typisch Deutsch verhalten. Worauf jene Aussagen basierten, war mir nie ganz klar geworden. Nur einmal, als ich eine Kollegin fragte, ob sie eine bestimmte Aufgabe erledigen könne, ich also ein klares Ja oder Nein erwartete, antwortete sie lediglich, das sei jetzt aber eine typisch deutsche Frage; weil sie so direkt war.

Denn, ähnlich wie man es aus asiatischen Ländern kennt, lavieren die Kosovaren gewöhnlich herum. Vor allem dann, wenn man keine Antwort auf eine Frage hat, sagt man eben irgendetwas, um das Gesicht nicht zu verlieren. Wenn dann noch die typische Kopfbewegung hinzukommt, nämlich im

Gegensatz zu uns: bei Zustimmung ein angedeutetes Kopf-schütteln, während Nicken eher einer Verneinung entspricht, ist die Verwirrung ganz perfekt.

Fast noch witziger waren allerdings die Äußerlichkeiten, mit denen vorübergehend heimgekehrte Gastarbeiter das angeblich ‚typische' Deutschsein zur Schau stellten, vor allem, da sie, meines Wissens, gar nicht existieren. Die schlenderten in ka-rierten Dreiviertelhosen mit einem Energy-Drink in der Hand durch die Straßen und belehrten ihre Landsleute, in Deutsch-land würde das jeder deutsche Mann tun! Abends fuhren dann jene Heimkehrer in flotten Schlitten die Straßen rauf und run-ter, meistens mit aufgedrehter Musik, um den Daheimgeblie-benen zu signalisieren, man hätte es im Ausland zu etwas ge-bracht. Laut einem meiner Kollegen, der früher selbst in Deutschland gearbeitet hatte, waren die meisten ausgeliehen und er fügte hinzu: Ein Audi riecht nach Kredit, ein Mercedes nach Mafia!

Ein weiterer, vermutlich der eigentliche Grund für das Auf- und Abgefahre dürfte gewesen sein, dass die Männer, ähnlich wie im Tierreich das Balzgehabe, mit den dicken Autos ver-suchten, besonders junge Frauen zu beeindrucken und als künftige Braut gewinnen zu können. Das kennt man ja auch bei uns, dürfte daher wohl nicht gerade als eine kulturelle Ei-genheit gewertet werden. Eigen war allenfalls die orientalisch klingende Musik, aber auch die hört man bei uns ja zuneh-mend.

Im Norden Montenegros, in unserer Projektregion, bot ein alljährlich über die Landesgrenzen hinaus berühmtes Fest auf einem Berg ein in diesem Sinne besonderes Schauspiel, wozu kurzfristig heimgekehrte Gastarbeiter aus aller Herren Län-dern extra anreisten. Dort konnten mein Kollege und ich – er nannte das Spektakel den offiziellen Heiratsmarkt – die jungen Burschen zwar nicht in den karierten Hosen beobachten, aller-dings herausgeputzt mit ständigem Blick auf vorbeigehende junge Damen gerichtet, die sich ebenfalls in festlicher Montur präsentierten, wohlwissend ihrer ihnen zugeschriebenen Rolle. Ein kurzes Nicken hier, ein angedeutetes Augenzwinkern dort. Man hätte auf den ersten Blick meinen können, es handelte sich um Begrüßungsriten, in Wahrheit waren es ,versteckte' und doch eindeutige Signale. Wir amüsierten uns köstlich über die ganze Szenerie.

Alles andere als amüsant empfand ich gelegentliche Begrüßungen von jungen Männern in der dortigen Region, die mir „Heil Hitler!" zuriefen. Womöglich wollten sie mir dadurch zu verstehen geben – mich vielleicht sogar damit beeindrucken – sie wüssten, woher ich käme. Welche Reaktion die Worte bei mir auslöste, verstanden sie nicht, erst recht hatten sie sicherlich keine fundierten, historischen Kenntnisse.

Die bewies dagegen ein junger Politikwissenschaftler und Jurist in Pakistan, dem ich neugierig zuhörte. Sein spezielles Steckenpferd sei Militärgeschichte (!), und ganz besonders die deutsche. Wie wir in Deutschland etwa mit Kriegshelden à la Rommel, dem Wüstenfuchs des Zweiten Weltkrieges, umgingen? Ob ihm oder anderen zu Ehren Denkmäler errichtet wurden und werden und ob sie auch heutzutage noch eine wie auch immer geartete Rolle spielen würden? Er selbst sei nie in Europa oder Deutschland gewesen, würde aber gerne einmal vor allem die Kriegsschauplätze besuchen, da sie ihn faszinieren würden.

Zwar unterhielten wir uns recht anregend, allerdings gehörte das von ihm angeschlagene Thema nicht gerade zu meinen Spezialgebieten und allzu beeindruckt dürfte er deshalb auch nicht von meinen spärlichen Antworten gewesen sein. Eine Frage hätte er noch, die ihm auf den Nägeln brennen würde: warum hätte sich nach dem Sieg über Frankreich 1870/71 das Deutsche Reich lediglich Elsass und Lothringen und nicht gleich ganz Frankreich einverleibt! Da hatte er mich als Historiker und Kriegsdienstverweigerer eindeutig auf dem falschen

Fuß erwischt. Ich entgegnete ihm nur lapidar, dass es sicherlich brennendere aktuelle Probleme gäbe, die ihn interessieren sollten. Er ließ aber nicht locker und erwähnte obendrein eine vermeintliche sporthistorische Begebenheit, die mir dort interessanterweise unabhängig voneinander von mehreren Personen bereits zugetragen worden war.

Als ich eines Abends in den Speiseraum meines kleinen Hotels in Islamabad ging, saßen ausnahmslos alle Angestellten gebannt vor dem Fernseher und verfolgten das Prestige Duell zwischen Pakistan und Indien im Cricket. Sofort standen alle auf, um sich zurückzuziehen, woraufhin ich ihnen zu verstehen gab, dass mich ihre Anwesenheit keineswegs störe, da mich das Match ohnehin nur langweilen würde. Abgesehen davon, dass das Spiel mitunter fünf Tage lang dauern könne, hätte ich keine Ahnung von den Regeln und überhaupt sei es doch eine eher eine Randsportart, die in Deutschland mehr oder weniger unbekannt sei. Völlig verdutzt reagierten die Anwesenden, besonders angesichts meines Hinweises, dass die Sportart bei uns weitgehend unbeachtet sei. Wie das denn sein könne, kam es fast unisono, da in Pakistan folgende Geschichte kursiere: in der Vergangenheit, und zwar zu Zeiten Hitlers, hätte die deutsche gegen die pakistanische Cricket-Nationalmannschaft verloren und hinterher seien alle deutschen Spieler wegen der erlittenen Schmach standrechtlich erschossen worden! Davon hätte ich vorher noch nie gehört, und könne es nicht glauben. „Ja", „Doch", „Ganz sicher, so war es!" schmetterten sie mir entgegen, was ich nur kopfschüttelnd zur Kenntnis nahm.

In Wirklichkeit dürfte es sich um das sogenannte Todesspiel aus dem Jahr 1942 gehandelt haben, dessen Hintergründe mittlerweile widerlegt zu sein scheinen. Damals hatte eine Betriebsmannschaft in Kiew gegen die der deutschen Flugabwehr Fußball gespielt und 5:3 gewonnen. Hinterher sei die Siegermannschaft von der SS umgebracht worden.

Als wäre es mir auf der Stirn eingebrannt gewesen, wurde ich vor allem in Osteuropa und der Türkei fast immer sofort von mir Unbekannten als Deutscher erkannt oder angesprochen. „Sie kommen aus Deutschland, oder?" und „Hey, Deutscher!" hieß es dann sehr häufig. Darüber hinaus meinten viele lokale Kollegen, ich sei typisch Deutsch, andere wiederum, ich sei völlig untypisch für einen Deutschen. Dass ich als solcher identifiziert wurde, führte ich damals in erster Linie darauf zurück, weil ich eine Brille trug. Auffallend war für mich nämlich, dass ich dort vergleichsweise sehr wenige Menschen damit sah. Meine nuanciert andere Kleidung konnte es jedenfalls nicht sein. Erst mit der Zeit lernte ich, dass es auch meine Gesichtszüge sein mussten, weshalb ich heutzutage selbst in der Lage bin – zwar nicht immer, aber sehr oft – mir unbekannte Personen nach Osteuropa verorten zu können.

In Serbien wurden mir, zu meiner Überraschung, dank meiner Sprachkenntnisse (oder auch nicht?) dreimal kurz hintereinander sogar ganz andere Staatsbürgerschaften angedichtet.

Zunächst in einem Restaurant, welches gerade auf der anderen Straßenseite unseres Büros im Zentrum Belgrads lag und wo ich ziemlich häufig aß. Der mir bereits bekannte Ober gab mir eines Tages die Karte in kyrillischer Schrift, woraufhin ich ihn bat, mir die englische zu geben. Denn ich könne jene in meinen Händen nicht lesen. Völlig verwundert antwortete er: „Wie, du als Russe verstehst die Karte nicht!" Ich hatte die Karte auf Serbisch bestellt und warum er mich mit einem Mal zum Russen deklarierte, konnte ich, nun selbst völlig verdutzt, überhaupt nicht einordnen. Sollte ich das etwa als Kompliment auffassen?

Wenig später hatte ich mir wie üblich ein Taxi genommen, um zu einem Termin innerhalb der Stadt zu fahren. Wie so oft hatte ich dem Fahrer mein Fahrziel nicht mitgeteilt, da nach meiner Erfahrung nur die wenigsten tatsächlich detaillierte Ortskenntnisse hatten. Deshalb informierte ich ihn, dass ich den Weg wüsste, er solle einfach meinen Anweisungen folgen. So kamen wir ins Gespräch und der Fahrer fragte mich, woher ich denn käme; Ausland war ja klar, aber nicht aus welchem Land. Meiner Frage, was er denn raten würde, entgegnete er bestimmt „Frankreich"! Wie er denn ausgerechnet darauf käme? Mein serbischer Akzent wäre eben typisch für einen Franzosen, woraufhin ich lauthals zu lachen anfing. Mir gegenüber hatten Einheimische bereits damals und auch später immer wieder behauptet, ich hätte einen sehr guten Akzent, worauf wohl meine Fähigkeit, das rollende ‚R' auszusprechen, hindeutete.

Kurioserweise erlebte ich bei der späteren Rückfahrt in einem anderen Taxi ein Déjà-vu. Denn wie zuvor plauderte ich mit dem Chauffeur. Diesmal stempelte er mich zum Ungar wegen meiner dafür typischen Aussprache. Danach ging ich dazu über, die Frage nach meinem Herkunftsland mit ‚Europäer' zu beantworten. Falsch lag ich damit jedenfalls nicht.

Apropos Taxi: nachdem ich bereits monatelang in Belgrad gewesen war und viele Male per Taxi in der Stadt Termine wahrgenommen hatte, bat ich den Fahrer wie üblich am Ende um eine Rechnung. Zwar gab es einen Taxameter, allerdings fragte so gut wie jeder, welchen Betrag er auf den Beleg schreiben solle. Daraufhin sagte ich stets, er solle jenen notieren, der angezeigt sei. Die Fahrer hatten dies immer mit einem grummelnden oder entgeisterten bis hin zu völlig aufbrausenden: „Wie bitte?", quittiert, was wiederum mich zunächst immer wieder verwirrte. Dass man auf eine solche normale Anweisung derartig erstaunt oder überrascht zu reagieren schien, hielt ich eben für eine kulturelle Eigenheit. Bis zu jenem Tag, an dem mich einer aufklärte. Auf Serbisch heißt schreiben pišati und die Befehlsform pišate, so nahm ich zumindest an. Deshalb sagte ich immer pišate. Allerdings ist die richtige Befehlsform pišete. Demzufolge hatte ich zuvor den Fahrer stets aufgefordert den Betrag zu pinkeln!

Meine allererste Erfahrung mit der fremden Mentalität fand gewöhnlich im Büro statt. Da es gleichfalls umgekehrt auf meine Kollegen mir gegenüber zutraf, könnte ich es das eine oder andere Mal auch Aufeinanderprallen nennen. Denn oft genug hatte ich schon nach wenigen Augenblicken zum Teil große Unterschiede in unserer jeweiligen Wahrnehmung erkennen können. Ob sie es jedoch genauso empfunden haben, konnte ich höchstens anhand kurzer Bemerkungen mir gegenüber erkennen. Mit Sicherheit dürfte es aber für sie untereinander ein Thema gewesen sein.

Schon in Serbien ist mir von Anfang an eine eigentümliche Interpretation von Zeit und Raum aufgefallen, wie ich sie später auch in den anderen Balkanländern erlebte; morgendliches Zuspätkommen bzw. generelle Unpünktlichkeit war die Regel, Pünktlichkeit dagegen die Ausnahme. Richtig daran gewöhnen konnte ich mich allerdings nirgends.

Wenn ein Kollege sagte, er komme sofort oder in fünf Minuten, dann waren es in Wirklichkeit mindestens dreißig. Manchmal dauerte es aber auch noch länger. In Montenegro hatten wir uns einmal mit einem Rechtsanwalt in einem Café verabredet. Als er nach über einer Stunde noch immer nicht da war, rief mein Kollege an. Der Anwalt antwortete, er stünde direkt davor, sehen konnten wir ihn aber nicht. Erst nach weiteren zwanzig Minuten erschien er dann. Sich für sein allzu spätes Erscheinen zu entschuldigen, schien in der Region kein Bestandteil der Kultur zu sein. Erlebt habe ich es jedenfalls nie.

Mit dem Auto unterwegs wurden aus hundert Metern schnell mehrere Kilometer. Wenn ich dann die tatsächliche Entfernung erwähnte, winkte mein Kollege gelassen ab; oder, wie ein Taxifahrer in Belgrad, der völlig verblüfft reagierte. Ihm hatte ich gebeten, etwa fünfzig Meter nach einer bestimmten Kreuzung zu halten. Er aber fuhr und fuhr und hielt erst nach guten dreihundert, mit dem Hinweis, das seien doch niemals fünfzig Meter gewesen!

Für mich hieß das, ich musste sowohl bei Zeitangaben immer einen gehörigen Puffer einbauen, und bei Entfernungen am besten selbst erst eine Karte konsultieren, vor allem wenn wir mehrere Termine in unterschiedlichen Orten hatten. Lieber verließ ich mich bei derartigen logistischen Planungen auf mich als auf die lokalen Mitarbeiter. Die hatten dort wie auch in fast allen anderen Einsatzländern eine Gelassenheit im Blut, die ich bei mir vergeblich suchte.

Ergebnisorientiertes Arbeiten, wie ich es mir zumindest vorstellte, wurde meistens entweder sehr großzügig gehandhabt oder mit einer Verve, die mich dann wiederum erstaunte. Einerseits erlebte ich oft genug, dass sich Kollegen, vor allem im Kosovo, in den Feierabend verabschiedeten, ohne eine bestimmte Aufgabe erledigt zu haben. Andererseits, in erster Linie in der Türkei bei meinem zweiten Einsatz, schien für manchen syrischen Mitarbeiter dieser gar nicht zu existieren. Sicherlich hing es damit zusammen, dass sie für ihre Landsleute im Kriegsgebiet ihr Bestes geben wollten, damit jenen geholfen wird. Des Öfteren war es für mich eine richtiggehende Herausforderung, denn ich konnte schlecht selbst nach Hause gehen, und ihnen die Arbeit überlassen.

Was mir überall von Anfang an auffiel, war eine Schludrigkeit oder Nachlässigkeit, besonders, wenn die lokalen Mitarbeiter Aufgaben schriftlich dokumentierten, E-Mails beantworteten oder projektbezogene Unterlagen durchlesen sollten. Damit meine ich nicht Schreibfehler, sondern vielmehr viel zu oberflächliches, ja, schludriges Arbeiten.

Zunächst dachte ich immer, dass meine Erwartungen an die Kollegen zu hoch gewesen seien, wahrscheinlicher lag es aber an deren Ausbildung. Ob die Englischlehrerin in Montenegro, ob jener in Inguschetien, ob der angehende Jurist im Kosovo oder unser dortiger Baufachmann, der über einen Studienabschluss in Wirtschaft verfügte: Allen war gemeinsam, dass ich bei ihnen nicht nur mangelnde Ausdrucksfähigkeiten, sondern auch viele Defizite wahrnahm, die bei Studierten hierzulande wohl nicht so offen aufträten. Im Vergleich zu den Lehrern war mein Englisch wesentlich besser; der Jurist war nicht im Stande, einen einfachen Brief aufzusetzen und über den Bauexperten meinte ein externer Berater, wenn der einen Uni-Abschluss hätte, würde er sich von da an Professor nennen.

Dass es auch anders ging, hatte mir mein allererster Kollege überhaupt in Serbien bewiesen. Denn von ihm habe ich vor allem gelernt, meine Computerdateien effektiv zu organisieren. Der hatte allerdings im Ausland studiert.

Selbst wenn ich Kollegen auf Nachlässigkeiten ansprach, und sie ein Einsehen hatten, änderte sich so gut wie nichts, so dass ich es als kulturelle Eigenheit abspeicherte, die möglicherweise schiere Bequemlichkeit war.

In Tadschikistan sollte ich den Finanzkoordinator unterstützen, seine Arbeit besser organisieren zu können. Nachdem ich mich ihm beim ersten Treffen vorgestellt hatte, forderte er unverzüglich, einen Assistenten für ihn einzustellen. Nach kurzer Zeit bemerkte ich allerdings, dass er alles andere als ausgelastet war. In dem persönlichen Abschlussgespräch am Ende meiner drei Monate sagte ich ihm deshalb, dass keineswegs ein Assistent für ihn benötigt werden würde, denn sein tägliches Arbeitspensum würde ich morgens zwischen dem ersten und zweiten Kaffee erfüllen. Er jedoch wollte dies nicht wahrhaben. Wir Deutsche seien einfach ein anderes Tempo gewohnt, welches ich dort nicht erwarten könne. Die Tadschiken seien eben anders. Sein Anderssein begegnete mir tagtäglich und brachte mich das eine oder andere Mal fast zur Weißglut. Aber auch anderswo musste ich diese Tatsache schlicht und ergreifend akzeptieren – ein Lernprozess, den ich wohl nie vollständig bis zu meinem endgültigen Abschied abgeschlossen habe.

Die Ironie der Geschichte in Tadschikistan war, dass der Finanzkoordinator trotz aller Kritiken, die ich an seiner Arbeit zu bemängeln hatte, mir beim Abschied dankte und sagte, ich hätte sein Leben verändert!

Was mir überall von Beginn an auffiel, war die Art, wie sich die Menschen begrüßten, vor allem, wenn sie sich bereits näher kannten. Während Serben sich dreimal die Wangen küssten, taten es die Muslime in Montenegro nicht. In Inguschetien fassten sie sich, ob Mann oder Frau, nebeneinanderstehend kurz um die Hüfte und im Kosovo und der Türkei begrüßten sich manche Männer, indem sie kurz die Köpfe an der Stirn aneinanderstießen.

Ich als Ausländer wurde dagegen stets mit Handschlag begrüßt – zumindest von Männern. In den Balkanländern auch von Frauen, wo ich mir nichts dabei gedacht hatte, selbst wenn mir die Hand von Musliminnen entgegengestreckt worden war.

In Inguschetien bekam ich gleich am zweiten Tag Besuch des Direktors einer lokalen Hilfsorganisation samt seiner Sekretärin. Er streckte mir sofort lächelnd die Hand entgegen und ich daraufhin seiner Begleiterin. Sie dagegen schüttelte meine nur widerwillig, wobei sie bei unserer Berührung auch noch demonstrativ zur Seite blickte. Kaum deutlicher konnte eine Abneigung ausgedrückt werden, was mich einigermaßen irritierte. Nachher klärte mich unser Koordinator auf, nämlich, dass Männer dort andere Frauen keinesfalls berühren würden. Streckt eine Frau trotzdem einem Ausländer die Hand zur Begrüßung entgegen, dann bedeute das, dass sie den Umgang mit westlichen Ausländern gewohnt sei. Offensichtlich war es die Sekretärin nicht.

Mancherorts, vor allem Syrer, um ihren Respekt auszudrücken, führten beim Handschlag die andere Hand lächelnd noch ans Herz, was ich stets als besondere Geste aufnahm. Dagegen war das Ritual im ländlichen Pakistan für mich sehr irritierend, wenn zum Willkommen und Auftakt eines Meetings der Master of Ceremony erst einmal die Hände gen Himmel hob und um den Beistand Allahs bat. Selbst als Agnostiker musste ich mir allerdings eingestehen, dass dem Treffen damit eine gewisse Würde verliehen wurde.

Ähnlich und doch anders war es im Nordkaukasus, wo ich mehrmals an Geschäftssessen teilgenommen hatte, die nach einem bestimmten Brauch abliefen, und zwar stets mit Wodka. Zunächst begrüßte der Gastgeber die Anwesenden, die alle die Hand am Schnapsgläschen hatten, mit diversen Floskeln. Dann erhob er sein Glas, prostete allen zu und alle tranken in einem Zug. Die Gläser wurden abgestellt, sofort gefüllt und der Gastgeber fuhr mit dem eigentlichen Thema des Treffens fort. Noch vor der Diskussion sprach er allerdings einen Toast aus, alle nahmen ihr Gläschen wieder in die Hand, und er begann zu beten! Daraufhin: ex und weg. Dann begann die Diskussion und am Ende wurde erneut das Glas zum Dank erhoben, egal, wie das Ergebnis aussah.

Zunächst dachte ich, ich sei Zeuge genau jenes Vorurteils geworden, wie man es gelegentlich über die Russen zu hören bekommt – nämlich, dass sie extrem viel Wodka tränken. In Wirklichkeit handelte es sich um eine Art Protokoll, so erklärte man mir, das bei derartigen förmlichen Anlässen in einem Restaurant streng eingehalten werden würde. Beim anschließenden Zuprosten und Anstoßen des Gläschens sollte ich tunlichst darauf achten, dass mein Glas dasjenige des Gastgebers etwas niedriger berührt. Dadurch würde ich dem Gegenüber ungesagt meinen Respekt aussprechen. Gleiches galt im Übrigen in der Türkei.

Ganz egal in welchem Land ich arbeitete, ich erfuhr eine Gastfreundschaft, die bei uns seinesgleichen sucht. Ich wurde zwar weniger als Deutscher, was trotzdem ganz stolz immer wieder betont wurde, sondern mehr als der verantwortliche Ausländer einer Hilfsorganisation als Ehrengast zu verschiedensten Anlässen eingeladen. Meistens geschah es im Rahmen einer Projektzusammenarbeit oder nach Abschluss derselben.

In Serbien war es einmal sogar so, dass ich nach einem ausgiebigen Essen inklusive Umtrunk in einem Restaurant vom Gastgeber schlüpfrig gefragt wurde, ob ich „blond oder braun" bevorzuge (!), was ich etwas verdutzt ‚dankend' abgelehnt habe.

Dort hatte ich im Jahr 2001 zweimal das seltene Vergnügen als einziger Ausländer an Festivitäten von Roma teilzunehmen. Beides Mal hatte mich ein Geschäftsmann eingeladen, der Kleidung an uns geliefert hatte. Bedenken meinerseits, dass es sich dabei nicht nur um einen Interessenskonflikt, sondern auch womöglich um eine Art von Korruption handeln könnte, wischte er mit einer fast schon empörten Reaktion beiseite. Ich sei nämlich dazu gebeten worden, damit ‚seine Leute' ihre Dankbarkeit zum Ausdruck bringen konnten, da wir zuvor vertriebene Roma mit Essenspaketen versorgt hatten. Hinterher sind wir zwar keine Geschäftsbeziehung mehr eingegangen, allerdings hatte ich einen wertvollen Kontakt in dem Ort gefunden. Bei den Feierlichkeiten handeltes sich zunächst um die Verlobungsfeier seiner Nichte und danach um den alljährlichen Ball seiner örtlichen Roma-Gemeinschaft, deren Präsident er gewesen war – beides Spektakel, die ich nie vergessen werde.

Das als privat titulierte Verlobungsfest entpuppte sich als Veranstaltung mit mehreren Hundert Gästen und schien dem Drehbuch einer antiken Tragödie entnommen worden zu sein: allerlei Pomp und Getöse, ein vermeintlich glückliches Liebespaar sowie ein sich anbahnendes Familiendrama.

Das Schauspiel fand in einem Saal statt, der offenbar zu einer Art Gemeindezentrum gehörte, dem man von außen und bei genauerem Blick auch innen ansah, dass es seine besten Zeiten wohl in der Tito-Ära, also Jahrzehnte früher, erlebt hatte: reichlich Blumengirlanden an der Decke angebracht sollten wohl von dem schmuddeligen Boden ablenken. Ferner hatte man die Gehänge dort an den Seitenwänden provisorisch mit Klebeband verlängert, wo sich die Nähte der Tapeten bereits gelöst hatten.

Die beiden Familien der Brautleute saßen jeweils an langen Tafeln einander gegenüber, während die übrigen Gäste an einzelnen Tischen und Bänken dazwischen Platz genommen hatten. Dort war auch ich mit meinem Kollegen hingesetzt worden. So ganz wohl in meiner Haut fühlte ich mich anfangs nicht. Denn als einzig anwesenden Ausländer schien mich jeder andere Gast nicht nur sofort als nicht dazu gehörend zu erkennen, sondern alle schienen mich auch ständig zu beobachten. Aus den Gesichtsausdrücken konnte ich vieles erkennen, nur deuten konnte ich sie nicht. War es Misstrauen, Neugierde, Gastfreundschaft oder ein herzliches Willkommen?

Zuerst wurde reichlich Essen serviert: zu diversen kalten Platten mit Käse, Wurst, Salaten und anderen Vorspeisen stimmte die Musikkapelle mit ihren typischen Klängen der Roma-Musik, die man aus diversen Emir Kusturica Filmen kennt, die Anwesenden so langsam auf das Kommende ein. Die verhallte abrupt, als das Brautpaar voneinander getrennt in den Saal geführt wurde. Alle schauten auf und verfolgten den Einzug der Hauptpersonen aufmerksam. Während der Bräutigam einen glänzenden grauen Anzug trug, erschien die Braut gekleidet wie in einem Märchen aus ‚Tausend-und-einer-Nacht': eine weiße seidene Bluse und Pluderhose sowie Mokassins, deren vordere Spitzen nach oben gerichtet waren. Die Überraschung enthielt aber ihre hochgesteckte Frisur. Darin befanden sich zehn bis fünfzehn zusammengefaltete 1.000 D-Mark-Scheine (!).

Sich keines Blickes würdigend schritten die beiden unter tosendem Applaus durch die Reihen bis zu den ihnen zugewiesenen Plätzen. Jetzt wurde das warme Essen serviert, unterlegt mit noch inbrünstigeren Tönen. Die Kapelle schritt dabei durch den Saal zwischen den Tischen und für mich begann eine seltsame Aufführung. Denn die anwesenden Männer fingen an, Geldscheine, mehr D-Mark als Dinar, den Musikern ins Hemd, die Hosentaschen und selbst in die Instrumente zu stopfen! Weder mein serbischer Kollege noch ich kamen aus dem Staunen heraus, weil sich bei reichlich Schnaps die Männer offensichtlich beim Geldgeben gegenseitig überbieten wollten und immerzu tanzend in ihre Hosentaschen griffen und Scheine mangels Platzes in den überquellenden Taschen der Musiker gleich ganz über sie regnen ließen. Der gesamte Fußboden schien mit Banknoten gepflastert zu sein. Eine schnelle Zählung meinerseits ergab mehr als eintausend D-Mark nur um mich herum!

Eine wahrlich surreale Szenerie ganz nach dem Geschmack Kusturicas; die im ganzen Land noch nicht einmal wie Menschen zweiter Klasse geltenden Roma, deren überwiegende Mehrheit daher in erbärmlichen Behausungen perspektivlos dahin-vegetierte, feierte hier ausgelassen und hemmungslos, einschließlich eines sprichwörtlichen Geldregens, sodass man glauben konnte, der Untergang der Welt geschähe am nächsten Tag.

Bis plötzlich die Musik unterbrochen und es mucksmäuschenstill im Saal wurde. Nämlich in dem Moment als sich der Brautvater schon reichlich alkoholisiert vor dem Tisch der Familie des Bräutigams aufplusterte und sich in Wut und Rage redete.

Offenbar handelte es sich um eine arrangierte Ehe, die mithilfe eines Vermittlers eingefädelt worden war, wie mir mein Kollege erklärte. Jedoch war der Mittelsmann nicht anwesend, was ein Affront für die Familie der Braut darstellte, die im Übrigen aus sehr reichem Hause stammte. Deshalb, so der Brautvater, habe der Heiratsvermittler innerhalb der nächsten zwei Stunden gefälligst zu erscheinen, andernfalls sähe er die Verlobung als gelöst an, was zu großem Beifall auf der einen und Unmut auf der anderen Seite führte. Um mich herum konnte ich sprichwörtlich sehen, wie die vormals lustigen Männer nun mit grimmiger Miene dasaßen und sich auf eine Auseinandersetzung vorzubereiten schienen. Mit einem Mal war die ausgelassene Stimmung gekippt. Schlagartig herrschte eine sehr angespannte Atmosphäre, dass wir in jedem Moment mit dem Schlimmsten rechnen mussten. Mein Kollege und ich beschlossen daher sofort, die Veranstaltung zu verlassen, um uns aus der möglichen Gefahrenzone zu begeben und nicht als neugierige Zuschauer einer möglichen Familienfehde beiwohnen zu müssen. Am folgenden Tag informierte uns der Geschäftsmann, dass am Ende doch noch alles gut ausgegangen war. Später sei der Heiratsvermittler aufgetaucht und die Feier sei bis in die Morgenstunden fortgesetzt worden. Gleichzeitig bedankte er sich für unser Gespür, zum rechten Zeitpunkt verschwunden zu sein.

Wenig später wurde der alljährliche Ball seiner Roma-Gemeinde veranstaltet. Diesmal fand das Fest in einer großen Halle mit mehr als tausend Gästen und mir erneut als einzigem Ausländer statt. Anfangs hatte mir aber der Türsteher den Zugang verweigert. Wer konnte es ihm verdenken, schließlich gehörte ich offensichtlich nicht dazu. Allerdings ließ er mich passieren, nachdem er einen ordentlichen Rüffel seitens des Gastgebers erhalten hatte.

Sofort wurde ich an den Tisch der Ehrengäste geführt, wo zahlreiche Bürgermeister aus umliegenden Gemeinden saßen. Was hatte das zu bedeuten? Warum saß ich gerade an jenem Tisch? Zunächst war nun ich misstrauisch, da ich dachte, dass ich mir im Deckmantel eines Festes die Klagen und Nöte der Anwesenden anhören musste. Möglicherweise sollte ich gar als potenzieller Löser vorhandener Probleme dienen: der Vertreter einer Hilfsorganisation, die einmal Hilfe leistete und womöglich künftig dasselbe auch für die anderen tun würde. Deshalb reagierte ich ziemlich reserviert, als ich einem nach dem anderen am Tisch vorgestellt wurde. Meine Bedenken waren allerdings völlig unnötig, wahrscheinlich hatte ich mich für wichtiger gehalten, als ich in Wirklichkeit war. Tatsächlich war mein Tisch ausschließlich für die wichtigen Gäste und Honoratioren vorgesehen, ohne weitergehende Hintergedanken. Meine sehr viel älteren Tischgenossen interessierten sich mehr über meine Eindrücke als Deutscher, tiefere geschäftliche Gespräche wären in dem Lärm sowieso untergegangen. Neugierig beobachteten aber auch sie das Treiben.

Wiederum wurde zuerst reichlich Essen und Trinken serviert bis nach etwa einer Stunde ein Moderator den Höhepunkt ankündigte: Die bevorstehende Wahl der Miss Roma und irgendwie fiel in dem Zusammenhang auch mein Name, ohne dass ich verstanden hatte, warum.

Kurzerhand war ich zum Mitglied der fünfköpfigen Jury auserkoren worden, die die Miss Roma wählen sollte. Ehe ich mich versah, wurde ich unter dröhnendem Beifall aufs Podium geführt. Nach und nach schritten etwa fünfzehn Mädchen und Teenager vorbei, deren Altersspanne zwischen sieben (!) und siebzehn Jahren gelegen haben dürfte, was mir etwas merkwürdig erschien. Allesamt stolzierten sie zwar in Model-Manier, aber auch durchaus anstößig gekleidet – was mir noch merkwürdiger erschien – an uns vorbei, begrüßten das Publikum mit einem Knicks und nach anschließender Pirouette schritten sie hinaus. Die Entscheidungsfindung des fünfköpfigen Komitees hinterher verlief keineswegs im Stile einer tiefergehenden Analyse mit entsprechender Diskussion der Für und Wider der einen oder der anderen Kandidatin. Vielmehr hatten meine Jurykollegen unisono ihr Urteil nach gefühlten fünf Sekunden gefällt. Danach sei das erste Mädchen eindeutig die Gewinnerin gewesen, wobei meine persönliche Präferenz, die ganz klar einer anderen galt, elegant ignoriert worden war. Das Ergebnis wurde daraufhin vom Moderator nach nicht einmal zwei Minuten über das Mikrofon verkündet.

Dass es sich bei der ganzen Show um ein abgekartetes Spiel handelte, war mir zwischenzeitlich klar geworden. Denn selbst die Reihenfolge der dahinschreitenden Möchtegern-Misses war vorher detailliert festgelegt worden, und keineswegs zufällig war die spätere Gewinnerin gleich als Erste aufgetreten, wohingegen die zuletzt erschienene Kandidatin aus dem Clan der Vorjahresgewinnerin stammte. Mit anderen Worten wurde peinlichst darauf geachtet, dass Miss Roma im jährlichen Rhythmus immer aus einer anderen Familie kommen musste. Diesmal war eben die Familie der Nummer eins an der Reihe – das sei die Tradition, wie mir der Gastgeber später freundlich erklärte. Warum man dann das Spektakel als Wahl veranstalte, wo doch die Auserwählte ohnehin schon zuvor bestimmt worden war, kommentierte er mit einer Umschreibung, die zu Zeiten der Römer mit ‚panem et circenses' (Brot und Spiele) erklärt worden wäre.

Immerhin wurde mir die Ehre zuteil, der Gewinnerin die ‚wohl' verdiente Schärpe überzustreifen. Womöglich war ich zu aufgeregt gewesen, denn ich legte sie falsch herum an, was schallendes Gelächter auslöste. Trotz dieses Fauxpas schien jede anwesende Frau danach dazu verleitet gewesen zu sein, mich unbedingt zum Tanzen aufzufordern. Ablehnen konnte ich selbstverständlich nicht, sodass der ganze Abend konditionsmäßig recht anstrengend, aber auch unterhaltsam verlief. Ich hatte dermaßen viel Spaß, den ich anfangs nie erwartet hätte. Wahrscheinlich war das der kulturelle Unterschied: während ich mir zu viel Gedanken gemacht und nicht völlig vorurteilslos anfangs dagesessen hatte, feierten alle Einheimischen nach dem Motto: carpe diem (nutze den Tag), und zwar so richtig.

Ein Charakterzug, den ich im Übrigen auch anderswo beobachten konnte. Trotz der schwierigen allgemeinen Lage feierten die Menschen die Feste nicht nur, wie sie kamen, sondern genossen auch jedwede Gelegenheit, um eben jene Situation vergessen zu können, wozu auch Kaffeepausen, wie beim montenegrinischen Vater, gehörten. Am ehesten lässt es sich wohl mit einer gewissen Gelassenheit umschreiben, die uns Deutschen zu fehlen scheint: Man arbeitet, um zu leben, anders als wir, die wir wohl eher leben, um zu arbeiten.

Zwei weitere Male wurde ich noch Zeuge fremden Brauchtums, als ich in Inguschetien und Tadschikistan zu Hochzeitsfeierlichkeiten eingeladen worden war.

Im Nordkaukasus war es Brauch, so ein Kollege, dass nach der Eheschließung und den familiären Festlichkeiten die Arbeitskollegen getrennt dem Paar in deren Heim ihre Aufwartung machten. Im Hause eines unserer Fahrer, dem Bräutigam, war eine Festtafel voller Speisen nur für uns etwa fünfzehn Kollegen aufgebaut, an der wir Platz nahmen und von den jüngeren Brüdern des Bräutigams bedient wurden. Diese genossen offenbar ihren Dienstbotenjob, da auch ihnen nun, der Tradition folgend, der Weg zum Traualtar offenstand. Denn diese sah vor, dass erst der älteste Sohn verheiratet sein musste, bevor jüngere Geschwister den Bund der Ehe eingehen durften.

Nachdem nun der älteste Sohn der Familie unter die Haube gebracht worden war, begann seine Mutter mir beim Essen zu erklären, sie sei froh, dass es bei ihrem Ältesten jetzt endlich geschehen sei. Denn sie hätte schon geglaubt, er sei möglicherweise „zu dumm" (!) dazu. Das hatte sie mir genau in diesen Worten gesagt und keineswegs ins Ohr geflüstert, vielmehr sprach sie es so aus, dass es jeder Anwesende hören konnte. Ich konnte es kaum glauben und dachte mir, wenn meine Mutter Derartiges über mich in aller Öffentlichkeit sagen würde, wäre ich alles andere als begeistert. Deshalb fühlte ich mich peinlich berührt, da ich dachte, sie würde mir dies nur erzählen, weil ich der exotische Gast war. Meinem Übersetzer hatte ich das mit einem Augenaufschlag signalisiert, was er sofort verstand. Er konterte mit einem schmunzelnden Nicken, nach dem Motto: Lass sie einfach, sie wird schon wissen, was sie sagt. Immerhin konnten wir erkennen, wer in jenem Haushalt die Hosen anhatte.

Witzigerweise hatte mein Dolmetscher, ein ausgebildeter Psychologe, zuvor des Öfteren genau diesen Bräutigam gemeint, wenn er wieder einmal über seine eigenen Landsleute herzog bzw. diese als „ganz einfach dumm" bezeichnete. Dann diente er, unser Fahrer und nunmehriger Hochzeiter, als, nach Meinung des Übersetzers, „Vorzeige-Ingusche"! Zwar hatte ich seine Worte immer als arrogantes Gefasel abgetan, womit er mich wohl zu überzeugen glaubte, er sei viel schlauer und vor allem gebildeter als der Rest der Einheimischen. Allerdings erschienen die Worte der Mutter nun für mich in einem neuen Licht.

Sie fuhr fort, mir die Entwicklung bis zur Hochzeit zu skizzieren. Wie dort üblich hätte ihr Sohn bereits vor Jahren die Braut symbolisch aus ihrem Elternhaus entführt, um damit zum Ausdruck zu bringen, dass er sie ehelichen wolle. Jedoch wäre sie vom Brautvater am nächsten Tag höchstpersönlich wieder abgeholt worden (!), da er wohl mit dem Bräutigam nicht ganz einverstanden gewesen war. Ihr Sohn, so die Mutter, hätte aber nicht lockergelassen und seine jetzige Frau nicht lange danach ein zweites Mal ‚geraubt'. Und dieses Mal offensichtlich mit erfolgreichem Ausgang.

Die Braut, eingehüllt in einem weißen Kleid mit Schleier vor dem Gesicht, betrat jetzt stumm den Raum und stellte sich in eine Ecke. Ich konnte nur erkennen, dass sie noch ziemlich jung gewesen sein musste – bei uns wäre sie daher nach der ersten Entführung sicherlich nicht vom Vater, sondern der Polizei abgeholt worden und der Bräutigam gleich mit, wegen Verführung Minderjähriger!

Abwechselnd stand einer nach dem anderen meiner Arbeitskollegen auf, ging zur Braut und redete auf sie ein. Ziel war es, ihr auf welche Weise auch immer, Wörter aus ihrem Mund zu entlocken. Zunächst versuchte man es offenbar mit blumigen

Floskeln, was allerdings keinen Erfolg brachte, sondern erst als diverse Geldscheinchen ins Spiel kamen, löste sich ihre Zunge nach und nach. Das eigentümliche Schauspiel wurde unter viel Gelächter fortgeführt, bis auch ich an der Reihe war. Selbstverständlich erwarteten die Kollegen von mir indessen die ganz großen Scheine, und zwar Dollar. Die benötigte ich allerdings nicht, denn überraschenderweise flüsterte sie auf mein auf Deutsch gestammeltes „herzlichen Glückwunsch", sofort, ohne es verstanden zu haben, korrekterweise auf Russisch „spassibo (danke)!" Trotz enttäuschter Pfiffe hob ich die Arme wie ein Sieger, setzte mich zurück zur Mutter, die wohl auch von mir einen Obolus erwartet hätte.

Ob die ganze Veranstaltung tatsächlich ein allgemeiner Brauch war, glaubte ich eigentlich nicht. Wahrscheinlich gehörte es einfach dazu, die Kollegen höflichkeitshalber einzuladen, genauso wie den Geldbeutel zu öffnen.

Jahre später lud mich der Finanzkoordinator in Tadschikistan zu einer Hochzeit ein. Allerdings nicht seiner eigenen, sondern der seines Bruders und mein Einwand, ich würde diesen gar nicht kennen, wurde genauso abgebügelt wie meine Frage, was ich denn als Geschenk mitbringen solle. Nun, die Braut bekam ich dort überhaupt nicht zu Gesicht, da sie umringt von anderen Frauen komplett verhüllt, das heißt mit einem Tuch über dem Kopf geworfen ins Wohnzimmer geführt wurde, fast so, als würden sie Blindekuh spielen.

Während die Männer bereits vor dem Haus zu traditioneller Musik zu tanzen begannen, nahm drinnen die Verhüllte am Kopfende des Raumes auf dem Boden Platz, damit sie ungestört essen konnte. Um sie vor Blicken der fremden Männer zu schützen, hing ein Teppich, genau vor ihrem Kopf von der Decke herab.

Ich verfolgte draußen das Tanzen, was mehr nach Herumhüpfen aussah. Da kam mein Kollege, der mich eingeladen hatte, bereits reichlich beschwipst, eine Flasche Wodka in der

Hand, diese mir entgegenstreckend, ich wiederum ablehnend, und begann larmoyant zu protestieren: er begreife nicht, was mit den anderen Gästen los sei. Früher wäre bei solchen Anlässen der Alkohol in Strömen geflossen, er hätte deswegen mehrere Dutzende Flaschen eingekauft und nun sei er der Einzige, der trinke. Später deutete er es als ein Zeichen der zunehmenden Islamisierung in seinem Land, genauso wie die Tatsache, dass die Feier in traditioneller Manier abgelaufen war, und nicht wie früher als im wahrsten Sinne des Wortes (be)rauschendes Gelage.

Nicht lange danach stoppte die Musik abrupt, die Männer zerstreuten sich und mir wurde gesagt, ich solle zum Auto gehen, denn die Feier sei vorbei! Weder gab es Abschiedsworte noch sonstige Wünsche, sondern alle Gäste gingen geradeso als wäre ein Kinofilm zu Ende gewesen. Erst im Auto wurde ich aufgeklärt: Laut eines Präsidentenerlasses durften nicht mehr als fünfzig Personen bei Hochzeitsfeiern anwesend sein und diese dürften auch nicht länger als drei Stunden dauern. Das Fest, welches wir eben dabei waren zu verlassen, hatte etwas mehr als drei Stunden gedauert und die Besucher gingen deshalb wortlos auseinander, da man sonst befürchtete, die Polizei könne durch unnötigen Lärm aufmerksam gemacht werden.

Zugegeben, auf den ersten Blick hielt ich dies für eine besonders eigenartige ‚Tradition'. Allerdings machte dieser präsidentielle Erlass bei näherem Hinsehen durchaus Sinn. Denn in der Vergangenheit hätte man, um niemanden zu vergraulen, zu solchen Anlässen mehrere Hundert Bewohner eingeladen oder einladen müssen. Die Feierlichkeiten wären endlos gewesen und all das zu Lasten des Brautvaters, der nur allzu oft dafür sein eigenes Haus verkaufen oder einen Kredit hatte aufnehmen müssen. Daher wollte man staatlicherseits vermeiden, dass ausschweifende Feste zum finanziellen Ruin führten, weil dort jeder den anderen, ob er es sich leisten konnte oder nicht, zu übertrumpfen versuchte, möglicherweise sogar musste – offensichtlich eine Frage der Ehre.

Selbst im privaten Kreis wurde ich überall immer großzügig empfangen. Als ich damals als Freiwilliger in Flüchtlingslagern eingesetzt war, genierte ich mich jedes Mal, wenn ich bei einer Familie in ihrem engen Zimmer saß. Denn neben dem obligatorischen Kaffee wurde mir stets noch Essen angeboten. Wahrlich, mir wurden, mehr als mir lieb war, unzählige Gelegenheiten geboten, mich schämen zu müssen. Meistens befand sich in dem Raum das ganze Hab und Gut der Bewohner, welches sie auf ihrer Flucht aus Bosnien-Herzegowina gerade noch imstande waren, mitzunehmen. Trotzdem wurde mir, als ich dann so dasaß, nicht nur alles angeboten, was zu finden war. Sondern zum Teil wurde ich gar gezwungen, neben diversen Tassen Kaffee, ein Stück Kuchen hier und Plätzchen dort, zu probieren. Wenn ich hungrig wäre, könne man mir auch etwas zubereiten. Es war fast unmöglich, irgendetwas abzulehnen. Ich wollte den Menschen nicht noch von dem Wenigen, das sie besaßen, etwas wegnehmen.

Erst mit der Zeit lernte ich, dass dem Gast gerade eine Ablehnung übelgenommen wurde. Was mich dabei allerdings immer störte, war der Ton, wenn der Herr des Hauses seiner Frau befahl, mir etwas zuzubereiten. In Montenegro saß ich viele Male bei meinem Kollegen im Haus, wo er sie anfangs sehr uncharmant aufforderte, „Frau" (sic!) solle gefälligst etwas zu Trinken und Essen reichen. Zauberwörter wie ‚bitte' oder ‚danke' schienen in dem Zusammenhang nicht zu existieren. Und selbst als ich diese einführte, machten sich beide durch deren gar zu überbetonten Verwendung in meiner Anwesenheit noch lustig über mich – wenigstens leistete seine Ehefrau uns Gesellschaft beim Essen. Anderswo bekam ich die Gastgeberin meistens erst gar nicht zu Gesicht.

Als ich meiner dortigen Sprachlehrerin nachträglich ein Hochzeitsgeschenk persönlich überreichen wollte, geleitete sie mich ins Wohnzimmer, wo ich mit dem mir unbekannten Ehemann parlieren sollte, während sie sich in die Küche verzog und später selbst beim Essen abwesend blieb. Dabei wollte ich in erster Linie mit ihr über alles Mögliche sprechen und nicht über Autos und dergleichen mit ihrem Gatten.

Brenzlig wurde es für mich als Gast stets, wenn mir einheimische Delikatessen aufgetischt wurden, die nicht unbedingt zu meinen Lieblingsspeisen oder Getränken zählten. Manchmal konnte ich sie gar nicht definieren. Entweder griff ich höflichkeitshalber zu, oder, wenn es gar zu eklig aussah, musste ich sehr elegant klingende Ausreden parat haben.

In einer Dorfschule in Zentralserbien, die wir renoviert hatten, inspizierten wir zunächst beim Gang durch das Gebäude die fertiggestellten Arbeiten, bevor der Direktor uns in ein Klassenzimmer führte, wo bereits beinahe die gesamte Dorfgemeinschaft beisammensaß. Schließlich müsse die erhaltene Unterstützung entsprechend gefeiert werden, wofür man extra einige lokale Spezialitäten zubereitet hätte, frohlockte der Schulleiter. Zunächst wurde keineswegs in einem Gläschen, sondern einem bis oben hin gefüllten Glas, ein kochend heißer Schnaps serviert; und zwar aus einem riesigen Topf mit einer Kelle geschöpft. Davon nippte ich jedoch mit guter Miene zum bösen Spiel, während es alle anderen in einem Zug hinunterkippten. Selbst die paar Tropfen genügten für mich, einen Hustenanfall zu bekommen und während alle lachten, flüsterte ich meinem Kollegen fragend ins Ohr, ob man davon blind werden könne.

Danach gab es Wurst und Käse bevor schließlich ein komplettes, kaltes (!), rosafarbenes Spanferkel direkt vor mich platziert wurde. Nun, so richtig appetitlich sah es nicht aus. Obendrein hatte ich ohnehin keinen Hunger mehr, da mein Kollege und ich keine zwei Stunden vorher in einem Restaurant gewesen waren, denn mit einem derartigen Empfang hatten wir nicht gerechnet. Bereits morgens waren wir zum selben Anlass in einer anderen Schule gewesen, wo wir, außer einem Kaffee und einer Dankesurkunde, vom Schuldirektor nichts anderes bekommen hatten. Jene ‚Zeremonie' hatte nur wenige Minuten gedauert, worüber sich mein serbischer Mitarbeiter hinterher sichtlich ereiferte.

Dagegen schien für ihn das jetzige Fest und die damit zum Ausdruck gebrachte Dankbarkeit genau wie erwartet abzulaufen. Trotzdem konnte ich, der Höflichkeit wegen, nicht mehr wie die eine oder andere Scheibe Käse und Wurst zu mir nehmen.

Ganz in Rittermanier riss der Schuldirektor dem Schwein nun mit den Händen die Zunge heraus. Dem Ehrengast nur das Beste. Er bot sie mir an, was ich dankend mit dem Hinweis ablehnte, ich sei doch sehr satt. Gleiches tat ich bei den Ohren sowie Bäckchen, was die um mich Herumsitzenden jetzt veranlasste, jeweils ein Stück aus dem Tier per Hand abzurupfen und im Nu war es aufgegessen!

Währenddessen wurden die Gläser mit dem heißen Gebräu ständig wieder befüllt, sodass klar war, dass am Ende höchstens die anwesenden Frauen nüchtern nachhause gingen. Da wir noch eine dreistündige Heimfahrt vor uns hatten, verabschiedeten wir uns vorzeitig. Dafür Verständnis zeigte lediglich der Direktor, während alle anderen scherzhaft pfiffen und, mittlerweile in ausgelassener Stimmung verlangten, dass ich mich von jedem persönlich verabschieden müsse. Das tat ich gerne, zumal mir jeder nochmals seine Erkenntlichkeit ausdrückte – der eine klarer, der andere nicht ganz so. In dem ganzen Gewirre hatte ich versehentlich die Dankesurkunde liegen lassen, die uns später der Schulleiter höchstpersönlich ins Büro brachte.

Bei einer ähnlichen Veranstaltung in Montenegro wurde einmal ein kompletter, gekochter Schafskopf zum Auslöffeln des Gehirns direkt vor mir aufgetischt, woraufhin ich gezwungen zwar, ärztliche Anordnungen, vorübergehend kein Fleisch essen zu dürfen, heranzuziehen – ein andermal ‚musste' ich mich gezwungenermaßen zum Vegetarier deklarieren. Während ich dachte, mich damit elegant aus der Affäre gezogen zu haben, nahm dies der Gastgeber offensichtlich mit gespielter Freundlichkeit zur Kenntnis. Er hatte mich durchschaut, behielt dies jedoch für sich.

Immerhin gelang es mir dort in der Region später, eine stets erheiternde Entschuldigung auszusprechen, wenn es darum ging, den obligatorischen Schnaps abzulehnen: Jedes Mal, wenn ich, ob morgens, mittags oder abends, egal zu welchem Anlass, neben einem Kaffee noch „ein Gläschen für die Gesundheit" angeboten bekam, entgegnete ich: „Nein danke, ich hatte bereits eine ganze Flasche zum Frühstück getrunken, weshalb mein Tagespensum erfüllt sei." Lachend, manchmal sogar prustend wurde meine Antwort kommentarlos toleriert.

Gar nicht zum Lachen empfand ich in Serbien zunächst die Tatsache, dass immer ich derjenige gewesen war, der im Restaurant die Rechnung für die Kollegen zu begleichen hatte. Dabei bedankten sie sich niemals auch nur ansatzweise. Erst viel später, als mich nämlich ein gutmütiger LKW-Fahrer, Vater von vier Kindern, samt meinen Mitarbeitern zum Essen einladen wollte, erhielt ich Aufklärung. Zwar nahm ich dankend an, pochte aber darauf, die Zeche zu übernehmen. Denn ich wusste, dass das Gehalt des Kapitäns der Landstraße alles andere als üppig war. Er, wiederum nun sehr ernst und fast schon beleidigt, erläuterte mir, dass es dort Brauch sei, dass derjenige, der zum Essen rufe, gefälligst auch zu bezahlen hätte. Und unter Freunden würde man sich nicht bedanken. Aha!

Vorher war es in der Tat immer ich gewesen, der, vor allem wenn wir im Lande unterwegs gewesen waren, als Erster die Frage nach dem Appetitlevel stellte, was meine Kollegen automatisch als Einladung verstanden. Von da an entwickelte sich zwischen mir und ihnen stets eine Art gegenseitigem verschmitzten Belauern, wer wohl die entscheidende Frage zuerst aussprach. Bezahlt habe ich aber dann stets trotzdem.

In Sri Lanka tat ich das mit Freuden. Wann immer ich eines unserer zahlreichen Projekte besuchte, die, über weite Teile des Südostens der Insel verteilt, durchgeführt wurden, nahm ich eine oder einen Bürokollegen mit, damit sie die Gelegenheit bekamen, einen Eindruck unserer tatsächlichen Arbeit außerhalb des Büros zu bekommen. Eines der Projekte, die Produktion von Trinkwasser, wurde in der Nähe von Arugam Bay durchgeführt, einem Ort, der offenbar bei Surfern aus aller Welt sehr populär gewesen war. Deshalb gab es dort viele Restaurants, die neben einheimischen Gerichten auch für Touristen, das heißt dem westlichen Geschmack, entsprechende Mahlzeiten auf der Speisekarte hatten.

Immer fuhren wir nach dem Besuch des Projektstandorts in dieselbe Gaststätte und jedes Mal fragte ich bereits vorher den oder die jeweilige Kollegin, was sie denn bestellen würden – die Rechnung ginge auf mich. Man wisse es noch nicht und nach ausgiebigem Studium der Speisekarte wählte dann ausnahmslos jeder, wirklich jede und jeder, stets Curry mit Fisch. Dabei handelte es sich um Reis mit Fisch, was die Mitarbeiter ohnehin tagtäglich morgens, mittags und abends aßen! Gewöhnlich brachten sie es in Zeitungspapier eingewickelt mit ins Büro und verschlangen die sehr üppigen Portionen im Laufe des Arbeitstages. Nachdem wir dann das Lokal verlassen hatten, fragte ich, wie das Essen gewesen sei und bekam immer die gleiche Antwort: viel zu teuer, viel zu wenig und überhaupt nicht gewürzt – dazu muss man wissen, dass deren normales Currygericht aufgrund der Schärfe für mich nicht genießbar war. Für die Kollegen war es jedenfalls kontinuierlich ein Totalreinfall – für mich dagegen die schon vorher feststehende Reaktion, die mich anfangs erstaunt hatte, über die ich dann aber nur noch grinsen musste.

Dort in Sri Lanka war jeder Vollmondtag, der sogenannte Poya Day, ein arbeitsfreier Tag, an dem es wie auch an Feiertagen verboten war, Alkohol zu verkaufen, geschweige denn zu trinken. Wenn man zum Beispiel an dem Tag Bier kaufte, wurden die Flaschen in eine schwarze Plastiktüte verpackt, sodass man sie nicht erkennen konnte, was bei einer ganzen Kiste trotzdem leicht zu durchschauen war.

Einmal war ich mit Kollegen an einem Poya Day in Kandy, einen für Buddhisten sehr wichtigen Wallfahrtsort, da dort in einem Tempel ein vermeintlicher Zahn von Buddha zu bestaunen ist. Zum Mittagessen gingen wir in ein Restaurant, nahmen einen Tisch auf der Terrasse und mein belgischer Kollege bestellte ein Bier, wobei ihm klar war, dass er eigentlich keines bekommen würde. Zu unserer Verblüffung sagte der Ober, auf der Terrasse könne er kein Bier servieren. Wenn er sich allerdings ins Restaurant setzen würde, bekäme er eines. So saßen wir, seine Frau und ich am Tisch draußen und er etwa zwei Meter entfernt innen und genoss sein Bier. Eine etwas merkwürdige Dreisamkeit.

Ähnliches hatten wir bereits zum Jahreswechsel 2005/2006 erlebt. Mit einigen Mitarbeitern bin ich für ein paar Tage nach Sigiriya gefahren. Dort ist der Sigiriya Rock zu bestaunen, eine imposante Touristenattraktion in Sri Lanka, wo sich Tempel- und allerlei andere Ruinen auf einem etwa zweihundert Meter hohen Felsen befinden.

Am Tag vor Silvester saßen wir im Hotel am Abend zu Tisch. Alkohol, so der Ober, könne keiner bestellt werden. Warum eigentlich erfuhren wir nicht. Jedoch wandten wir ein, dass ein Mann am Nebentisch offensichtlich ein Bier trinke! Einigermaßen irritiert antwortete der Kellner, jenes Bier sei ein „Missverständnis" gewesen. Nach unserem Protest willigte er ein, dann könnten wir auch Bier bestellen. Allerdings müssten die Flaschen in der Küche bleiben und er, der Kellner, würde uns nach Aufforderung stets nachschenken, indem er die Gläser in die Küche befördern würde. In der Folge lief er also immer wieder mit einem leeren Glas in die Küche und kam mit dem gefüllten zurück. Manch ein Gast mag wohl erstaunt gewesen sein, um welch seltsame Suppe es sich da wohl handelte.

Für Silvester hatten wir dann vorgesorgt und Bier eingekauft. Den Abend verbrachten wir in gemütlicher Runde beim Kartenspiel UNO und hatten unseren Spaß bis Mitternacht. Dann begann Neujahr und erneut durfte, da Feiertag, kein Alkohol getrunken werden. Trotzdem spielten wir bis in die frühen Morgenstunden und setzten am Abend unser Spiel fort. Gegen 23.30 Uhr am Neujahrsabend, wir saßen, wie schon zuvor, im Aufenthaltsraum des Hotels, ging ich zur Bar, um mitzuteilen, dass schon einmal ein paar Flaschen Bier vorbereitet werden sollten, damit wir um Mitternacht nochmals auf das neue Jahr anstoßen könnten. Zurück am Tisch spielten wir bis kurz vor zwölf. Als wir dann dem Ober signalisierten, er könne uns nun die Bestellung bringen, meinte dieser lediglich, „Sorry, Sir, aber die Bar ist nun geschlossen!"

Auch in anderer Hinsicht gab es dort eine für uns befremdliche Eigenart. Nämlich die des stillen Protests, das (oder der oder die) sogenannte Hartal, was etwa mit einem lokalen Generalstreik zu vergleichen war. Wenn zum Beispiel ein Mitglied einer Bevölkerungsgruppe – in unserem Zielgebiet gab es Singhalesen, Tamilen und Muslime – gewaltsam ums Leben kam, kündigte die entsprechende Gruppe im Ort des Geschehens Hartal an, welcher je nach Schwere der Tat auch mehrere Tage andauern konnte. Das bedeutete, dass dort die Straßen wie leergefegt waren und alle Geschäfte geschlossen blieben. Und wehe, man trieb sich auf der Straße herum: Einer japanischen Organisation ist es passiert, dass sie nichtsahnend durch ein Dorf fuhren, in dem Hartal ausgerufen worden war, und ihr Fahrzeug mit großen Pflastersteinen beworfen wurde.

Ob und wann Hartal angekündigt wurde, erfuhren wir meistens, je nach deren Wohnort, von unseren lokalen Mitarbeitern oder von anderen Hilfsorganisationen. Dann war es so, dass sie alle an dem oder den Tagen nicht ins Büro kamen, was einen erheblichen Effekt auf den Fortgang der Projekte hatte. Mir kam es jedenfalls vor, als würden sie statt der üblichen Fünf-Tage-Woche tatsächlich regelmäßig eine reduzierte haben. Wir internationale Mitarbeiter gingen trotzdem ins Büro, zu tun gab es ja immer irgendetwas, und wenn es nur die Ablage von Dokumenten war. Wenn jedoch die Stadt Ampara, unser Standort betroffen war – was seltener vorkam – blieben auch wir daheim. Da wir uns äußerlich von den Einheimischen unterschieden, wollten wir keinesfalls, wie die Japaner behandelt werden.

Denn denen hatten die Einwohner fehlenden Respekt ihrer Tradition gegenüber unmissverständlich zum Ausdruck gebracht, was ich irgendwie noch nachvollziehen konnte, wenn sie auch dafür nichts konnten. Umso erstaunlicher war für mich der Umstand, dass mir die Menschen auf der Straße immer mit einem Lächeln im Gesicht begegneten, sodass es für mich unbegreiflich war, zu welchen Grausamkeiten sie imstande waren. Gewaltverbrechen wie Morde, die wohl meistens ethnisch motiviert waren, geschahen fast täglich.

Einmal rief mich morgens ein lokaler Kollege völlig aufgelöst an, er könne nicht ins Büro kommen. Er hätte an der Bushaltestelle in seinem Dorf gewartet, als plötzlich ein Motorrad direkt auf einen wartenden Mann zugefahren sei, der Sozius mehrmals mit einem Messer auf den Mann einstach, Benzin über ihn goss und ihn anzündete. Daraufhin sei sofort Panik ausgebrochen und alle Umstehenden seien davongelaufen, während der Mann entsetzlich verbrannte.

Selbst unter meinen lokalen Arbeitskollegen gab es ethnisch bedingte Animositäten, die keineswegs zu unterschätzen waren. Ein junger Kollege, Tamile, hatte zum Beispiel einem unserer singhalesischen Fahrer gedroht, er würde ihn umbringen (!). Der Auslöser dafür war in meinen Augen eher nichtig.

Denn der Fahrer hatte den Kollegen in dessen Dorf mit dem Tuk Tuk, dem dreirädrigem Taximoped, kutschiert und offenbar wenige hundert Meter vor dessen Haus angehalten, da dort das Wohngebiet der Tamilen begann und er aus Angst um sein Leben nicht weiterfahren wollte. Deshalb hätte der tamilische Kollege ihm gesagt, er würde ihn, den singhalesischen Fahrer, beim nächsten Mal umbringen, wenn er ihn nicht bis vor die Haustüre fahren würde. Beide Männer waren gerade einmal Anfang zwanzig!

Als sie nun bei mir im Büro saßen und ich die Hintergründe herausfinden wollte, begannen beide zu heulen und schüttelten sich am Ende nur sehr widerwillig die Hände zur vermeintlichen Versöhnung. Dass sie damit Frieden geschlossen und ihre Auseinandersetzung begraben hätten, glaubte ich keineswegs. Deshalb gab ich ihnen sehr bestimmend mit auf den Weg, dass ich sie im Auge behalten würde. Immerhin erfuhr ich nichts mehr von einem weiteren Streit. Die Ironie der Geschichte war, dass genau jener tamilische Kollege, der gerade einen singhalesischen mit dem Tod bedroht hatte, selbst nur wenige Tage zuvor zu mir ins Büro gekommen war. Denn er hatte offenbar von der tamilischen Rebellenorganisation LTTE eine Morddrohung bekommen!

Wie die Menschen dort ansonsten tickten, ist mir ein Rätsel geblieben, da ich ohnehin keinerlei Kontakt zu Bewohnern außerhalb des Büros hatte. Allenfalls ist mir die ungewöhnliche Kopfbewegung in Erinnerung geblieben. Während man bei uns, wenn ein Gespräch geführt wird, gelegentlich „ja" sagt oder nickt, signalisiert man, dass man dem Gesagten folgt. Dort drückten es die Menschen aus, indem sie mit dem Kopf seitlich hin und her wackelten. Gleiches taten sie allerdings auch, wenn ich zum Beispiel eine Frage stellte, worauf ich ein „ja" oder „nein" erwartete. Die Interpretation oblag dann mir, löste jedoch stets erst einmal ein Kopfschütteln meinerseits aus.

Unaussprechlich oder ellenlang waren auch die Namen unserer dortigen Mitarbeiter, die wir internationalen uns nicht merken konnten. Bis zum Ende wusste ich keinen einzigen Nachnamen von ihnen. Gewöhnlich hatten sie sich uns deshalb stets mit einem Kurznamen vorgestellt, der unter uns Ausländern oft genug mehr als Schmunzeln verursachte. Es gab den Fahrer, dessen Name eher an eine Frau erinnerte, oder einen anderen, der bei uns zu Hause als Waschmittel bekannt ist. Nicht minder witzig waren unsere muslimischen Kollegen. Der eine nannte sich Arafat und ein anderer Gaddafi, allerdings nicht aus politischen Gründen, wie beide betonten, sondern der Einfachheit halber. Als dann noch ein mexikanischer Kollege dazustieß, dessen Zweitname Fidel lautete, scherzten wir, dass wir wohl für eine Organisation der Diktatoren arbeiteten.

Auch in späteren Einsätzen hatte ich so gut wie nie Kontakt zu Einheimischen, sodass ich höchstens durch die Mitarbeiter einen winzigen Eindruck von deren Mentalität bekam. Lediglich in der Anfangszeit in den Ländern des ehemaligen Jugoslawiens kam ich nicht nur viel herum, sondern verkehrte auch mit Menschen, die nichts mit meiner Arbeit zu tun hatten. Deshalb glaubte ich, zumindest bis ich in den Kosovo kam, dass ich gelernt hatte, das Verhalten der Menschen als typische Balkanmentalität einordnen zu können.

Zum Beispiel ist mir dort immer wieder der Hang zu Verschwörungstheorien begegnet. Meistens handelte es sich allerdings bei genauerem Hinsehen bzw. –hören um mögliche Erklärungen von Phänomenen, die man nicht erklären konnte; scheinbar logischen Mustern, die ein bestimmtes Verhalten nachvollziehen ließen; oder lediglich um Ausflüchte, um von eigenen Fehlern abzulenken. Allen gleich war der hohe Grad an Misstrauen gegen alles und jeden.

In Serbien waren in politischer Hinsicht, als ich dort arbeitete, die Amerikaner sowieso an allem schuld. Selbst Diskussionen über abwegigste Themen endeten damit, dass sie, die Amerikaner, „mit Sicherheit" dahintersteckten. Gelegentliche Stromausfälle geschähen nur deshalb, da man die Bevölkerung zwingen wolle, eine bestimmte Politik zu unterstützen. Welche? Klar, die der Amerikaner. Im Jahr 1999 sei das Land durch Luftangriffe zerstört worden. Von wem? Den Amerikanern. Die Versorgung im Land sei so schlecht, dass die meisten Menschen am Existenzminimum leben müssten. Warum? Wegen den Amerikanern. Und im Übrigen sei das vierte Flugzeug der Attentäter vom 11. September 2001 vom amerikanischen Militär abgeschossen worden, nur würde das niemand in der Weltöffentlichkeit zur Kenntnis nehmen – „Beweise gäbe es doch zur Genüge!"; Tito sei ein infiltrierter russischer Spion gewesen, „inthronisiert von den Amerikanern" (!), so ein Gesprächspartner. Nicht von ungefähr hätte er einen äußerst merkwürdigen Akzent gehabt und überhaupt sei die ganze Welt Serbien gegenüber feindlich gesinnt.

Nun, dass Serbien zum damaligen Zeitpunkt, also wenige Jahre nachdem von dort der grausame Krieg in Kroatien und BiH unterstützt und immer wieder angeheizt worden war, nicht gerade ‚Everybody's Darling' gewesen war, konnte man sich denken. Selbst mehr als ein Jahrzehnt später mochten die Einheimischen das nicht hören. Deshalb pickten sie sich eben solche Argumente heraus, die möglichst eigenes Tun oder Verschulden verschleierten bzw. offensiv meist in geradezu absurder Weise eigenes Handeln rechtfertigten.

Ganz zu Beginn meines Einsatzes wurde ich unzählige Male von Serben gefragt, ob ich erkennen würde, wie schlecht es den Menschen in ihrem Lande gehe. Nachdem sie gehört hatten, dass ich zuvor bereits in anderen Ländern der Region gewesen war, kam dann immer wieder die Frage, wo es denn am schlimmsten sei. Selbstverständlich erwartete man stets von mir, dass ich sagen würde, in ihrem Lande sei die Lage am verheerendsten. Ich allerdings entgegnete, der Fragesteller solle doch einmal nach Bosnien und Herzegowina fahren, dann würde er oder sie selbst auf den ersten Blick erkennen, wo es wohl schlimmer sei.

Das Problem war, dass solche Diskussionen immer sofort ins Politische drifteten. Die Realität wurde einfach ausgeblendet: so schlimm wie in Serbien könne es anderswo doch gar nicht sein. Immerhin würde BiH von der internationalen Gemeinschaft Milliarden bekommen. Und Serbien? Nichts dergleichen! Woran das wohl liegen würde, hinterfragte niemand. Egal, um welches politische Thema es ging. Rational konnte ich nie argumentieren. Was nicht sein durfte, konnte nicht sein.

Überhaupt hatte ich den Eindruck, dass die gesamte Gesellschaft politisiert war: Zeitungen konnten politischen Parteien zugeordnet werden; Direktorenposten wurden nach Parteibuch vergeben; und selbst die Menschen schienen zu wissen, welcher ihrer Mitmenschen für welche politische Richtung stand.

Darüber hinaus hörte ich dort zwei interessante Auswüchse der Demokratie. In Serbien behauptete ein lokaler Kollege, die Tatsache, dass Parlamentarier nur für ein zeitlich begrenztes Mandat gewählt würden, bedeute, dass sie versuchen würden, währenddessen so viel wie möglich in die eigene Tasche zu wirtschaften. Das sei doch glasklar. Deshalb unterschiede sich diese Kleptokratie nicht von dem vorherigen Regime. Faktische Belege dafür hatte er zwar nicht, aber viel konnte ich dem nicht entgegensetzen. Erstaunlich für mich war vor allem die Tatsache, wie vermeintlich leicht die Menschen Politikern auf den Leim zu gehen schienen, beziehungsweise, andersherum, wie unverblümt Wahlkämpfer Versprechungen machten, die sie niemals nach der Wahl würden einlösen können. In einem Dorf in Montenegro besuchte ich einmal eine solche Veranstaltung, als der Präsidentschaftskandidat schwor, nach seiner Wahl würde jeder Jugendliche im Land von seiner Partei einen Computer geschenkt bekommen!

Mein dortiger Mitarbeiter erwähnte einmal, dass er, da er keiner Partei angehörte, keinerlei Chance auf einen Job in der Kommunalverwaltung hätte. Einige Jahre später ist er tatsächlich in eine eingetreten, und als ich ihn das erste Mal danach traf, war ich ziemlich verwundert, wie stiefelleckend er dem Bürgermeister, seinem Parteigenossen, die Tasche hinterhertrug.

Mein ehemaliger Kollege hatte mich gebeten, ich war im Kosovo, zu ihm zu kommen, da eine Delegation aus Luxemburg erwartet würde, um eine Städtepartnerschaft zu initiieren. Ich solle deshalb, wenn nötig, übersetzen. Seinem Bürgermeister schlug ich vor, um die Partnergemeinde auf dem Laufenden zu halten, könne ich mir vorstellen, einen regelmäßigen Newsletter zu erstellen. Die Luxemburger waren begeistert von der Idee, worauf der Angesprochene sofort zustimmte, die notwendigen Schritte dafür unverzüglich einzuleiten. Hinterher berichtete mir mein Kollege, dass der gesamte Besuch eine reine Showveranstaltung gewesen sei. Denn in Wahrheit hätte sein Bürgermeister keinerlei Interesse an der Partnerschaft gezeigt, sondern lediglich, wie er sie für seine persönlichen Zwecke nutzen könnte.

Ein Jahr danach warf mein ehemaliger Kollege ernüchtert das Handtuch und ist aus der Partei wieder ausgetreten. Zur Begründung meinte er, er hätte den Schritt damals getan, da er idealistisch angenommen hatte, etwas für seine Kommune bewegen zu können. In der Realität sei jedoch in Parteiversammlungen stets das Hauptthema lediglich gewesen, wie man dem politischen Gegner schaden könne – auch physisch!

Jedenfalls hatte ich damals schon die Lehren aus politischen Diskussionen gezogen, indem ich mich künftig auch anderswo tunlichst heraushalten bzw. diese unbedingt vermeiden wollte. Detaillierte Einblicke in die Situation vor Ort hatte ich in dieser Hinsicht ohnehin nie richtig bekommen, und wenn ich dezidiert nach meiner politischen Meinung gefragt wurde, entgegnete ich den Standardsatz, dass ich dort zu nichts anderem sei, als zu arbeiten.

In Montenegro, mehr noch in Serbien, hatten viele Einheimische an Albanern, womit in erster Linie Kosovaren gemeint waren, kein gutes Haar gelassen. Sollte ich ihnen jemals begegnen, müsse ich mich in Acht nehmen, denn sie seien gefährlich. In Südserbien, wo es einige mehrheitlich von Albanern bewohnte Städte gibt, wagte es mein serbischer Kollege noch nicht einmal zusammen mit mir in einem Auto mit deutschem Kennzeichen hineinzufahren!

Wehe, ich würde einer Frau auf der Straße nach- oder diese gar direkt anstarren. Das könne mir unter Umständen das Leben kosten. Worauf all jene Warnungen denn beruhten, konnte mir allerdings niemand erklären. Ich selbst konnte mir nur so einen Reim darauf machen, indem ich nach und nach erkannte, dass die meisten solcher Behauptungen auf völliger Unwissenheit beruhten.

Auf meine Nachfrage, ob man denn im persönlichen Bekanntenkreis einen Kosovaren hätte? Fehlanzeige. Ob man schon einmal im Kosovo gewesen sei? Kurz durchgefahren. Im Kosovo, wo die überwiegende Mehrheit der Albaner die Serben verachteten, kursierten ähnliche Gerüchte. Als ich meine kosovarischen Kollegen fragte, ob sie wüssten, wie Serben sich typischerweise begrüßen würden, wusste dies kein einziger. Was mich wiederum persönlich zu dem Schluss kommen ließ, dass, egal wo auf dem Balkan, jegliche Anschuldigungen und dergleichen wohl am ehesten auf Gerüchten und Ähnlichem beruhten. Man strickt sich sein Weltbild so, wie man es haben möchte; oder wie es von der Politik geschürt wird. Die Schuld wird immer beim anderen gesucht. Selbstkritik ist mir so gut wie nie begegnet. Das kennen wir hierzulande neuerdings zur Genüge, besonders bei den Rechtspopulisten.

Vor allem anfangs im Kosovo, wenn mich Menschen danach fragten, welchen Eindruck ich vom Land hätte, antwortete ich immer mit einem lässig dahin gesagten: „Ist halt Balkan." Damit wollte ich zum Ausdruck bringen, dass das Land und die Menschen sich, meiner Ansicht nach, nicht groß von ihren Nachbarn unterschieden. Auch dort traf ich häufig auf mangelnde Kritikfähigkeit, die Schuld an der ganzen Misere wurde den Serben in die Schuhe geschoben. Politiker genossen das gleiche schlechte Ansehen wie anderswo und wurden im Grunde genommen alle als korrupte Bande über einen Kamm geschert.

Dort erstaunte mich, genau wie in den Nachbarstaaten, für wie selbstverständlich die grassierende Korruption toleriert wurde. Bei uns nahezu unvorstellbar, schien dort fast jedermann in einer gewissen Position, die Hand aufzuhalten. Nicht nur, dass es allgemein bekannt zu sein schien, sondern, es schien auch von jedem als notwendiges Übel akzeptiert worden zu sein.

Mit der Zeit aber bemerkte ich, dass sich die Mentalität der Albaner im Kosovo doch wesentlich von der der umliegenden Staaten des ehemaligen Jugoslawiens unterschied. In der täglichen Zusammenarbeit waren dort für mich vor allem drei Dinge am auffallendsten: erstens, der fehlende Humor, was ein kosovarischer Kollege mir gegenüber freimütig zugab: „Man sei halt nicht so drauf wie die Serben". In der Tat geschah es häufiger, dass von mir gerne verwendete ironische Bemerkungen völlig falsch aufgefasst oder überhaupt nicht verstanden worden waren. Zweitens, der eklatante Bildungsstand vieler, selbst meiner Arbeitskollegen, obwohl einige ein Studium vorzuweisen hatten. Was bei uns als selbstverständliches Allgemeinwissen galt, war dort eben nicht so: die Stadt Pisa? „Noch nie gehört", war die Antwort einer Kollegin, die immerhin ein Masterstudium abgeschlossen hatte.

Was mir schließlich, drittens, überall im Kosovo begegnete, war ein Anspruchsdenken, an dem wohl auch die sogenannte internationale Gemeinschaft nicht ganz unschuldig gewesen sein dürfte. Durch die immensen Hilfsgelder, die ins Land geflossen waren, wurden, zumindest nach meiner Beobachtung, viele Menschen geradezu verwöhnt. Persönlich hatte ich den Eindruck, dass man einfach Forderungen stellte, die besonders ausländische Organisationen ohnehin erfüllen würden oder müssten. Letztlich wurde all dies immer wieder mit der Opferrolle begründet.

Selbstverständlich stand es außer Frage, dass die kosovarische Bevölkerung noch zu jugoslawischen Zeiten erheblich gelitten hatte und noch mehr vor allem im Jahr 1999, dem Jahr des Kosovokrieges. Jedoch haben selbst meine kosovarischen Kollegen im Jahr 2012 immer wieder damit argumentiert, man sei Opfer des Krieges gewesen, daher müsse man, sprich die internationale Gemeinschaft, dem Land auf die Füße helfen. Dass es allerdings längst an der Zeit war, dass die Bevölkerung auch ihren eigenen Beitrag dazu leisten sollte, schienen selbst meine Arbeitskollegen nicht verstehen zu wollen.

Vor der selbsterklärten Unabhängigkeit im Jahr 2008, gab es überall an Häuserwänden Graffitis, die die Selbstbestimmung des Landes forderten, darüber hinaus gab es sehr viele Demonstrationen gegen die internationale Gemeinschaft, womit im Wesentlichen die EU gemeint war. Dabei war deren damalige im Land stationierte Mission gerade deshalb dort, um Kosovo wieder auf die Beine zu helfen – einerseits verteufelte man sie, andererseits forderte man uneingeschränkte Unterstützung von ihr. Ein Außenstehender hätte jedenfalls eine andere Form von Dankbarkeit erwartet.

Die wurde zum Beispiel dem ehemaligen britischen Premierminister Tony Blair, dessen Rolle im Kosovo-Krieg nicht vergessen worden war, in ganz eigentümlicher Weise entgegengebracht. Als er während meines zweiten Einsatzes den nunmehr unabhängigen Staat besuchte, hieß es am folgenden Tag in der Zeitung, dass er von dreizehn Kindern und Jugendlichen begrüßt wurde, die mit Vornamen Tonibler (genauso geschrieben) hießen. Offenbar waren deren Eltern (wahrscheinlich mehr die Väter) so sehr vom Briten angetan gewesen, dass sie ihre Söhne, abgeleitet von dessen Namen, nach ihm benannten. Wenn man Tonibler etwas langsamer ausspricht, klingt das Wort tatsächlich wie Tony Blair.

Auch im Straßenbild entdeckte ich so manche Eigentümlichkeiten, wie zum Beispiel die schiere Anzahl an Tankstellen. Von Pristina nach Ferizaj zählte ich einundzwanzig auf einer Strecke von fünfunddreißig Kilometern.

Von unserem Büro in die Stadt fiel selbst Ortsunkundigen sofort auf, dass durchweg direkt nebeneinanderliegende Geschäfte den Straßenrand säumten, die dasselbe anboten: zunächst Sanitärbetriebe, dann Schuhgeschäfte – interessanterweise gab es in keinem einzigen Schnürsenkel oder anderes Zubehör, denn ich hatte einmal allesamt danach abgeklappert. Danach kamen Baugeschäfte und schließlich einige Apotheken. Selbst das Sortiment aller Läden schien sich nicht zu unterscheiden. Lediglich der Name des Geschäfts. Warum dies denn so sei, wodurch sich, meiner Ansicht nach, die Läden gegenseitig die Kundschaft abnahmen, erklärte mir ein Einheimischer dann so: Wenn ein Geschäft gut laufen würde, dachte sich der Nachbar, das müsse ein gutes Business sein und eröffnete das gleiche und so weiter. Sich vielleicht eine Nische oder etwas ganz Neues anzubieten, auf die Idee schien niemand zu kommen.

Selbst ein kosovarischer Kollege einer anderen Hilfsorganisation, der jahrelang in der Schweiz gelebt hatte, warf von einem auf den anderen Tag seinen gut bezahlten Job hin, um in der Hauptstadt Pristina ein Restaurant zu eröffnen: „Angesichts der vielen Ausländer in der Stadt müsse es ein lohnendes Geschäft sein", begründete er seinen Schritt mir gegenüber. Nicht nur, dass sein Lokal sehr schwer zu finden war, sondern er bot auch noch das Gleiche an, wie nahezu alle einheimischen Restaurants: Pizza, Pasta und Fleisch. Nach drei Monaten schloss er wieder.

Als ich später in der Türkei war, fiel mir jenes Phänomen direkt nebeneinanderliegender Läden mit identischem Angebot ebenfalls auf. Dort hörte ich allerdings, dass dies durchaus positiv sei. Denn, zum einen wisse man sofort, wo man als Kunde hingehen müsste und zum anderen könne man ja, wenn einem der Preis nicht gefiel, direkt nach nebenan gehen. Irgendwie auch eine schlüssige Erklärung. Überhaupt erinnerte mich in der Türkei Vieles an den Kosovo. Nur war es im Land am Bosporus wesentlich sauberer.

So manches Mal konnte ich es in der Balkanregion kaum glauben, dass wir uns im 21. Jahrhundert befanden bzw. in einem Zeitalter, in dem über die Medien jegliche Informationen abzurufen sind. Im Nordosten Montenegros wurde die medizinische Versorgung der abgelegenen Bergdörfer noch im Jahr 2003 von einer Krankenschwester einmal pro Woche auf einem Pferd erledigt. Kaum vorstellbar, wenn es Notfälle gab. Selbst mit dem Auto hatten wir zu einigen der nur etwas mehr als zwanzig Kilometer entfernten Dörfer mitunter mehr als zwei Stunden benötigt. Im Winter waren sie überhaupt nicht zugänglich!

Oder im Kosovo: als ich im Jahre 2012 wie selbstverständlich einem Kollegen gegenüber erwähnte, ich hätte zu Hause in Deutschland etwas gekauft und mit EC-Karte bezahlt, war dieser völlig verblüfft: „Wie? Man geht in ein Geschäft, kauft ein und müsse dafür kein Bargeld hinlegen." Mir kam es vor, als hätte ich ihm gerade von einer unheimlichen Begegnung erzählt. Dabei handelte es sich bei ihm um den jüngsten von sechs Brüdern, von denen fünf als Gastarbeiter ins Ausland gegangen waren. Als ‚Benjamin' war er offenbar dazu verdonnert worden, in der Heimat zu bleiben und die fünf Häuser der Brüder zu bewachen, die völlig identisch waren, und direkt neben seinem in einer Linie standen. Ich hätte erwartet, dass er von seinen Brüdern zumindest über derartige Innovationen wie Kartenzahlung auf dem Laufenden gehalten worden wäre.

Ein anderer kosovarischer Mitarbeiter schien sich in seiner Freizeit mit nichts anderem als Fußball zu beschäftigen. Selbst Mannschaften in deutschen Regionalligen konnte er mühelos aufzählen. Als ich die zum Teil unfassbar hohen Millionengehälter der Spieler einmal kritisierte, hörte er offensichtlich zum ersten Mal davon. Er könne das nicht glauben, wobei ich ihm ziemlich irritiert entgegnete, dass solche Informationen keineswegs geheim seien. Sondern das wüsste doch jedermann – offenbar außer ihm.

Die für mich zumindest in der heutigen Zeit fremd Artigste Tradition erlebte ich jedoch in Albanien. Im Rahmen eines Kurzauftrages war ich ins Land gekommen, um ein Projekt zu evaluieren. Zusammen mit einem lokalen Experten sind wir sehr viel unterwegs gewesen, hier und dort hatte er mir malerische Ortschaften gezeigt, darüber hinaus konnte ich nun mit eigenen Augen die große Zahl von Bunkern sowie die Mercedesdichte beobachten, von denen ich zuvor lediglich gehört hatte, und nun die Bestätigung fand.

Bei meiner Ankunft am Flughafen hatte mich der Grenzpolizist gefragt, ob ich das erste Mal ins Land käme, was ich bejahte. Daraufhin wünschte er mir überschwänglich einen angenehmen und bereichernden Aufenthalt in seinem „großartigen Land". Den hatte ich in der Tat bis zum Besuch einer ganz bestimmten Familie.

Bei einem Treffen in Shkodra, im Norden Albaniens, erwähnte ein Gesprächspartner einer örtlichen Organisation, dass sie sich auch um Angehörige kümmerten, die von der Blutrache betroffen waren. Ohne uns zu fragen, führte er uns anschließend ins Haus einer Frau mit ihren drei Kindern. Das Grundstück lag etwas abseits und mir fielen sofort die zugezogenen Vorhänge aller Fenster auf. Offenbar hatte die Bewohnerin den Wagen mit dem Logo erkannt, denn sie erwartete uns an der Haustür und bat uns hinein. Welchen Zweck der Besuch hatte, erschloss sich mir nicht. Ganz im Gegenteil fühlte ich mich alles andere als wohl in meiner Haut.

Der Hausherr verbüße eine langjährige Haftstrafe wegen Mordes, und die Familie des Opfers hätte Blutrache geschworen, erklärte unser Führer und forderte mich auf, allerhand Fragen zu stellen. Was sollte ich schon fragen? Einerseits hatte ich keinerlei Kenntnis jener für mich antiquierten Sitte, wahrscheinlich war ich auch zu verblüfft, die Situation tatsächlich zu erleben. Und, andererseits, wollte ich mich mangels Vertrautheit nicht einmischen. Womöglich hätte ich noch Erwartungen geweckt, die ich niemals hätte erfüllen können. Die Situation war bedrückend genug, deshalb ließ ich die Frau erzählen. Sie und ihre Kinder würden sich Tag und Nacht im Haus aufhalten, da sie fürchteten, sobald sie außer Haus gingen, umgebracht zu werden. Wenn ich die Aussagen richtig verstanden hatte, boten lediglich die eigenen vier Wände Sicherheit, da sie von Bedrohungen gegen Leib und Leben ausgenommen seien.

Ich blieb die ganze Zeit stumm – im Übrigen auch mein albanischer Begleiter. Nachdem der Tee ausgetrunken war, verabschiedeten wir uns. Nachher im Auto gestand er, dass er bis dahin das Wort Blutrache ebenfalls nur vom Hörensagen gekannt hatte und er, genau wie ich, mit der Situation völlig überfordert gewesen sei. Als er mich einige Tage später zum Flughafen brachte, resümierten wir im Auto den mehrwöchigen Aufenthalt, wobei er nochmals auf diese Episode zu sprechen kam und schlussfolgerte: „Du siehst, mag unser kultureller Hintergrund noch so unterschiedlich sein, eine Gemeinsamkeit haben wir trotzdem!"

Selbst als ich wieder zu Hause angekommen war, glaubte ich noch immer, Zeuge einer surrealen Szene geworden zu sein, die eigentlich, nach unserem Verständnis, nicht sein konnte. Sie war aber Realität, genau wie der Geldregen in Serbien, das

Wodka-Ritual im Nordkaukasus, oder das Balzgehabe im Kosovo und unzählige andere Begegnungen dieser Art, die ich in meinen Auslandseinsätzen erlebt habe.

Ich mag zwar ein Stück weit gelernt haben, wie die Menschen anderswo ticken. Und mögen deren Traditionen amüsant oder noch so ungewöhnlich für mich gewesen sein, so zeigten sie mir aber auch, dass ich weder alles begreifen konnte, geschweige denn verstehen musste.

Andersherum haben meine Versuche, deutsche Tugenden, wie Pünktlich- und Genauigkeit den lokalen Kollegen wenigstens ansatzweise beizubringen, bisweilen ernüchternde Ergebnisse geliefert, sodass ich die Worte, die der tadschikische Kollege aussprach, dort sei es einfach anders, wohl als allgemeingültig ansehen kann, zumindest außerhalb unseres Kulturkreises, wo ich Zeuge dessen geworden bin.

2 Unterbringung – Gemütlichkeit mit Abstrichen!

Während der Auslandseinsätze, die länger als zwei Monate dauerten, logierte ich von 2000 bis 2022 in insgesamt zwanzig verschiedenen Wohnungen. Deren Wahl hing davon ab, ob ich sie zusammen mit Kollegen teilen musste, weil sie vom Arbeitgeber gestellt wurde. Wenn nicht, hatte ich zumindest die Möglichkeit, mir selbst eine Bleibe zu suchen. Doch selbst dann reichte deren Bandbreite von Bruchbuden über Einzimmerappartements bis am Ende zu einer Luxusbehausung mit mehreren Zimmern, die mehr für eine kleine Familie als mir allein geeignet gewesen wäre; allerdings zu einem Preis, den diese nie hätte bezahlen können oder wollen, während meine Miete vom Arbeitgeber übernommen wurde.

Drei Dinge waren allen Unterkünften gemeinsam. Zum einen waren sie stets möbliert. In all den Jahren hatte ich mir nur einmal einen kleinen Schreibtisch in der Türkei kaufen müssen. Ansonsten entsprach die Einrichtung nie meinem persönlichen Geschmack, über den sich bekanntermaßen ohnehin nicht streiten lässt. Große Ansprüche hatte ich sowieso nie, sodass ich gut damit im Ausland leben konnte.

Dort, wo ich allein wohnte, habe ich der Einfachheit halber meistens die Frau des Vermieters oder eine Bekannte von ihm als Reinigungskraft engagiert. Ein Grund dafür war auch, dass ich meinen Wohnungsschlüssel nicht mir völlig fremden Personen überlassen wollte. Vielmehr glaubte ich, dass er so in vertrauensvollen Händen gewesen wäre, was sich besonders in Montenegro als allzu blauäugig herausstellte (siehe unten).

In puncto Reinigungsfähigkeit und dessen Ergebnis gab es so gut wie keine Unterschiede. Oberflächlich betrachtet waren sie überall allenfalls zufriedenstellend. Bei genauerem Hinsehen hätte jedoch jeder geübte Beobachter sofort lamentiert bzw. sich gefragt, ob überhaupt geputzt worden war. Wenn ich zu dem Zeitpunkt in der jeweiligen Wohnung war, unterstrich die Putzfee am Ende stets ihr Resultat mit ausladenden Gesten und Fingerzeigen, womit sie von mir eine bewundernswerte Bestätigung verlangte; geradeso als wäre es eine schier unglaubliche Leistung gewesen. Meistens nickte ich die vermeintlich aufgebrachten übermenschlichen Kräfte schlicht ab. Das Zeugnis meiner Frau wäre wesentlich lauter ausgefallen. Richtig Mühe hat sich keine beim Reinigen gegeben. Dafür hatte ich nachher stets Mühe, meine Vorräte hinterher wieder an den vorherigen Platz im Regal einzuordnen – das Interesse hatte wohl mehr der Art meiner Ernährung und den Produkten gegolten und weniger den darunter befindlichen Staubschichten.

Außer bei meinem letzten Einsatz in Georgien, war allen anderen Wohnungen und damit den Vermietern schließlich gemeinsam, dass sie, wie bisweilen auch hierzulande, aufgetretene Mängel entweder ignorierten oder aufschoben, in der Hoffnung, solche Hinweise würden im Sande verlaufen. Die Hauptsache für sie war, dass die Miete pünktlich bezahlt wurde. Weitergehende Verantwortung sahen sie nicht.

Unter welchen Umständen und damit zusammenhängenden Anekdoten ich untergebracht war, werde ich, anders als in der ersten Fassung der Katastrophenbegegnungen chronologisch erzählen. Für mich erschien es sinnvoller, da, einerseits, zumindest eine partielle Tendenz hin zum Besseren über die Jahre zu erkennen ist – obwohl es hie und da Ausreißer gab, und andererseits sich meine eigenen Ansprüche, vor allem im Hinblick auf das Zusammenleben mit anderen Kollegen, mit zunehmendem Alter stark veränderten.

Beim ersten Freiwilligeneinsatz in Kroatien waren wir – ich gehörte erst zur zweiten Gruppe überhaupt - in einem Vorort von Split untergebracht, und zwar in der Wohnung einer Familie, die unserer Organisation zwei Zimmer untervermietet hatte. Allerdings erst, nachdem die beiden Zelte (!), in denen die Vorgängerinnen schliefen vom berüchtigten starken Wind, dem sogenannten Bora, im wahrsten Sinne des Wortes davongeblasen worden waren. Denn der Plan war eigentlich gewesen, dass die Volontäre in der Tat zelten sollten, was während der Vorbereitung mit keinem Wort erwähnt worden war.

Immerhin hatten wir jetzt eine feste Unterkunft. Zwei Zimmer, das hieß, dass Männlein und Weiblein getrennt waren und wir Männer zu fünft auf Matratzen in einem bescheidenen kleinen Kämmerlein schliefen. Platz für Kleidung gab es keinen, sodass wir tatsächlich aus dem Koffer bzw. Rucksack lebten. Bei den Frauen war es nicht anders, da die Vorgängergruppe, ausnahmslos Frauen, bei unserer Ankunft ebenfalls noch einige Tage vor ihrer Abreise blieb. Es gab nur eine Toilette, die dann zumindest anfangs von insgesamt siebzehn Personen benutzt wurde. Der Gang zu derselben war deshalb fast immer Glückssache. Die starke Beanspruchung mag auch der Grund dafür gewesen sein, warum sie nie blitzblank geputzt war. Groß störte uns das nicht. Die Familie bestand aus dem Vater und Sohn, die beide in einem Zimmer schliefen, sowie der für mich zur Legende gewordenen Frau des Hauses. Nicht nur, dass sie eine recht hohe piepsige Stimme hatte, sondern legendär war insbesondere ihr Schnarchen! Gewöhnlich legte sie sich nachmittags zu einer Siesta ins Bett, und in der Tat waren ihre Schlafgeräusche so laut, dass man sie schon bei offenem Fenster von weitem auf der Straße hören konnte.

Ständig drehte sich bei ihr alles ums Geld, wobei sie durch die zusätzlichen Mieteinnahmen sicherlich sehr viel besser dastand als die gesamte Nachbarschaft. Besonders als ich während meines Urlaubssemesters mehrere Monate dort untergebracht war, kam sie regelmäßig am Monatsende zu mir und lieh sich kleinere Summen. Zurückbekommen habe ich das Geld nie, da es mir einfach peinlich war, danach zu fragen, obwohl mein eigener Geldbeutel oft genug Ebbe aufwies.

Vor allem mochte ich aber ihren Umgang mit den Menschen. Während die Flüchtlinge ausnahmslos allen umliegenden Einheimischen ein Dorn im Auge waren, hegte sie keinerlei Vorurteile. Sie scherte sich nicht darum, ob jemand Kroate, Serbe oder Bosniake (Muslim) war. Fast jeden Abend besuchte sie mit uns zusammen drei Familien (Muslime), die unweit von ihrem Haus wohnten und zu unseren zu betreuenden Flüchtlingen gehörten. Deren Gebäude, in welchem zwei der Familien wohnten, lag nur etwa zwanzig Meter von der Bahnstrecke entfernt, und nicht selten wurden sie aus vorbeifahrenden Zügen, die fast Schrittgeschwindigkeit hatten, mit allerlei Gegenständen beworfen.

Während nach wie vor Freiwillige im Drei-Wochen-Rhythmus kamen, war ich während des Freisemesters der Einzige, der über längere Zeit dort wohnte. Deshalb fühlte ich mich schon fast zur Familie gehörig und genoss sogar einige Privilegien. So durfte ich mehrmals den Ehemann zu seinen nächtlichen Angelausflügen begleiten. Beim ersten Mal, als ich versuchen sollte, mit einer Harpune zu fischen, fiel ich gleich samt Waffe ins Wasser! Nachher wurde auch immer nur mir ein Teil des Fangs am nächsten Tag zum Mittagessen angeboten. Frische Krebse, die, so die Frau des Hauses, bei uns ein Vermögen kosten würden!

Einmal wurde ich vom völlig verzweifelten Sohn, 14 Jahre alt, um Rat gebeten. Während seine Eltern bei einer Beerdigung waren, wollte er wohl einem Freund imponieren und mit Vaters Auto eine Spritztour unternehmen. Sehr lange hatte der vermeintliche Ausflug nicht gedauert. Denn er endete an der Mauer des gegenüberliegenden Gebäudes. Er war geradewegs dagegen gekracht. Zusammen inspizierten wir den Schaden, der nicht unerheblich war. Sein Vater würde ihn umbringen, wenn er das Auto sähe, jammerte der Teenager. Deshalb fragte er mich, ob ich nicht behaupten könne, ich sei gefahren! So weit ging dann meine Solidarität in den Familienangelegenheiten doch nicht. Ich antwortete ihm, er müsse zu dem stehen, was er sich eingebrockt hätte. Ich bot ihm lediglich an, bei der Beichte seinem Vater gegenüber dabei zu sein. Umgebracht hatte dieser seinen Sohn selbstverständlich nicht. Dafür gab es eine, für meine Begriffe, völlig verdiente, lautstarke Standpauke.

Im Haus bestand die Vermieterin darauf, dass wir nur freitags, an unserem freien Tag, warm duschen konnten, nämlich lediglich dann würde der Warmwasserboiler eingeschaltet. Ansonsten wuschen wir uns zumindest mit kaltem Wasser über der Badewanne. Wie es unsere Gastgeber mit ihrer Körperhygiene hielten, blieb ein Geheimnis – nachts jedenfalls nicht, ansonsten hätten wir entsprechende Geräusche gehört; wenn überhaupt, dann wohl tagsüber während unserer Abwesenheit, und mehr wie Katzenwäsche dürfte es nicht gewesen sein. Ob Zähneputzen dazu zählte, hofften wir zwar, die Mundgerüche ließen allerdings nicht darauf schließen. Innen gab es zumindest keine muffigen Düfte, die zahlreichen Raumspray-Dosen taten ihren Dienst, wenn auch allzu oft in penetranter Weise.

Kochen durften wir nur auf einer der vier Gasflammen ihres Herdes. Um der schrulligen Hausherrin nicht gleich morgens in die Quere zu kommen, nahmen wir das Frühstück gewöhnlich bei den Muslimen auf der Terrasse ein, wo wir ohnehin die meisten Abende verbrachten. Wenn nicht, saßen wir mit der Familie im Wohnzimmer und versuchten, mit Händen und Füßen zu kommunizieren. Gelegentlich kam die bereits erwachsene und verheiratete Tochter zu Besuch, die wenigstens ein bisschen Englisch sprach, und das Kauderwelsch übersetzte. Aber, wie zuvor, ging es immer nur ums Geld: was dies oder jenes in Deutschland koste; wie viel man verdienen würde; oder – jetzt wurden die Ohren gespitzt – wie hoch die Mieten seien. Die zweihundert D-Mark, die für unsere beiden winzigen Räume bezahlt wurden, waren jedenfalls für dortige Verhältnisse geradezu fürstlich. Das hinderte unsere Gastgeberin jedoch nicht daran, nachher eine Erhöhung zu fordern.

Nur einmal wurde die Frau des Hauses richtig ungehalten uns Freiwilligen gegenüber. Nämlich als ein Däne es wegen der nächtlichen Hitze kurzerhand vorzog auf dem Balkon zu schlafen. Und da der zur Straße ging, konnte man den Gast von dort sehen; aber auch nur dann, wenn man genauer hinsah. Was ihm einfallen würde, und vor allem, was er denke, was die Nachbarschaft wohl denke, protestierte sie. Die dachte sich ohnehin ihren Teil angesichts des nachmittäglichen ‚Holzsägens'. Am Ende willigte sie dann doch ein, aber nur, wenn der Draußenschläfer eine Decke als Sichtschutz spannte, was noch auffälliger als zuvor war und wodurch er erst recht neugierige Blicke auf sich zog.

Kurz nach meiner endgültigen Abreise wurde die Wohnung aufgegeben, weil unsere Freiwilligenorganisation ihr Betätigungsfeld nach Bosnien und Herzegowina (BiH) verlagerte. Dorthin war ich im Frühjahr 1995, sozusagen als Vorhut noch während des laufenden Krieges, für einige Wochen hingeschickt worden, um auszuloten, ob es einen Betreuungsbedarf in einem Lager in Kakanj, das zwischen Zenica und Sarajevo lag, gäbe. Und den gab es in der Tat, vor allem für die vielen Jugendlichen, die befürchteten, in die Armee eingezogen zu werden.

Dort wohnte ich bei einer mennonitischen Organisation aus Deutschland unter einfachsten Bedingungen in einem Haus, das der Besitzer kostenlos zur Verfügung gestellt hatte. Das Zusammenleben mit den anderen jungen Leuten war völlig unproblematisch. Störend war nur ein Luxemburger unter ihnen, der, im Gegensatz zu allen übrigen, von nichts anderem als seinem Glauben sprach, und der Überzeugung war, hier könne man sehen, was durch Jesus Christus möglich wäre. Angesichts der Situation um uns herum war ich dagegen davon überzeugt, dass nicht die Vertriebenen, sondern er dringende

Betreuung benötigten – selbst seinen Glaubensbrüdern und Schwestern ging er mit seinem ständigen Gefasel gehörig auf die Nerven.

Wenige Monate später, zunächst im Herbst und nachher über Weihnachten und Neujahr 1995/1996 verbrachte ich dann mehrere Wochen in Zenica in einem ehemaligen Internat, das zum Flüchtlingslager umfunktioniert worden war.

In dem dreistöckigen Gebäude waren insgesamt etwa 280 Menschen zusammengepfercht worden, die vorwiegend aus der Gegend um das damals zu trauriger Bekanntheit gewordene Srebrenica geflüchtet waren. Selbst auf den ersten Blick fiel auf, dass nur sehr wenige Männer aller Altersstufen darunter waren, vielmehr handelte es sich hauptsächlich um Frauen, Kinder und alte Menschen. Bekanntermaßen waren damals mehrere tausend Männer von Frauen getrennt und umgebracht worden.

Wir Freiwilligen hatten ein Eckzimmer zur Verfügung, das nicht größer als etwa zwanzig Quadratmeter war. Zunächst hausten wir darin zu dritt: neben mir, ein Ire, ein Südafrikaner mit indischen Wurzeln, der nicht nur wegen seiner Hautfarbe und langen Haare, sondern auch seines Charakters und nicht zuletzt seiner sehr guten Sprachkenntnisse wegen, der Liebling aller war. Später kamen noch ein weiterer Deutscher sowie eine Deutsche hinzu, woraufhin wir dann zu fünft in dem Zimmer schliefen, das uns zugleich als eine Art Teeküche diente. Als Kühlschrank verwendeten wir eine kleine Holzkiste, die wir, genau wie alle anderen Bewohner auch, außen auf das Fenstersims stellten. Nur hatten wir anfangs noch nicht den Kniff heraus, denn ständig war unser bescheidener Vorrat über Nacht von Vögeln geplündert worden. Essen wurde zweimal am Tag in der Kantine ausgegeben, wo auch wir uns anstellten und welches mehr einer Gulaschkanone ohne Gulasch glich, als hochwertiger Kochkunst.

Draußen war es bereits empfindlich kalt, während drinnen die Heizung auf Hochtouren lief. So konnten wir zwar im T-Shirt herumlaufen, dafür herrschte im ganzen Gebäude ständig eine stickige, schweißtriefende, recht unangenehme Luft, weil die Fenster offenbar nie geöffnet wurden. Auf jedem Stockwerk befanden sich Duschen und Toiletten, die von allen benutzt wurden. Lediglich einmal in der Woche gab es heißes Wasser für etwa drei Stunden, sodass man sich anstellen und bangen musste, ob es noch für die ersehnte Brause reichen würde. Nachdem der andere Deutsche zu uns dazugestoßen war, ging er am nächsten Morgen wie selbstverständlich hinein, ich putzte mir gerade die Zähne, und er fragte, bereits darinstehend, ob es heißes Wasser gäbe. Ich bejahte, er aber fing sofort zu schreien an, da lediglich eiskaltes Wasser kam. Mit unschuldiger, verschmitzter Miene antwortete ich: „Oh, heute ist ja gar nicht Freitag. Hatte ich ganz vergessen."

Die Abende verbrachten wir entweder gemeinsam beim Kartenspielen oder aber in Zimmern anderer Bewohner, die uns zu einem Kaffee eingeladen hatten. Ihnen ging es nicht anders als uns. Pro Zimmer waren jeweils ganze Familien untergebracht, wodurch überall eine ziemliche Enge herrschte, was zwangsläufig zu Streitereien führte: Die einen waren zu laut, die anderen versperrten den Flur mit all ihren Schuhen oder diversen anderen Dingen, die sie vor ihrer Flucht noch retten konnten. Auch unser Zimmer wurde bis in die späten Abendstunden ständig frequentiert. Wir waren die Exoten des ganzen Hauses, sodass im Prinzip nie richtige Ruhe herrschte.

Eigentlich waren wir als eine Art Freizeitgestalter besonders für die Kinder dort, dienten jedoch auch als Trostspender, Mediatoren bei Streitereien, ruhige Zuhörer, wenn die Menschen ganz Privates loswerden wollten und nicht zuletzt als Organisatoren des ganzen Gebäudes – wohl deswegen, weil wir ständig irgendetwas organisierten: sei es Kindergarten für die Kleineren, Englischunterricht für die Jugendlichen, Spielenachmittage und -abende sowie allerlei andere Aktivitäten für die Erwachsenen.

Zum Jahreswechsel 1995/96 wollten wir daher auch ein besonderes Fest für alle Bewohner veranstalten. Mit den Kindern wurden Lieder und kleinere Sketche einstudiert, wobei unser südafrikanischer Kollege zur Höchstform auflief. Ich wollte meine bescheidenen Künste als Jongleur mit drei Bällen vorführen, und der Rest von uns übernahm die Organisation.

Die Kantine wurde zusammen mit den Älteren dekoriert und als Abendessen sollte es zwar kalte Küche geben, allerdings als Buffet mit vielen verschiedenen Speisen. Manche Flüchtlinge bereiteten sogar landestypische Häppchen vor.

Nach und nach füllte sich der Saal. Ausnahmslos alle Bewohner erschienen, sogar jene, die wir sonst nie zu Gesicht bekamen. Für uns war das nicht nur ein Erfolg, sondern zeigte uns auch, dass es sich um eine außergewöhnliche Festlichkeit für alle handelte.

Unser Plan ging voll und ganz auf. Denn wir wollten den Vertriebenen einmal eine Abwechslung zu ihrem tristen Alltag bieten. Der Tisch mit dem Essen war so schnell leer, dass man es kaum fassen konnte, und die Darbietungen der Kinder wurden mit frenetischem Beifall beklatscht. Es wurde viel gelacht, getratscht und als Musik aus der Konserve gespielt wurde, war die Tanzfläche im Nu gefüllt. Auch wir Freiwilligen wurden sofort in den Reigen mitgenommen und versuchten uns mehr schlecht als recht in den vorgegebenen Tanzschritten.

Ein bizarres Bild ist mir in besonderer Erinnerung geblieben: ein Polizist mit Pistole in der Gesäßtasche (!) – wo der eigentlich hergekommen war, blieb mir immer ein Rätsel – tanzte mit einer geistig behinderten Frau, gerade so, als wäre sie seine Angebetete gewesen. Es war herrlich, ihnen zuzuschauen.

Die ganze Hochstimmung dauerte genau bis Mitternacht. Wenn wir uns zu Hause dann normalerweise gegenseitig alles Gute fürs neue Jahr wünschen, die Sektkorken knallen lassen oder uns in den Armen liegen, war es dort mit einem Mal mucksmäuschenstill.

Fast alle setzten sich an ihre Plätze, begannen zu weinen oder lagen sich Rotz und Wasser heulend in den Armen. Offenbar kamen bei ihnen nun plötzlich all die Erinnerungen an das hoch, was sie im vergangenen Jahr durchgemacht hatten. Vielleicht konnten sie es infolge des Erlebten auch vor Freude gar nicht fassen, nochmals einen derartig glücklichen Abend zu verbringen. Wahrscheinlicher war aber wohl, dass sich die meisten an frühere Silvesterabende erinnerten, als sie noch im Kreise ihrer Lieben unbeschwert feiern konnten. Jetzt wurde ihnen mit einem Mal bewusst, in welche Situation sie der Krieg gebracht hatte. Sie dachten wohl auch an diejenigen, die jetzt nicht dabei sein konnten sowie daran, was die Zukunft für sie womöglich bringen würde. Trotz dieser traurigen Stimmung war es für mich persönlich wohl der schönste Silvesterabend, den ich je erlebt hatte.

Er zeigte mir aber zugleich, in welcher komfortablen Situation ich im Vergleich zu diesen Menschen war. Denn ich konnte jederzeit diese Unterkunft in Richtung Heimat verlassen, sie nicht. Und selbst wenn die meisten der Wohnungen, die ich im Laufe all der Auslandseinsätze bezogen hatte, nicht unbedingt unseren Ansprüchen genügten, so waren sie doch allemal besser als die Bedingungen, unter denen jene von der Heimat Vertriebenen leben mussten.

Mit dem Einsatz in Serbien begann meine professionelle Karriere. Als ich im Juli 2000 dort angekommen war, musste ich nicht erst nach einem Büro suchen. Denn es war bereits vorher von der Zentrale angemietet worden. Allerdings musste es erst noch renoviert werden. Ich hatte von Anfang an geplant, zunächst darin zu wohnen, um die Mietkosten zu sparen, die ich selbst hätte bezahlen müssen. Darüber hinaus wollte ich mit der Wohnungssuche noch so lange warten, bis ich mein Arbeitsvisum in der Tasche haben würde.

Während der Renovierungsarbeiten übernachtete ich mehrere Wochen in einem Zehn-Quadratmeter-Zimmer eines Hotels unweit des Büros, sodass ich den Umzug mehr als herbeisehnte. Als es dann bezugsfertig war, hatte ich immerhin den Komfort eines etwas größeren, aber unmöblierten Raumes. Dafür war er merkwürdig zugeschnitten; nämlich rautenförmig, sogar mehr spitzzulaufend, so dass er fast den Anschein eines Dreiecks hatte. Anfangs schlief ich auf einer Matratze. Ein Bett hatte ich mir erst später gekauft. Ansonsten diente das Zimmer eher als Abstellraum für all jene Dinge, die im Büro selbst nicht unmittelbar benötigt wurden. Andere Möbel gab es keine. Ein heimeliges Gefühl sah sicherlich anders aus.

Damals kam mir nie der Gedanke, auch mal Abstand von der Arbeit gewinnen zu müssen. Ganz im Gegenteil: fast jeden Tag waren wir irgendwo im Lande unterwegs. Gewöhnlich verließen wir das Büro morgens um sieben Uhr und kamen abends erst gegen zwanzig Uhr, oftmals auch viel später wieder zurück. Danach hatte ich dann stets noch den Computer eingeschalten, um die liegengebliebene Büroarbeit zu erledigen. Zumeist musste ich das allerdings aufs Wochenende verschieben, womit ich in der Tat eine Siebentagewoche hatte, was mich damals noch nicht groß gestört hatte.

Erst als das Team wuchs, entschied ich mich, nach einer Wohnung zu suchen, da mein Zimmer nun auch als Büro genutzt werden musste. Über einen Makler fand ich schnell eine Dreizimmerwohnung mit einem großen Wohnzimmer einschließlich Balkon, Küche, Schlaf- und Gästezimmer im vierten Stock (mit Aufzug) eines Wohnhauses, das zumindest nicht aus kommunistischer Zeit zu stammen schien. Ganz im Gegenteil machte es einen relativ neuen Eindruck und war zudem nah am Büro gelegen; zu Fuß etwa eine halbe Stunde – weit genug weg, um nicht in die Versuchung zu kommen, am Abend nochmals dorthin zu gehen. Erst von da an war ich in der Lage, meinen Feierabend richtig genießen zu können. Aufgrund der langen Arbeitstage ging der Genuss unter der Woche jedoch nicht über schlafen hinaus. Zu dieser Zeit verbrachte ich bereits die meisten Wochenenden in Zlatibor beim Gleitschirmfliegen (siehe unten). Wenn nicht, dann ging ich samstags einkaufen und kochte etwas Schönes. Den Rest der Zeit faulenzte ich oder nahm ein Buch zur Hand.

Der Vermieter war nicht nur sehr freundlich, sondern sogar froh, mit mir eine Einkommensquelle erschlossen zu haben. Allerdings stellte er von Anfang an klar, dass er für etwaige Sonderwünsche, was die Wohnung betraf, kein Geld hätte.

Fürs Putzen fragte ich unsere angestammte Kraft im Büro, die eigentlich ausgebildete Pharmazeutin war und abends an der Universität lehrte! Ich kam mir richtig schäbig vor, alldieweil sie auch wesentlich älter war. Mit Freude übernahm sie den Zusatzjob und erfüllte ihn überraschend zufriedenstellend.

Zur Wohnung gehörte glücklicherweise ein Tiefgaragenplatz, wo ich eines unserer beiden Fahrzeuge sicher abstellen konnte. Wenige Tage vor meiner Abreise – die Zufahrt war von einem Auto versperrt – musste ich meins im Hof neben dem Gebäude stehen lassen. Prompt wurde der Wagen in der Nacht aufgebrochen. Gestohlen wurde nichts. Offenbar wollte man das Fahrzeug stibitzen, hatte aber nicht genügend Zeit, um die Wegfahrsperre, die ich gewöhnlich abends anbrachte, aufbrechen zu können. Die Polizei stellte Fingerabdrücke sicher, woraus sie erschreckt schloss, dass sich Kinder an dem Wagen zu schaffen gemacht hätten. Tatsächlich hatte ich tags zuvor ein Waisenhaus besucht, wo die Kinder auf und um das Auto herumturnten. Um mich als Täter auszuschließen, sollte ich die Polizisten zur Wache begleiten, wo ich meine Fingerabdrücke hinterlassen musste. Da wenige Tage später mein Einsatz beendet sei, fragte ich, ob sie dann gelöscht werden würden, was der Beamte mit einem Lächeln beantwortete: „Auf keinen Fall!"

Kein Vergleich zu der luxuriösen Wohnung in Belgrad waren meine Unterkünfte anschließend in Montenegro. Zu Beginn hatte ich ein kleines Zimmer – mehr als ein Bett und Nachttisch passten nicht hinein – in einer Art Pension bezogen, die von einer Studentin betrieben wurde. Ihre offenbar schwierigen Familienverhältnisse hatte ich nie ganz verstanden. Nur so viel, dass ihre Eltern sich wohl getrennt haben und in ihre Dörfer zurückgekehrt waren. In den drei Wochen, die ich bei ihr wohnte, hatte ich jedenfalls weder Eltern noch andere Verwandte je zu Gesicht bekommen. Trotzdem machte sie auf mich den Eindruck, dass sie eine gestandene Frau war, die ihr Leben selbst in die Hand zu nehmen wusste. Tagsüber arbeitete sie beim örtlichen Gericht und abends bereitete sie sich auf ihre Abschlussprüfungen für das juristische Examen vor. Ihre Englischkenntnisse reichten zwar nicht für tiefergehende Gespräche, allerdings versuchten wir beide das mit Händen und Füßen sowie meinem damals noch rudimentär vorhandenen Serbisch auszugleichen, was nicht immer gelang. Selbst kleinere Probleme im Haus gerieten wegen sprachlicher Defizite zu schier unüberwindlichen Hürden: Welches Waschprogramm musste ich etwa an der Waschmaschine einstellen, wobei ich lediglich den Temperaturschalter lesen konnte, oder wo und wie trennte sie den Müll? Nach erstem verdutztem Dreinschauen antwortete sie stets: „Schmeiß einfach alles zusammen". Womit sie im Übrigen auch die Wäsche meinte!

Später hatte ich sie hin und wieder besucht, vor allem da ich bei ihr anfangs manchmal Besucher einquartierte. Trotz der damit verbundenen Einnahmen versetzte sie das jedes Mal in ungeahnte Nervosität – die Bedingung war nämlich, nur mit Frühstück inklusive, und sie wusste nicht, was sie reichen solle. Ich schlug ihr vor, Omelett anzubieten, wie es auch sonst in dortigen Hotels üblich sei. Zähneknirschend willigte sie ein, mit dem Zusatz, aber nur eins ohne Extrawahl; dass sie keine ausgewiesene Köchin war, wusste ich ohnehin.

Eines Tages kam sie sogar in mein Büro. Sie wolle bei unserer Partnerorganisation einen Mikrokredit beantragen, da sie eine fabelhafte Geschäftsidee hätte. Um welche es sich handele, wollte sie nicht verraten, die sei geheim.

Bei meiner nächsten abendlichen Stippvisite sah ich sie dann. Sie hatte sich eine kleine Maschine gekauft, mit der sie Zucker in Tütchen abfüllte, auf denen der Name des jeweiligen Cafés der Stadt aufgedruckt war. Und davon gab es einige in der Stadt. Zugegeben, ihr Gedanke war sehr gut, nur hatte sie nicht bedacht, dass andere Kreditnehmer bereits dieselbe Idee in die Tat umgesetzt hatten. Obwohl bekanntermaßen Konkurrenz das Geschäft belebt, war es in diesem Fall so, dass einer nach dem anderen das kleine Business aufgeben musste – sie eingeschlossen.

Welcher Teufel mich geritten hatte, nach der Pension die erstbeste Wohnung zu beziehen, war für mich selbst im Nachhinein unerklärlich. Wahrscheinlich waren es die Worte meines Kollegen, dass wir Nachbarn werden würden, die den Ausschlag gegeben hatten. Dazu hatte ich mein neues, in Wirklichkeit aber sehr altes Domizil nur kurz, viel zu kurz, bei Tageslicht ‚begutachtet'. Zumindest hatte es den Anschein einer Wohnung gehabt. Tatsächlich war es ein dunkles Loch, anders konnte man es einfach nicht beschreiben: Mein Schlafzimmer ging nach hinten raus, jedoch stand der Schrank genau vor dem Fenster. Im Flur war eine nur zu erahnende Küchenzeile. Der Ausstattung und dem Zustand nach zu urteilen, musste sie aus vorkommunistischer Zeit gewesen sein – möglicherweise sogar noch älter angesichts der darüber wabbelnden Spinnweben. Ich überließ sie jedenfalls ihrem Dornröschenschlaf, indem ich sie kein einziges Mal benutzte. Daneben befand sich noch eine Tür, die ich erst gar nicht wagte, zu öffnen. Dahinter konnte nur eine kleine Abstellkammer sein. Gemessen am Rest der Bleibe wäre ich nicht verwundert gewesen, wenn sich darin Leichen befunden hätten. Im Keller konnte die

Vermieterin jedenfalls keine haben, denn es gab ihn nicht. Etwas heller war immerhin das nach vorne rausgehende Wohnzimmer, an dessen Fenster eine schmuddelige Gardine hing, deren ursprüngliche Farbe wohl weiß gewesen sein musste.

Zu dem ganzen seltsamen Anblick passte die Vermieterin, die obendrüber wohnte. Äußerlich hätte man sie in Anbetracht ihrer stämmigen Figur, zumindest von hinten, durchaus für einen Mann halten können. Wohl deshalb hatte sie nicht umsonst bei manchem Einheimischen den Spitznamen „Muška Žena" (etwa: die Frau eines Mannes; mein Kollege verkürzte es zu: männliche Frau)!

Anfangs war sie immer freundlich und übernahm allzu gerne das Putzen – selbstverständlich gegen Bezahlung. Nun ja, putzen musste man eigentlich ohnehin nicht viel: Zum einen war die Wohnung so dunkel, dass man den ganzen Schmutz oder Staub sowieso nicht erkannte. Und wenn, dann ließ das Resultat nicht darauf schließen, dass Akribie ihre Stärke gewesen wäre. Andererseits hatte ich nach kurzer Zeit nur noch das Wohnzimmer benutzt. Denn mittlerweile war es November und es hatte begonnen, bitterkalt zu werden. Lediglich das Wohnzimmer verfügte über einen Ofen, der mit Holz befeuert wurde. Hinzu kam, dass damals die Stadt aufgrund der schwachen Elektrizitätsversorgung in vier Sektoren eingeteilt worden war, in welchen jeweils vier Stunden am Tag der Strom abgestellt wurde: im ersten Sektor von morgens um sieben Uhr bis elf Uhr, im zweiten von elf Uhr bis fünfzehn Uhr, im dritten von fünfzehn Uhr bis neunzehn Uhr und schließlich im vierten von neunzehn Uhr bis dreiundzwanzig Uhr. Die Zeiten, in denen es Strom gab, rotierten wochenweise. Immerhin wusste ich so im Voraus, wann es keine Elektrizität geben würde. Allerdings machte Lesen bei Kerzenlicht alles andere als Spaß, sodass ich die Abende dann gewöhnlich in einem Café in einem anderen Stadtteil, in dem es Strom gab, verbrachte.

Unterdessen hatte ich meine Vermieterin gebeten, bereits am Nachmittag den Ofen anzuheizen, damit ich es beim Heimkommen etwas molliger hätte. Das hatte sie auch bis zu jenem Tag, nach etwa einer Woche (!), getan, als ich die Wohnung völlig eingenebelt vorfand. Ich konnte kaum die Hand vor den Augen sehen und fing sofort zu husten an. Offensichtlich war der Kamin verstopft und selbst nach mehrmaligem Nachfragen sah sie sich keineswegs veranlasst, Abhilfe zu schaffen. Heizen konnte ich also nicht, in der Kälte wollte ich nicht bleiben und die letzte Miete erst recht nicht bezahlen.

Meine damalige Serbisch-Lehrerin hatte den ganzen Firlefanz um den verstopften Kamin mitbekommen und bot mir an, in die Parterrewohnung ihres Elternhauses zu ziehen, die sei gerade frei geworden. Trotz der zuvor gemachten Erfahrung genügte mir ein kurzer Blick und ich sagte zu.

Gleich rechts ging es in ein Gästezimmer, das ich als Abstellraum benutzte. Auf der linken Seite befand sich das Wohnzimmer, das direkt mit der Küche verbunden war. Geradeaus war das Bad (mit Badewanne) und rechts daneben mein Schlafzimmer. Im Vergleich zu vorher war es für mich ein Traum, und kein Albtraum.

Erneut war die Konstellation so, dass die Vermieter direkt darüber wohnten und die Ehefrau wollte ebenfalls gerne als Zugehfrau gegen Bezahlung fungieren. Nicht nur, dass ich nun alle vier (!) Zimmer nutzen konnte – mittlerweile war es wesentlich wärmer geworden – sondern irgendwie hatte ich nun ein wesentlich heimeligeres Gefühl. Konfliktfrei blieb es aber auch dort nicht.

An temperaturangenehmen Abenden konnte ich auf der Terrasse direkt vor der Haustür sitzen, um zum Beispiel ein Buch zu lesen. Sehr schnell erwies sich dies jedoch als einigermaßen problematisch. Denn ausnahmslos jeder vorbeigehende Passant stierte mich mit großen Augen an, sodass ich nach kurzer Zeit anfing, ihnen, den Vorbeigehenden, auf mich deutend, zu verstehen zu geben, dass ich keineswegs ein Außerirdischer, sondern von diesem Planeten sei! Trotzdem hatte ich es irgendwann satt, wie im Zoo begafft zu werden.

Dadurch, dass die Wohnung im Erdgeschoss lag, ließ es sich auch nicht vermeiden, dass ich tierischen Besuch bekam, und zwar offenbar besonders bei offenstehenden Fenstern. Harmlos war noch jene kleine Maus, die sich auf dem Regal verdingte, das neben der Küche durch einen Vorhang in einer Nische verdeckt wurde. Dort hatte ich meine Essensvorräte gelagert. Dennoch hatte sie mir einen gehörigen Schrecken eingejagt, als ich den Vorhang eines Tages öffnete und sie mich unvermittelt ansprang. Gruseliger war dagegen die Anwesenheit einer Ratte, die sich unter der Wohnzimmercouch versteckt hatte. Zwar konnte ich sie sehen, wenn ich mich hinkniete. Allerdings ließ sich das Biest verflixt nochmal nicht verscheuchen. Selbst ausgeklügelte Methoden unter Zuhilfenahme von Kissen, Brettern und dergleichen hatten keinen Erfolg. Deshalb informierte ich die Vermieterin, die schlussfolgerte, da helfe nur Gift. Sogleich verstreute sie es in der Wohnung und versicherte mir, dass es für Menschen ungefährlich sei. Nichtsahnend ging ich am nächsten Morgen in die Küche, um mir wie immer Kaffeewasser aufzusetzen. Dabei erkannte ich bereits überall komische rote Flecken auf dem Teppichboden im Wohnzimmer, die wie Spuren aussahen und geradewegs in die Küche, sogar am Herd entlang, bis ins Spülbecken führten. Ich fiel fast um vor Schreck, denn genau darin lag die tote Ratte. Umgehend klingelte ich die Hausherrin aus dem Bett, bat sie, bis zum Abend die ganze Sauerei zu entfernen und ging angeekelt in ein Café.

Sie, die Hausherrin, war es dann auch, die mich mit einem Male ziemlich toben ließ. Denn ich hatte zufällig herausgefunden, dass sie jedes Mal bei ihren Putzeinsätzen, vornehmlich vormittags, wo sie als Hausfrau offenbar sehr viel Zeit hatte, mein Festnetztelefon dazu benutzte, ihren Sohn in Slowenien anzurufen. Selbstverständlich auf meine Kosten, ohne mir das mitzuteilen. Als ich sie zur Rede stellte und die Erstattung der Telefonrechnung verlangte, reagierte sie in der dort üblichen Art. Anstatt alles zuzugeben, begann sie mich, fast schon rasend vor Wut, anzufahren. Mir wäre die Wohnung zum Wohnen und nicht als Lager vermietet worden. Im Abstellraum hatten wir damals etwa ein Dutzend Kartons mit Hilfsgütern zwischengelagert. Ich erwiderte, dass es sie nichts anginge, was und wie ich die Wohnung nutzen würde, schließlich würde ich Miete zahlen.

Nur widerwillig stimmte sie der Reduzierung der nächsten Miete zu. Jedoch war von da an das Tischtuch zerschnitten. Glücklicherweise endete kurz danach mein Einsatz. Entgegen den normalen Gepflogenheiten hatte ich mich nicht von ihr verabschiedet. Als ich dann bereits im Auto unterwegs zum Flughafen war, rief sie mich an und fragte mich, ob ich tatsächlich für immer abreisen würde. Obwohl ich noch immer nicht gut auf sie zu sprechen war, bestätigte ich kurz angebunden und wünschte ihr alles Gute. Ob ich es tatsächlich so meinte, vermag ich nicht mehr zu sagen. Was ich allerdings zur Qualität bzw. dem Ergebnis ihrer Reinigungsfähigkeit feststellen kann, ist, dass sie dem Ruf, den Montenegriner damals zumindest hatten, absolut gerecht wurde. Die galten mindestens als gemütliche Zeitgenossen, manche würden auch faul dazu sagen.

Eine für mich völlig neue Situation erlebte ich anschließend in der Unterkunft in Inguschetien. Unser Büro befand sich in Nazran, der größten Stadt der Republik, in einer kleinen Siedlung, die am Stadtrand gelegen aus dutzenden identischen Häusern bestand und wo die meisten Organisationen ihren Sitz hatten. Aus Sicherheitsgründen war das Gebäude vierundzwanzig Stunden von bewaffneten Guards bewacht und außer Haus durften Ausländer nur in Begleitung zweier ebenfalls bewaffneter Soldaten.

Darüber hinaus war die Straße auf beiden Seiten mit Barrieren und Schranken sowie einem Wachhäuschen geschützt, das oft aber unbesetzt war. Wenn ein Wächter drinsaß, öffnete er gewöhnlich die Schranke. Von weitem konnte man bereits erkennen, dass die Häuser anders als im dort üblichen Stil aussahen. Sie glichen eher solchen, wie man sie in Westeuropa in Reihenhäusersiedlungen sieht, mit einem kleinen Grundstück rundherum sowie einem niedrigen Zaun. Es hieß, sie seien in den 1980er Jahren von einer tschechischen Firma errichtet worden.

Im Gegensatz dazu waren die landestypischen Wohnhäuser (ohne Obergeschoss) auf einem viel größeren Areal gebaut, das von einer hohen Mauer umgeben war. Für mich symbolisierten gerade sie die dortige Mentalität. Man verschließt sich dem Fremden, man möchte unter sich sein. In den Restaurants und vielen Cafés gab es dementsprechend kleine Separees, die mit einem Vorhang zugezogen werden konnten.

Während sich in unserem einstöckigen Gebäude die Büros der lokalen Kollegen im Erdgeschoss befanden, diente das im ersten Geschoss gelegene Wohnzimmer zugleich als Büro für uns Expats, meinem deutschen Kollegen und mir. Daneben hatte jeder dort noch sein eigenes Zimmer, welches wir allerdings tatsächlich nur zum Schlafen nutzten. Immerhin war die Küche voll ausgestattet, die wir abends in Beschlag nahmen und das Badezimmer war im Vergleich zu vorherigen ziemlich groß.

Bemerkenswert war vor allem unser Vermieter, ein stämmiger junger Geschäftsmann – welches Geschäft er betrieb, erfuhr ich nie, es hieß lediglich, er arbeite nebenbei für den russischen Inlandsgeheimdienst. Ihn direkt danach zu fragen, verkniff ich mir. Häufig schaute er bei uns vorbei, um, wie er meinte, nach dem Rechten zu sehen. Dass er dabei in den Gesprächen mit unserem lokalen Koordinator Details über unser Projekt erfuhr, war anzunehmen. Ob er weitergehende Informationen bekam und, wie auch immer, weiterverwendete, konnte ich zwar nicht feststellen. Dafür ist mir eine Begebenheit im Hinblick auf seine mutmaßlich ‚verdeckte Tätigkeit‘ besonders in Erinnerung geblieben.

Eines Tages kam er frühmorgens in unser Büro, er müsse dringend mit meinem lokalen Koordinator sprechen. Am Vorabend hätte er zufällig ein Gespräch einer Ausländerin aus Nord-Ossetien, vermutlich einer Deutschen, und einem Einheimischen am Nebentisch in einem Restaurant belauscht. Bei ihr könnte es sich um eine ehemalige humanitäre ‚Helferin‘ gehandelt haben, die zuvor in Inguschetien gearbeitet hätte. Demnach wäre es in der Unterhaltung ausschließlich und explizit um ernsthafte Drohungen gegen meinen Mitarbeiter gegangen. Dies wollte er, der Vermieter, ihm sofort persönlich mitteilen. Am Telefon könne man Derartiges nicht besprechen! Zumindest wusste er, welche Kommunikationskanäle man wählen sollte, weil wir Ausländer sowieso davon ausgingen, dass unsere Gespräche abgehört würden. Wahrscheinlich auch die der lokalen Mitarbeiter.

Zunächst reagierte mein Kollege mit rotem Kopf völlig irritiert, da er sich keinen Reim darauf machen konnte. Er solle sich dennoch keine Sorgen machen, beruhigte ihn der mutmaßliche Spion, er wisse, welche Schritte er unternehmen müsse. Tatsächlich erfuhren wir wenig später, dass die Deutsche des Landes verwiesen worden war – auf welcher Grundlage erfuhren wir allerdings nicht.

Wenn mein deutscher Kollege das Wochenende in Wladikawkas verbrachte, hatte ich das Haus für mich allein. Dann ging ich Samstagvormittag einkaufen, um mir das kochen zu können, worauf ich Lust hatte. Unter der Woche übernahm das unsere Reinigungskraft, deren Speisekarte jedoch nur aus fünf Mahlzeiten bestand, die montags bis freitags immer in der gleichen Reihenfolge gereicht wurden. Immerhin waren es stets frische Gerichte, wofür sie gewöhnlich morgens zuallererst die

Zutaten auf dem Markt einkaufte. Dafür musste jeder, der im Büro aß, seinen Anteil selbst bezahlen – teuer war es nicht.

Meistens nahm ich samstags dann erst einmal ein ausgiebiges Bad einschließlich lauter Musik, setzte mich danach an den Computer und kümmerte mich um mein Fernstudium (siehe unten). Anderweitige Beschäftigungen waren angesichts der Beschränkungen gar nicht möglich.

Deshalb verbrachten wir die Abende werktags gemeinsam im Wohnzimmer, es sei denn, wir waren bei anderen Organisationen zum Essen, Geburtstagsfeiern oder Ähnlichem eingeladen. Das hatte die ‚international Community‘ ziemlich zusammengeschweißt, denn alle anderen hatte dieselben Einschränkungen wie wir.

Obwohl ich mich mit meinem deutschen Kollegen sehr gut verstand, ließ das ständige Zusammensein, Tag und Nacht, kaum eine Privatsphäre innerhalb des Gebäudes zu. Hinzu kam, dass wir angesichts unserer Bewacher permanent unter Beobachtung standen, die selbstverständlich auch mitbekamen, wenn andere Helfer uns besuchten. Dass die Guards nicht bloße Staffage waren, verdeutlichte der spätere Angriff tschetschenischer Rebellen, den ich in einem späteren Kapitel ausführlicher schildern werde.

Direkt neben unserem Gebäude befand sich das Gästehaus der UN, in dem gewöhnlich diejenigen aus Moskau übernachteten, die stets immer nur für ein paar Tage im Monat anreisten. Unter ihnen war eine Deutsche von der WHO, die dann oft zu uns zum Abendessen kam. Sie freute sich, zur Abwechslung wieder einmal mit Landsleuten sprechen zu können und wir uns, mehr über ihre Arbeit zu erfahren. Durch sie erfuhren wir, dass für UN-Personal noch striktere Sicherheitsregeln bestanden. Danach mussten sie abends um zweiundzwanzig Uhr spätestens zu Hause sein. Wenn nicht, rief der Sicherheitsbeauftragte alle höchstpersönlich an. Gleich bei ihrem ersten Besuch klingelte ihr Handy kurz nach der Ausgangssperre. Offensichtlich wurde sie gefragt, wo sie sei. Das verriet sie nicht, dafür antwortete sie, sie wäre wortwörtlich „more or less a- lone!" (mehr oder weniger allein!), was bei uns schallendes und sicherlich durch den Hörer vernehmbares Gelächter aus- löste, denn es klang wie der Ausspruch einer Frau, die behaup- tet, lediglich ein bisschen schwanger zu sein.

Bloße Staffage war dagegen der eine Bewacher in Sri Lanka, der mehr einem Türöffner glich. Mein Standort war die Stadt Ampara, im Osten der Insel, etwa genau gegenüber von der Hauptstadt Colombo liegend. Dort angekommen, war mein erster Eindruck, ich sei im Dschungel gelandet. Die grünen Baumwipfel dominierten das Stadtbild, da es keine höheren Gebäude gab. Während der Fahrt hatte mir der Fahrer bereits erklärt, dass es einen nahegelegenen See gäbe, an den jeden Abend wilde Elefanten zur Tränke kämen. Gerade zwei Mo- nate zuvor wären Bewohner einer Hütte in Panik geraten, als ein Elefant sich ihnen genähert hätte. Daraufhin sei das Tier selbst in Panik geraten und hätte die Hütte samt dem Ehepaar niedergetrampelt!

In der Stadt sah ich viele Pfaue sowie allerhand anderes Ge- tier, zum Beispiel größere Echsen, kreuchen und fleuchen. Wir fuhren durch ein Gewirr von kleinen Nebenstraßen zunächst zu meiner Unterkunft – eine allzu versteckte kleine Hütte, mit zwei Zimmern, die von dichten Bäumen und Sträuchern um- geben war, wodurch kaum Tageslicht hineindringen konnte. Einen Gärtner schien es jedenfalls nicht zu geben. Drumherum gab es keine anderen Gebäude, sodass sie fast den Anschein einer abgelegenen Einsiedlerbehausung machte. Ihre Lage könnte in der Vergangenheit aber auch gut für Verbannte ge- eignet gewesen sein. Eine nähere Infrastruktur, wie etwa Ge- schäfte, Kioske oder Restaurants war ebenfalls nicht vorhan- den; wie ich das Häuschen allein in dem Labyrinth der asphal- tierten und nicht-asphaltierten Wege finden solle, fragte ich mich schon, als ich davorstand. Sofort war mir klar, dass ich keinesfalls darin bleiben wollte. Dagegen war ja selbst meine dunkle Höhle in Montenegro ein hellerleuchtetes Kleinod!

Die Küche befand sich in einer Ecke im Flur und enthielt lediglich eine Platte mit zwei Gasflammen auf einem wackeligen, etwas größeren Hocker, der zugleich als Esstisch diente. Die Toilette konnte ich nicht inspizieren, da das Licht nicht funktionierte, ließ aber auf den ersten Blick nichts Gutes erahnen. Um gegen Moskitos gefeit zu sein, war über dem Bett immerhin ein Netz gespannt. Die Matratze hatte sicherlich auch schon bessere Tage gesehen, und in den schiefen Schrank wollte ich meine Kleider erst gar nicht hineinlegen, sondern ließ sie im Koffer. Ansonsten gab es keinerlei Möbel. Dass man mich als Teamleiter dorthin verfrachtete, empfand ich nicht nur als Frechheit, sondern fast schon als Bestrafung. Und wenn für diese Bruchbude sogar Miete gezahlt wurde, dann ließ das nicht auf großes Verhandlungsgeschick meines Arbeitgebers schließen.

Ganze zwei Nächte verbrachte ich darin, bevor ich in ein Häuschen umzog, in dem zwei Kolleginnen wohnten, bewacht vom Türöffner. Laut ihnen hatte es zu Beginn als Büro gedient. Mein Zimmer sei erst später angebaut worden. Zwar verfügte es über einen eigenen Eingang von außen, aber nicht von innen! Jetzt gab es ein etwa fünfzig Quadratmeter großes Wohnzimmer, allerdings standen darin, außer einem großen metallenen Schreibtisch, keine weiteren Einrichtungsgegenstände. Deshalb war eine meiner ersten Amtshandlungen die Anschaffung einer Sitzgruppe mit Tischchen gewesen. Die Toilette befand sich direkt in der Dusche und enthielt zu meiner Überraschung eine Waschmaschine aus Plastik (wie goldig!), die sogar funktionierte. Da alle Fußböden gefliest waren, geschah das Putzen gewöhnlich sehr schnell. Ein voller Wassereimer wurde einfach darüber gegossen und abgewischt. Das hatte unsere Stammkraft aus dem Büro übernommen, ohne dafür eine Extrabezahlung zu bekommen.

Infolge des feuchtwarmen Klimas war ich über jede Abkühlung froh, wenn auch Kaltduschen immer eher lauwarm bedeutete. Trotzdem bat mich meine amerikanische Mitbewohnerin, einen Boiler einbauen zu lassen, damit sie richtig heiß duschen könne. Anfangs konnte ich das überhaupt nicht nachvollziehen. Erst mit der Zeit lernte ich, dass ich direkt nach einer heißen Dusche das Gefühl hatte, die Wohnung sei angenehm kühl – zumindest für einige Minuten. Die Küche war ziemlich groß, verfügte über allerlei Schränke, einen Herd sowie einen separaten Zugang von außen. Wenn ich einen der unteren Schränke öffnete, war ich immer besonders auf der Hut, weil ich damit rechnen musste, dass es darin möglicherweise tierische Mitbewohner gab. Ein weiterer Raum diente zum Wäschetrocknen, allerdings funktionierte dies aufgrund der hohen Luftfeuchtigkeit nur, wenn der Ventilator eingeschaltet wurde.

Das ganze Areal um das Haus war von einer Mauer umgeben und vor der Veranda des Hauses befand sich ein freier Platz, wo mehrere Autos geparkt werden konnten. Neben dem Eingangstor stand noch ein kleiner Verschlag für die Türöffner, die in Wechselschichten vierundzwanzig Stunden lang das Gebäude bewachten. Weder waren sie bewaffnet noch hatten sie eine entsprechende Ausbildung. Mehrmals hatte ich den einen oder anderen abends, als ich nach Hause kam, wohl durch mein inständiges Hupen aus dem Schlaf gerissen.

Nur einmal während meiner ganzen Zeit in Sri Lanka, schlug einer von ihnen heftigen Alarm, als ich mich im Haus befand. Völlig außer sich klopfte er an die Tür und schrie: „Sir, Sir, please come!" Ich solle sofort kommen und als ich die Tür geöffnet hatte, erkannte ich sofort, was geschehen war. Affen hatten den Wassertank, der immerhin ein Fassungsvermögen von etwa eintausend Litern hatte, vom Dach gestoßen!

Offenbar befand sich das Haus im Revier einer ganzen Affenhorde, die dieses ständig gegen eine andere verteidigen musste und die Kämpfe schienen ausgerechnet immer auf unserem Blechdach ausgetragen zu werden. Jedenfalls erzeugten diese Auseinandersetzungen einen Höllenlärm, wenn sie wieder einmal über unsere Köpfe hinweg rannten. Zu sehen bekam ich sie nur dann und wann. Lediglich einmal, ich kam aus dem Büro nach Hause, stieg wie automatisiert aus dem Auto und ging zur Eingangstür. Dort steckte ich den Schlüssel wie immer in die Tür, als ich bemerkte, dass keine zwei Meter entfernt, links neben mir, ein ziemlich großer Affe auf Augenhöhe am Baum klebte. Die Zähne fletschend fauchte er mich an. Schwuppdiwupp war ich im Haus – zugegeben mit ziemlich weichen Knien!

Außerhalb meiner Unterkunft sind mir zwei weitere tierische Begegnungen in besonderer Erinnerung geblieben: Beim Besuch unserer Trinkwasseraufbereitungsanlage zeigte mir der zuständige Leiter, ein Österreicher, stolz die permanent laufende Pumpe im nahegelegenen See. Ausgerechnet in dem Moment fing der Motor zu stocken an. Das sei kein Problem, kommentierte er routiniert, und sprang ins Wasser, um die Algen vom Ansaugstutzen zu entfernen. Plötzlich schrie ein lokaler Kollege: „Pass auf, da ist ein Krokodil!" „Wo?" Mit dem Finger darauf deutend, erwiderte der andere: „Na da – keine fünf Meter entfernt!" Jetzt konnte auch ich es erkennen. Völlig gelassen kroch der Österreicher aus dem Wasser und fuhr fort, mir die Anlage zu erklären, gerade so, als wäre nichts gewesen. Tarzan ließ grüßen! Für mich war er in dem Moment mindestens ein halber.

Später unternahmen wir einen Ausflug nach Sigirya, das ich bereits erwähnt habe. Unterwegs stoppte der Fahrer plötzlich den Wagen und deutete in den Wald, wo sich wilde Elefanten befänden. Ehe ich mich versah, war mein österreichischer Kollege mit der Kamera in der Hand bereits aus dem Auto gesprungen und rannte in Richtung des Elefanten. Ich selbst konnte das Tier im Dickicht immer noch nicht erkennen. Aufgeregt flüsterte der Fahrer, der Mann solle zurückkommen, denn es sei sehr gefährlich, vor allem wenn es sich um eine Elefantenkuh mit Jungem handeln würde. Am Auto stehen bleibend sah ich erst jetzt das mächtige Exemplar sowie meinen Kollegen wenige Meter von ihm entfernt und Fotos schießend – hätte nur noch gefehlt, dass er sich mittels des typischen Tarzan Schreis (Uaauuauauaaaa) verständigt hätte. Dann hätte ich vollends nur noch Tarzan zu ihm gesagt. Damit wäre er der zweite gewesen, dem ich persönlich begegnete. Jahre zuvor hatte ich einmal in Bijelo Polije, einer Stadt im Norden Montenegros, ein Meeting mit dem Bürgermeister. Sein Vorname war, kein Scherz, Tarzan!

Außer einem schmerzhaften Wespenstich, das Nest befand sich unter einem Terrassenstuhl, hatte ich glücklicherweise keine weiteren animalischen Begegnungen in unserer Bleibe. Insgesamt war das Zusammenleben mit meiner amerikanischen Mitbewohnerin völlig problemlos, die abends meistens eh nie da war.

Und wenn, dann sorgte sie meistens dafür, dass wir abends plötzlich viele Gäste hatten. Für Partys oder gemeinsame Essen, wie zum Beispiel an Thanksgiving, als sie einen riesigen Truthahn vorbereitete, war unser großes Wohnzimmer der geeignete Ort. Die nötigen Sitzgelegenheiten dazu brachten stets zwei Kollegen mit, sodass einem ausgelassenen Fest nichts mehr im Wege stand – meistens war es in der Tat ausgelassen. Glücklicherweise hatten wir keine näheren Nachbarn, wodurch wir nie eine Beschwerde erhielten. Allen Grund dazu hätten sie jedenfalls gehabt.

Dagegen gab es keinen Grund, warum der Vermieter hätte vorbeischauen müssen. Den hatte ich interessanterweise nicht einmal zu Gesicht bekommen, ich kannte noch nicht einmal seinen Namen.

Im unmittelbar darauffolgenden Einsatz, in Chişinău, der Hauptstadt Moldawiens (ehemals Sowjetunion) erfuhr ich zunächst zwar auch nicht den Namen meiner Wohnungsbesitzerin, trotzdem war ich gespannt auf ihr erstes Erscheinen.

Ich war dorthin geschickt worden, um als Berater für eine lokale Hilfsorganisation zu fungieren, indem ich sie strukturell neu aufstellen sollte. Sie war auf die Tuberkulosebehandlung von Gefängnisinsassen spezialisiert. Eines Tages hatten jedoch sowohl der offenbar charismatische Direktor sowie dessen Bruder, der medizinische Leiter, von einem Tag auf den anderen das Land in Richtung Westeuropa verlassen. Die Dortgebliebenen hatten sich schnell auf einen jungen Kollegen als künftigen Chef geeinigt. Zuvor war er für die Logistik verantwortlich, medizinische Details waren ihm daher unbekannt. Dafür war er nicht nur bekannt, sondern sogar berühmt in der ganzen Stadt als Leadsänger der damals dort populären Rockband „The Snails"!

Er, der die Wohnung für mich gefunden hatte, deutete mit verschmitzter Miene an, bei der Vermieterin handele sich um eine pensionierte frühere Mitarbeiterin des sowjetischen Geheimdienstes KGB. Ob er mir damit Angst einjagen wollte, oder ob ich möglicherweise deswegen mit merkwürdigen Dingen zu rechnen hätte, ließ er offen.

Bei der Besichtigung und anschließenden Vertragsunterzeichnung erwies sie sich jedenfalls als eine sehr freundliche ältere Frau, die froh war, durch mich ihre Rente aufbessern zu können. Froh war auch ich, für die kurze viermonatige Zeitspanne überhaupt eine Bleibe ergattert zu haben. Währenddessen würde sie bei Verwandten unterkommen. Sollte es Schwierigkeiten geben, hinterließ sie mir höflich ihre Telefonnummer. Immerhin ein Indiz dafür, dass sie mich nicht überwachte.

Die Wohnung befand sich in einem typischen, wohl noch in kommunistischen Zeiten errichteten Hochhaus, wie ich sie aus den Balkanländern kannte. Genau wie dort war der Eingangsbereich und das ganze Treppenhaus völlig vermüllt und die

Wände vollgeschmiert – gereinigt oder geputzt wurde auch dort nie. Zwar verfügte das Gebäude über einen Aufzug, ich vermied es allerdings, ihn zu benutzen, obwohl es nicht den Anschein hatte, dass mit häufigen Stromausfällen zu rechnen war. Aber, man wusste nie.

Wie alle Appartements in dem zwanzigstöckigen Bau – meins war im zwölften – war es auch mit einer mächtigen Metalltür gesichert. Direkt dahinter war die eigentliche Wohnungstür. Gleich links befand sich das kleine Bad, einschließlich einer noch kleineren Wanne. Geradeaus ging es in die Küche, die für eine Person völlig ausreichend war. Rechts gab es noch ein Wohnzimmer, in dem ich allerdings so gut wie nie gewesen bin, und am Ende des Flures geradeaus war mein Schlafzimmer. Das reichte gerade für das mächtige Bett aus, auf dem eine sehr dicke Daunendicke lag. Der Schrank war praktischerweise in die Wand eingelassen.

Dann brach unversehens der Winter an und das heimelige Zuhause glich einem Kühlschrank, da die Heizung nicht funktionierte. Der Rockstar erklärte mir, dass die Zentralheizung in Moldawien erst dann zentral von der Regierung angestellt würde, wenn die Temperatur nachts fünf Tage in Folge unter null Grad sinke.

Auf meine Bitte hin kam die Vermieterin, um die Wohnung winterfest zu machen. Ihre Dämmung bestand aus Kreppband, mit dem sie alle Fenster abklebte, wodurch man sie nicht mehr öffnen konnte! Dumm nur, dass kurze Zeit später in der Tat die Zentralheizung angestellt wurde, die ich manuell nicht regeln konnte. Da sie auf höchster Stufe lief, stieg die Zimmertemperatur in allen Räumen auf nahezu dreißig Grad Celsius! Daher entfernte ich im Schlafzimmer das Isolierband. Kurioserweise hatte ich von da an bei Minusgraden draußen mit offenem Fenster geschlafen!

Wie es sich ganz ohne funktionierende Heizung anfühlte, erlebte ich in der Wohnung eines anderen Mitarbeiters der lokalen Hilfsorganisation, als er mich zu sich nach Hause in Transnistrien einlud. Bis dahin hatte ich nur Schlimmes über jene moldawische Teilrepublik gehört, die von einem stalinistischen Regime regiert wurde und in die man nur über einen Checkpoint russischer Friedenstruppen einschließlich Passkontrolle hineinkam, als wäre es ein eigener Staat. Noch heute erinnere ich mich sehr gut daran, dass es mir vorkam, als wäre nach dem ‚Grenzübertritt' damals plötzlich die Welt von Farbe auf Schwarzweiß umgestellt worden. Das mag vielleicht an der eingetretenen Dämmerung gelegen haben, trostlos war es allemal.

Deprimierend klein war auch die Wohnung meines Gastgebers. Immerhin hatte er bereits mehr als zwanzig Jahre als Arzt gearbeitet, konnte sich jedoch nicht mehr als ein Zweieinhalb-Zimmer-Appartement leisten. Nachdem ihre beiden Söhne zum Studium ausgezogen seien, würden er und seine Frau sich jetzt richtig wohlfühlen! Seitdem könnten sie auch Gäste empfangen, da sie nun das Wohnzimmer seinem tatsächlich vorgesehenen Zweck entsprechend nutzen konnten. Vorher hätte es als Schlafzimmer der Kinder gedient. Nach der Begrüßung der Frau des Hauses wurde ich dorthin geführt, wo an einer Wand ein Plastikkamin angeschaltet wurde. Wohlig wärmer wurde es trotzdem nicht, es war ja nur eine Attrappe, eine scheußliche obendrein. Dazu ließ mein Gastgeber noch deutsche Schlagermusik laufen, um für mich wohl eine heimatliche Atmosphäre zu erzeugen. Die Musik hatte er nicht zufällig aufgelegt, denn er war, nach eigener Aussage, ein ausgesprochener Deutschlandfan. Erstaunlich waren in der Tat seine deutschen Sprachkenntnisse, da wir mühelos auf Deutsch kommunizierten. Er hatte mir bereits vor dem Besuch erzählt, er wäre vor Jahren lediglich für etwa zwei Monate in Deutschland gewesen, um sich ein Auto zu kaufen – „selbstverständlich ein deutsches, da die zuverlässig seien". Dabei hätte er damals etwas Deutsch gelernt. Nun, das „etwas Deutsch" war unfassbar gut. Seitdem wäre er an allem aus Deutschland einschließlich Musik interessiert. Dagegen sagte ich ihm, für ihn völlig unverständlich, meinetwegen könnten wir gerne auf das volkstümliche Gedudel verzichten.

Zunächst tranken wir einen Tee, bis uns seine Frau in die Küche zu Tisch bat, worauf sich allerlei Spezialitäten befanden. Dort war es immerhin einigermaßen warm, sodass ich endlich meine dicke Winterjacke Jacke ausziehen konnte!

Unmittelbar nach dem leckeren Abendessen, es war gerade einmal 19.30 Uhr, meinte der Kollege dann, er und seine Frau würden jetzt Schlafen gingen. Denn ohnehin würde sehr bald der Strom abgeschaltet werden. Mir blieb also nichts Anderes übrig, als mich ebenfalls unter die drei dicken Bettdecken zu kuscheln zu einer Uhrzeit, zu der normalerweise hierzulande allenfalls kleine Kinder ins Bett gebracht werden! Irgendwie passte das zu der übrigen Trostlosigkeit.

Noch trostloser war die Wohnungssituation anschließend in Tadschikistan, vor allem auch für mich persönlich. Als selbstständiger Berater sollte ich besonders den lokalen Finanzkoordinator sowie die gesamte Organisation vor Ort bei ihrer Strukturierung unterstützen. Sitz war die Hauptstadt Dushanbe, wo man mich zunächst in eine der Organisation gehörenden Wohnung in einem Hochhaus am Rande der Stadt untergebracht hatte. Erneut war es ein Wohnkomplex noch aus der kommunistischen Ära. Die Umstände des Gebäudes glichen jenen in Moldawien bis aufs Haar.

Aufgeräumt war die Bleibe zwar einigermaßen, dafür war das Mobiliar nicht nur sichtlich abgenutzt, sondern schmutzig, fettig, insgesamt also alles andere als heimelig. Dass ich darin die nächsten vier Monate verbringen sollte, kam für mich schon nach der ersten Nacht nicht infrage, da ich nach dem sehr frostigen Empfang im Büro nicht damit rechnen konnte, dass ich abends von Kollegen besucht werden würde, und anderweitige Kontakte dort kaum zu knüpfen waren.

Das Büro befand sich in einem ummauerten Bereich, auf dem mehrere kleinere Gebäude standen und vergleichsweise nahe am Stadtzentrum lag. Dort gab es Gästezimmer, weshalb ich am zweiten Tag darum bat, in eines der beiden ziehen zu können. Es war etwa zwanzig Quadratmeter groß, in dem ein Bett, ein Schrank, und sogar eine kleine Sitzgruppe sowie ein Schreibtisch standen. Ein Internetanschluss war auch vorhanden, sodass ich mich darauf freuen konnte. Nebenan befand sich das Badezimmer, welches eher einer Waschgelegenheit für Bergarbeiter glich. Darin war die Verkabelung von der Steckdose zum Boiler recht abenteuerlich angebracht. Aber wenigstens hatte ich es für mich allein, denn außer mir, war niemand sonst in dem ‚Compound' untergebracht. Lediglich am Eingang saß ein Guard.

Die kühle Begrüßung im Büro hat wohl daran gelegen, dass die Kollegen angenommen hatten, ich käme als eine Art Controller, dessen Ergebnisse sich besonders auf die Weiterbeschäftigung der lokalen Mitarbeiter auswirken würden. Weder erkundigten sie sich nach meinem Befinden, noch wurde ich nach Hause eingeladen, wie es anderswo zuvor immer der Fall gewesen war, Für mich schien sich niemand zu interessieren. Nachdem ich ihnen meinen tatsächlichen Auftrag mitgeteilt hatte, verbesserte sich zwar unser Verhältnis, aber nicht meine vor allem abends einsame Wohnsituation.

Immerhin, ein Ausflug nach Muminabad sollte etwas Abwechslung in meinen Alltag bringen, da ich dort nicht nur direkt ein Projekt besichtigen, sondern auch mit den lokalen Partnern sprechen konnte. Die Stadt liegt etwa zweihundertzwanzig Kilometer südöstlich von Dushanbe unweit der afghanischen Grenze. Anfangs war ich ziemlich euphorisch gewesen, endlich einmal aus der Hauptstadt herauszukommen, obendrein ging die Fahrt durch eine atemberaubende Landschaft. Jedoch konnte ich in den folgenden fünf Tagen erleben, was richtige triste Einsamkeit bedeutete.

Untergebracht wurde ich im Compound der Organisation in einem Zimmer, das mich sehr an meine allererste Unterkunft in Sri Lanka erinnerte: ein Bett, ein Nachttischkästchen, ein nur zu erahnender Kleiderschrank und jede Menge Dunkelheit. Im Zimmer nebenan war ein junger Schweizer, der dort seit über einem Jahr als Projektleiter wohnte. Um es sich etwas gemütlicher zu gestalten, hatte er sich einige kleinere Möbel selbst zusammengezimmert!

Der ganze Komplex lag am Ende einer langen abschüssigen Sackgasse, ziemlich weit weg vom nächsten Einkaufslädchen. Anders konnte man es kaum bezeichnen. Denn das Warenangebot war recht überschaubar. Auf den großen Regalen stand immer nur ein Produkt. Außer Nudeln und Reis konnte ich ohnehin die kyrillische Schrift nicht entziffern und westliche mir bekannte Artikel außer Coca-Cola gab es nicht.

Tagsüber ging es entweder ins Büro, das in einem Gebäude inmitten des Compounds lag oder in umliegende Dörfer, wo Uferbefestigungen gebaut wurden, die Schutz gegen die allzu oft vorkommenden Überschwemmungen bieten sollten. Die Abende verbrachten wir dann im Compound.

Gleich am ersten Abend konnte ich dann die Trübseligkeit erleben: Es gab nämlich keinen Strom und folglich kein Wasser, da die Pumpe elektrisch betrieben werden musste. Und zwar in den meisten Haushalten der Stadt. Es sei denn, man hatte genug Geld, um sich einen Generator zu leisten. Allerdings hatten den wohl die Wenigsten, denn den typischen Lärm der Aggregate, wie ich ihn vor allem aus dem Kosovo kannte, vernahm ich dort nicht. Deswegen hatte der Schweizer auf einen verzichtet.

Zumindest hatte er noch einen kleinen Gaskocher, um sich ein Abendessen oder heißes Wasser zuzubereiten. So saßen wir abends bei Kerzenlicht zusammen, aßen etwas, unterhielten uns, tranken einen Tee und gingen recht früh schlafen. Ich musste jene Feierabende lediglich ein paar Tage erleben und konnte mir kaum vorstellen, dass ich es dort längerfristig hätte aushalten können, von wollen gar nicht zu reden.

Nun verstand ich auch, warum der Schweizer jeden Freitag die mühsame Fahrt in die tadschikische Hauptstadt auf sich nahm, um zumindest etwas Abwechslung am Wochenende zu genießen. Als ich Jahre später im Kosovo eine Schweizerin traf, erinnerten wir uns, dass wir uns einmal in Dushanbe kurz getroffen hatten. Sie erzählte mir, sie sei nicht nur mit ihrem Mann zwei Jahre in Muminabad gewesen, sondern hätte dort auch eine herrliche Zeit verbracht! Die hätte ich mir allenfalls schön trinken können.

Was ich in Tadschikistan an Einsamkeit zu viel erlebt hatte, genoss ich gezwungenermaßen später in der Türkei zu wenig, bei meinem ersten Einsatz im Jahr 2013 als Head of Mission einer deutschen NGO. Da mein Auftrag darin bestand, eine Bürostruktur von null aufzubauen, war zunächst die Suche nach geeigneten Räumlichkeiten oberste Priorität. Auf die Dauer wäre die anfängliche Unterbringung in einer Pension viel zu teuer geworden.

Unser Projekt sah vor, von dort aus schwerpunktmäßig in Syrien zu operieren, zu einem kleineren Teil aber auch syrische Flüchtlinge in der Umgebung zu unterstützen. Seinerzeit gab es in Antakya, im Südosten des Landes, jeden Samstag Demonstrationen gegen die Flüchtlinge aus Syrien. Organisationen, die jenen halfen, waren auch nicht überall willkommen. Daher ist es uns öfter passiert, dass wir zwar ein geeignetes Gebäude zur Miete gefunden hatten. Als dann aber der vermeintliche Vermieter von unserer geplanten Tätigkeit erfuhr, wurde mehrmals kurz vor Vertragsunterzeichnung plötzlich ein Rückzieher gemacht.

Für mich persönlich war das eine hilfreiche Erfahrung, denn nun konnte ich nachvollziehen, wie sich wohl jene Deutschen mit ausländischen Wurzeln fühlten, die zwar in Deutschland aufgewachsen waren, sich aber bei der Wohnungssuche lediglich dank ihres Namens eine Abfuhr abholen. Am Ende fanden wir dann doch zwei Wohnungen in zwei nebeneinanderstehenden Gebäuden. Die eine sollte als Büro sowie als Unterbringung der weiblichen Mitarbeiter dienen, während die andere als WG für alle männlichen vorgesehen war.

Noch aber waren beide unmöbliert, sodass wir erst einmal das Nötigste beschaffen mussten, wofür das sehr niedrig zur Verfügung stehende Budget nicht viel Spielraum zuließ. Die Schlafzimmer wurden jeweils mit einem Bett, einem Klappstuhl, einem dazugehörigen Teetischchen sowie einem schmalen Regal, das als Schrank diente, ausgerüstet. Im Wohnzimmer der Männer WG stand am Ende eine Sitzgarnitur sowie ein Esstisch und vier Stühle. Nun ja, in dem etwa fünfundvierzig Quadratmeter großen Raum sahen sie trotzdem etwas verloren aus.

Ausnahmslos alle Möbel einschließlich der Schreibtische im Büro hatte meine deutsch-türkische Kollegin zu sensationellen Preisen auf dem Markt besorgt. Zumindest dem ersten Anschein nach machten sie einen neuen Eindruck. Lediglich die Küchengeräte und andere Elektrogeräte waren aus zweiter Hand, mit dem Ergebnis, dass die Waschmaschine gleich bei ihrem ‚Jungferngang' in der Wohnung nicht nur komplett den Geist aufgab, sondern auch gleich noch für eine gehörige Überschwemmung sorgte.

Anfangs waren wir meistens nur zu zweit: ein neuseeländischer Kollege und ich. Gelegentlich übernachtete noch unser syrischer Mitarbeiter, den wir in der ersten Woche rekrutierten. Kurios war dessen Einstellungsgespräch im Beisein des Neuseeländers, den wir tags zuvor angeheuert hatten. Der sprach fließend Arabisch, da er bis zum Krieg mehr als zehn Jahre in der syrischen Hauptstadt Damaskus gearbeitet hatte.

Beide Vollbärte saßen sich gegenüber, sprachen über dies und das im Nachbarland. Der eine nickte, der andere auch. Der eine erzählte, wo er gearbeitet hätte. Der andere ebenfalls. So ging das mehrere Minuten lang. Das Nicken wurde immer häufiger sowie ein ‚ja' hier und ein ‚ja' dort, bis sie plötzlich merkten, dass sie in Syrien, damals ohne Bart, mehrere Monate wohl zusammengearbeitet haben mussten. Beide standen nun auf, umarmten sich und konnten das Wiedersehen kaum glauben, vor allem aber, dass sie sich zunächst nicht erkannt hatten. Währenddessen hatte ich beide beobachtet, konnte es selbst kaum glauben und freute mich auf unsere künftige Zusammenarbeit, von der ich annahm, sie müsse problemlos werden. Im Büro war sie es auch, in der Wohnung nicht ganz.

Erst später kam ein weiterer Mitbewohner hinzu, dessen Zimmer, nach seiner vorzeitigen Abreise dann ein Engländer übernahm. Wir hatten abgesprochen, dass jeder – ganz nach Studenten-WG-Manier – wöchentlich die gleiche Summe in eine Haushaltskasse zahlen sollte, wovon wir diejenigen Lebensmittel, die ohnehin jeder verbrauchte, wie Wasser, Butter oder Ähnliches, einkauften. Schokolade oder andere Köstlichkeiten sollte jeder für sich selbst besorgen. Die gemeinsame Kasse funktionierte genau ein einziges Mal, nämlich, als wir unmittelbar danach zusammen in den um die Ecke liegenden Supermarkt gingen.

Später hatte der eine entweder kein Kleingeld zur Hand oder die Kollegen waren nicht da. Letztlich war ich der Einzige, der permanent anwesend war. Die anderen arbeiteten mittlerweile in Syrien, kamen aber, nachdem wir sie sehr oft evakuieren mussten, fast im Drei-Tages-Zyklus zurück zu uns. Dann bedienten sie sich ausgiebig aus meinem vorhandenen Nahrungsfundus. Meistens fand ich am Abend einen geplünderten Kühlschrank vor. Darüber hinaus scherten sie sich um nichts: benutztes Geschirr stand dreckig kreuz und quer in der Küche herum; die Dusche wurde übersäumt mit Haaren hinterlassen; selbst allerlei Klamotten lagen verstreut umher, ganz zu schweigen vom Mülleimer, der jedes Mal, wenn die Kollegen da waren, sofort überquoll, den restlichen Abfall verstreuten sie einfach im Flur oder Wohnzimmer. Dass ich es hier mit Erwachsenen zu tun hatte, konnte ich kaum glauben. Sie führten sich eher wie ungezogene Gäste auf, für die ich offenbar nur die Putzfrau darstellte. Trotzdem ließ ich sie gewähren (selbst schuld!), denn sie hatten es in Aleppo alles andere als leicht und wollten eben die Tage in Antakya unbeschwert genießen.

Der Gipfel war jedoch der syrische Kollege, der bis in die frühen Morgenstunden lautstark per Skype telefonierte, was mir oft genug den Schlaf raubte. Eines Tages platzte mir der Kragen und ich machte ihm klar, dass er sich, sollte sich das nochmals wiederholen, unverzüglich eine andere Bleibe suchen müsse.

Damals war mir noch nicht richtig bewusst gewesen, dass er sich selbstverständlich Sorgen um seine Familie in Aleppo machte. Die Stadt stand damals im Fokus des Krieges. Kontakt mit seinen Lieben konnte der Kollege jedenfalls nur nachts aufnehmen. Offenbar hatte er stets nicht nur mit seinen Angehörigen gesprochen, sondern erhielt auch viele Anrufe von Freunden, die ihn um Hilfe baten.

Glücklicherweise war das Ende meines Einsatzes zu dem Zeitpunkt schon absehbar, ich hatte mir aber geschworen, hinterher nie mehr in einer solchen Konstellation wohnen zu wollen.

Zwei Jahre später ging ich erneut in die Türkei, diesmal war mein Standort Gaziantep, im Südosten. Die ersten fünfzehn Monate wohnte ich in einem sehr kleinen Zweizimmerappartement, das ich für mich als völlig ausreichend betrachtete. Dagegen konnte eine syrische Kollegin kaum glauben, dass ich als Projektleiter so hausen würde. Sie hatte eine deutsche Kollegin von uns besucht, die im Stock über mir ein identisches Appartement bezogen hatte; einen weiteren Stock höher war ebenfalls ein Mitarbeiter von mir. Zu mäkeln hatten wir alle nichts, zumal unser Gebäude fast im Zentrum lag, und sich drumherum allerlei Geschäfte in Fußnähe befanden. Darüber hinaus kümmerte sich der Hausmeister, der am Eingang ein Büro hatte, immer unverzüglich um auftretende Probleme. Die Miete zahlten wir alle monatlich an ihn in bar.

Zufällig erfuhr ich eines Tages von einer Kollegin, in dem Haus, in das sie mit ihrer Familie kurz zuvor übergesiedelt war, gäbe es noch freie Wohnungen – und zwar zum selben Mietzins, den ich aktuell entrichtete. Die Entscheidung zum Umzug fiel mir nicht schwer, da es sich um eine Dreizimmerwohnung mit separater Küche handelte und das Gebäude war komplett renoviert worden. Den Vertrag unterzeichnete ich im Büro des Hausbesitzers, einem Bauunternehmer, der mich anwies, die Miete monatlich an den Hausmeister zu zahlen, der im Gebäude nebenan wohne.

Dass es keine Klimaanlage gab, spielte für mich zunächst keine Rolle. Erst als es draußen richtig heiß wurde, konnte ich es innen kaum noch aushalten – Dämmung schien ein Fremdwort bei der Renovierung gewesen zu sein. Nachts blieb die Temperatur innen meist jenseits der dreißig Grad. Den anderen Bewohnern ging es genauso, sodass sie vom Eigner verlangten, unverzüglich Abhilfe zu schaffen, bis dahin würden sie nicht zahlen. dem ich mich sofort anschloss. Der Eigentümer ging zwar darauf ein, vertröstete uns allerdings von einem Tag auf den anderen. Erst nach einem Monat wurden Klimaanlagen installiert. Bei mir lediglich im Wohnzimmer. Immerhin hatte ich damit einen Raum, in dem ich zeitweise Abkühlung fand. Ich hatte mir sogar eine Hängematte besorgt, um nachts auf dem Balkon schlafen zu können, leider ließ sie sich nicht richtig befestigen. Dafür stellte ich einen Ventilator ins Schlafzimmer, der die ganze Nacht lief.

Der Clou war jedoch in der Küche zu finden. Denn dort war kein Platz für einen Herd vorgesehen! Stattdessen stand darin eine Waschmaschine. Auf der steinernen Küchenplatte befand sich lediglich ein Gaskocher mit zwei Flammen, für den ich eine Gasflasche kaufte, in einen Unterschrank stellte, dessen

Kabel allerdings von vorne angeschlossen werden musste, wodurch die Schranktür nicht komplett zugemacht werden konnte und deshalb provisorisch aussah. Backofen gab es keinen, folglich musste ich aufwändige Menüs von meiner Speisekarte streichen.

Als ich im Spätherbst zum ersten Mal die Heizung einschalten wollte, erlebte ich die nächste Überraschung. Denn der Knopf am Heizkörper fiel ab, wie in allen anderen Räumen, sodass ich stets eine Zange zur Temperaturregelung zu Hilfe nehmen musste. Mich darüber beim Hausmeister zu beschweren war aussichtslos, denn der kam nur zum Abkassieren der Miete, versprach dann höchstens, sich zu kümmern, tat es aber nie.

Als ich zur Vertragsverlängerung nach einem Jahr wieder im Büro des Besitzers saß, sprach ich weitere Mängel an, die er geflissentlich ignorierte. Dass einige von ihnen von Anfang an bestanden – prinzipiell Pfusch darstellten – sah er als Bauunternehmer überhaupt nicht ein. Vielmehr würde er immer so bauen, und bis dato hätte sich niemand bei ihm je beschwert – an die Klimaanlagenepisode konnte oder wollte er sich nicht erinnern!

Einige Monate später zog ich mir eine Verletzung beim Tischtennisspiel zu, weshalb ich meinen Arbeitsvertrag nicht verlängerte und den Mietvertrag vorzeitig kündigte. Die schriftliche Ausfertigung übergab ich persönlich dem Vermieter, und wollte bei der Gelegenheit die bereits vorab ausgefüllten Belege über die Mietzahlung mitnehmen. Üblicherweise waren sie bei Vertragsunterzeichnung für die kommenden zwölf Monate erstellt worden, die ich dann jeweils am Monatsanfang, wenn der Hausmeister kam, unterschrieb. Obwohl die verbliebenen von mir noch nicht unterzeichnet waren, wollte ich auf Nummer sicher gehen. Man wusste ja nie. Stattdessen zerriss sie der Bauunternehmer vor meinen Augen, womit ich auch leben konnte. Verkneifen konnte ich mir jedoch nicht, ihm zum Abschied mitzuteilen, sollte ich wieder in einen Einsatz kommen, würde ich es mir genauer überlegen, nochmals in eines von seiner Firma errichteten Gebäude zu ziehen.

Immerhin berichtete mir eine ehemalige Kollegin Jahre später, nach dem verheerenden Erdbeben vom Februar 2023, dass mein Gebäude nicht in Mitleidenschaft gezogen war, viele drumherum schon.

Ausgerechnet bei meinem allerletzten Einsatz in Georgien wohnte ich in der bis dahin mit Abstand luxuriösesten Wohnung (etwa neunzig Quadratmeter), die ich über einen Makler bekommen hatte. Neben dem großen Wohnzimmer, einschließlich einer kleinen Nische mit einem fest verbauten Schreibtisch, dem Gäste- und Schlafzimmer, verfügte auch die komfortable Küche über einen Balkon, von wo ich vom sechsten Stock einen wunderbaren Ausblick auf Tiflis genießen konnte. Da schmeckte der morgendliche Kaffee gleich doppelt so gut. Es gab sogar eine Gästetoilette. Darüber hinaus war sämtliches Geschirr, Besteck sowie elektrische Geräte (Bügeleisen, Staubsauger, Wasserkocher) bis hin zu Putzutensilien bereits vorhanden. Ich musste mir lediglich die French Press kaufen, weil ich die Kapselmaschine nicht benutzen wollte. Schnelles Internet war ebenfalls inbegriffen und im Schlafzimmer gab es sogar einen großen Fernseher an der Wand. Einziger Wermutstropfen war die laue Warmwasserversorgung in der Wohnung. Anders als zuvor kümmerte sich der Vermieter zwar mehrere Male umgehend darum, richtig gelöst wurde das Problem jedoch nicht. Trotzdem anerkannte ich seine Mühen und auch sonst waren er und seine Frau sehr angenehme Vermieter, wie man sie sich nur wünschen konnte.

Im Erdgeschoss gab es einen kleinen Supermarkt, ein größerer war gleich um die Ecke, und auch sonst war die Lage ausgesprochen gut. Zum Büro lief ich zu Fuß etwa eine halbe Stunde, zur Altstadt in zwanzig Minuten. Obendrein hatten mich meine neuen Kollegen als ihren neuen Chef sehr herzlich willkommen geheißen, womit die besten Voraussetzungen für eine erfolgreiche Mission gegeben waren. Wie bereits erwähnt, stellte sich mein Arbeitgeber jedoch schon nach kurzer Zeit als wahrliche Katastrophenbegegnung heraus, was zu meiner bereits erwähnten vorzeitigen Kündigung führte.

Im Hinblick auf meine jeweiligen Unterkünfte schloss sich damit der Kreis insofern, weil ich bis dahin meine allererste Wohnung in Belgrad als die beste eingestuft hatte, die allerdings von der in Georgien bei weitem übertroffen wurde. Während in diesen beiden Fällen die Vermieter – mit Abstrichen in Belgrad – ihre Rolle so wahrnahmen, wie man sie auch bei uns erwartet, war den meisten anderen lediglich wichtig, dass sie die monatliche Zahlung bekamen. Anderweitige Pflichten ihrerseits sahen sie nicht oder ignorierten sie. Meistens war das am Zustand der Unterkünfte leicht abzulesen. Dass ich trotzdem die Bruchbude in Montenegro bezogen hatte, musste ich mir allerdings selbst anlasten: wie man sich bettet, so liegt man. Die Suppe hatte ich mir selbst eingebrockt.

Ansonsten sind es im Rückblick wohl Begegnungen gewesen, die man durchaus auch hierzulande erleben kann; selbst mit so manchem tierischen Mitbewohner. Ausgenommen die Affenbande in Sri Lanka auf dem Dach, es sei denn ein Mieter würde hier die Bewohner, die über ihm leben, aufgrund deren Lautstärke so bezeichnen. Das soll ja auch schon vorgekommen sein.

3 Amtsstuben – Dienst nach ganz eigener Vorschrift

Im Rahmen der Arbeit kam ich unweigerlich mit allerlei örtlichen Behörden oder anderen Institutionen im Land in Kontakt. Zum einen hing es vor allem davon ab, ob wir Projekte direkt implementierten und somit zwangsläufig sehr oft außerhalb des Büros unterwegs waren. Deshalb ist die Zahl solcher Begegnungen in den ersten Missionen, vor allem auf dem Balkan, wesentlich höher gewesen als in späteren. Dort, wo wir nicht selbst durchführten, wie zum Beispiel aus der Türkei für Syrien, war ich, außer dem türkischen Konsulat in Deutschland wegen meines Arbeitsvisums, kein einziges Mal in lokalen Amtsstuben.

Andererseits lag es auch an der Dauer meiner Einsätze. In Sri Lanka war ich sechs Monate vor Ort und kann mich lediglich an zwei Meetings beim District Agent, ähnlich einem Landrat, erinnern, mit dem ich über unsere Vorhaben eher allgemein sprach. Ganz in Herren-Manier und adrettem Anzug saß er hinter seinem Schreibtisch, der wohl mehr repräsentativen Charakter hatte, denn allzu viel ‚Arbeit' befand sich nicht darauf. Für Besucher war der kleinere, und vor allem niedrigere viereckige Tisch vorgesehen, der direkt mittig davorstand. Auch auf den Stühlen saß man tiefer, was insgesamt wohl nicht zufällig zu verstehen war. Die Rangordnung wurde damit symbolisiert. Ein Umstand, den ich auch anderswo wahrgenommen habe.

Gewundert hatte ich mich nur über die Glocke auf seinem Schreibtisch, wie man sie fast an jeder Hotelrezeption sieht. Die kam auch gleich zum Einsatz, als er eine Kopie eines unserer Dokumente haben wollte. Mehrmals schlug er darauf, sofort öffnete sich die Tür, ein Mann, wohl sein persönlicher Lakai, trat ein und nahm den Kopierbefehl untertänig entgegen, obwohl das Gerät keine zwei Meter vom Schreibtisch entfernt stand – nach meinem Empfinden ein Herren-Diener Verhältnis, das unübersehbar ein Erbe der kolonialen Zeiten zu sein schien.

Ein anderes Utensil, das ich des Öfteren im Nordkaukasus auf Schreibtischen in unterschiedlichen Direktorenbüros bemerkte, trug mehr zu meiner persönlichen Belustigung bei, was ich mir jedoch nicht anmerken ließ. Neben einem, manchmal auch mehreren veraltet aussehenden grauen Telefonen stand fast überall ein rotes, geradeso wie man es in vielen Filmen aus den Zeiten des Kalten Krieges sehen konnte. Es gab ihn also tatsächlich, den direkten Draht!

Normalerweise trat ich bei einer ersten Begegnung in Ämtern und Behörden zunächst eher demütig auf. Meistens war ich es, der ein Anliegen hatte; man weiß ja, dass allzu forsches Vorgehen, besonders in Amtsstuben, dazu führt, dass man dann wahrscheinlich ganz unten in den Stapel eingeordnet wird. Ferner eilt jenen Institutionen zumindest bei uns der Ruf langsam mahlender Mühlen und verbesserungswürdigen Services voraus. Gerade diese Stereotypen trafen in meinen Begegnungen nie zu, was wohl daran gelegen hatte, dass ich eben kein Ottonormal-Landsmann war. Trotzdem erlebte ich so manches Mal eine Überraschung, zu welchem Monster scheinbar routinemäßige Abläufe ausarten konnten, oder auch ganz unbürokratisch gelöst wurden, vor allem dann, wenn ich es überhaupt nicht erwartet hatte.

In vielen Ländern, in denen ich im Einsatz war, kam im Hinblick auf Behörden allerdings der Vorwurf der Korruption hinzu, wenn die Menschen der Meinung waren, dass zusätzliche ‚Verwaltungskosten‘ miteinkalkuliert werden müssten, damit ein Anliegen überhaupt bearbeitet, und wenn ja, damit beschleunigt werden könnte.

Gewöhnlich fand die erste Begegnung mit der Bürokratie des Gastlandes häufig bereits vor, bei oder kurz nach der Einreise statt. Denn ich benötigte ein Visum, eine Aufenthalts-

bzw. eine Arbeitserlaubnis. Je nach Einsatzland gab es die unterschiedlichsten Verfahrensweisen. Während ich in zahlreiche Länder ohne Probleme einreisen und erst dort die notwendige Arbeitsgenehmigung beantragen konnte, musste ich dies im Falle von Pakistan noch vor meiner Ausreise erledigen. Zwar waren damit einige Zugfahrten ins Konsulat nach Frankfurt/Main verbunden. Als ich das Visum allerdings im Pass hatte, war zumindest diese Hürde überspringen. Bei dem kurzen Einsatz sollte ich zunächst in den Norden des Landes und danach in den Süden der Provinz Punjab, wofür jeweils eigens eine polizeiliche Genehmigung vor Ort benötigt wurde. Diejenige für den Norden wurde aus Sicherheitsgründen abgelehnt. Später, als ich in der Stadt Bakkar, im Punjab, war – ich saß gerade beim Abendessen – kam der Kellner und meinte, ich solle zur Rezeption gehen. Dort sei ein Anruf für mich. Ziemlich erstaunt, da ich mir nicht vorstellen konnte, wer gerade mich anrief, schickte ich meine Übersetzerin. Wenige Minuten später kam sie zurück und meinte, es sei der Geheimdienst gewesen. Sie wollten lediglich überprüfen, ob ich tatsächlich im Hotel sei!

Komplizierter war die Einreise in Tadschikistan. Mir war noch vor meinem Hinflug mitgeteilt worden, ich würde die benötigte Aufenthaltsgenehmigung problemlos am Flughafen in Dushanbe bekommen. Deshalb reihte ich mich um fünf Uhr morgens zunächst in die Warteschlange der anderen Ankommenden ein, bemerkte dann aber, dass sie bereits ein ausgefülltes Formular in den Händen hielten. Ich nicht. Also sprach ich einen Uniformierten an, der barsch mit dem Finger auf eine Tür zeigte, wohin ich mich zuerst wenden müsste.

In dem Raum war gleich hinter dem Eingang eine Art Empfang, wo ich zunächst einen Vordruck bekam, den ich ausfüllen sollte und auf ein Sofa verwiesen wurde, um neben den anderen Platz zu nehmen, bis ich aufgerufen werden würde.

Ganz hinten stand ein großer Schreibtisch, hinter welchem offenbar derjenige saß, der das Sagen hatte und die Wartenden im Kasernenton zu sich zitierte. Ich setzte mich also hin, begann mit dem Ausfüllen und schreckte auf, als wieder jemand aufgerufen wurde. Ein Mann stand auf und ging zum Chef. Allerdings erhob sich auch mein Nachbar, ein Kanadier, und protestierte empört, dass er schon viel länger warte und daher jetzt an der Reihe sei. Der Chef quittierte diesen Einspruch in einer unüberhörbaren abfälligen Bemerkung und warf ihn kurzerhand raus. Ob er sein Visum letztlich bekam, erfuhr ich nicht mehr.

Kurz danach ging ich zugegebenermaßen etwas eingeschüchtert zu dem Beamten, der mir sofort den nötigen Stempel verpasste. Er forderte dafür siebenundfünfzig US-Dollar. Hatte ich nicht vorher im Internet gelesen, dass sich die Kosten auf dreißig US-Dollar belaufen würden? Lamentieren half nichts, um diese Uhrzeit schon gar nicht. Daher bezahlte ich die geforderte Summe, obwohl die Quittung tatsächlich nur den niedrigeren Betrag von dreißig US-Dollar aufwies. Wohin die Differenz wanderte, war klar, und mit Sicherheit ein einträgliches Geschäft.

Dagegen waren meine sehr häufigen Grenzübertritte zwischen Montenegro und Serbien äußerst amüsant. Denn als Westeuropäer galt ich in der Region, dem südlichen Sandschak, wohl stets als Exot, sodass ich ausnahmslos immer ein kurzes Schwätzchen mit den Grenzpolizisten führte. Sobald ich dann meinen Reisepass vorzeigte, kam fast jedes Mal die gleiche Leier: Gerhard. „Schreder?" (gemeint war Schröder, das ‚Ö' konnte man nicht richtig aussprechen); Klaus (mein zweiter Vorname). „Kinkel?" Fischer, „Außenminister?" Irgendwie machte sich wohl jeder Grenzer seinen Scherz daraus, bis mich eines Tages ein Polizist fragte, ob ich denn mit Joschka Fischer verwandt sei. Umgehend entgegnete ich ein bestimmtes „Ja, natürlich!" und ohne weitere Fragen durfte ich passieren!

Damals war ich in Montenegro im Einsatz, wofür die notwendige Arbeitserlaubnis problemlos und sofort von der örtlichen Polizei in Berane ausgestellt worden war. Ganz anders war es im Jahr zuvor in Serbien, noch zu Zeiten des Milošević-Regimes, als ich meine allererste Auslandsstelle angetreten hatte.

Um unsere Organisation beim Außenministerium registrieren lassen zu können, musste ich selbst zunächst beim Innenministerium eine Aufenthaltserlaubnis beantragen. Jedenfalls musste beides über eine im Land ansässige Organisation, als eine Art Fürsprecher, abgewickelt werden.

In unserem Fall hatte eine kirchliche Hilfsorganisation, mit der wir im Rahmen zweier Hilfsgüterverteilungen zusammenarbeiteten, versprochen, die notwendigen Schritte einzuleiten. Deren Direktor war ein orthodoxer Priester – ein sehr unangenehmer Zeitgenosse – der mich kurz danach in sein Büro zitierte und völlig unerwartet unsere Kooperation mit sofortiger Wirkung aufkündigte, da er mitbekommen habe, wir würden ein Projekt einer in Deutschland ansässigen serbischen Organisation planen, die uns Spenden für Schulrenovierungen zur Verfügung gestellt hatte. Das war in der Tat so, allerdings hatte das Projekt mit unseren sonstigen Aktivitäten nichts zu tun. Neben allerlei Vorwürfen behauptete der Priester, wir würden sein Vertrauen missbrauchen, weshalb er dafür sorgen würde, dass weder unsere Organisation noch ich eine Arbeitserlaubnis bekommen würden. Wenige Tage später sollte ich zur Polizeistelle für Visaangelegenheiten und hoffte, dass seine Hiobsbotschaft bis dorthin noch nicht durchgedrungen war. Leider war sie es, denn man teilte mir bezeichnenderweise an einem Freitagnachmittag mit, ich müsse das Land innerhalb von zweiundsiebzig Stunden verlassen!

Der zuständige Beamte riet mir, schnellstens einen anderen Gewährsmann zu finden. Bei mir schrillten die Alarmglocken und ich sah mich in Gedanken schon zu Hause als gescheiterter Projektleiter, der noch nicht einmal dazu gekommen war, überhaupt ein Projekt zu leiten.

Sofort rief ich den Chef der deutschen Interessenvertretung, die Quasi-Botschaft, an, schilderte kurz die vermeintlich ausweglose Situation, und saß ihm keine Stunde später gegenüber. Er empfahl mir, das lokale Rote Kreuz zu kontaktieren, das tatsächlich sofort einsprang.

Nach etwa zwei Monaten erhielt ich erneut an einem Freitag die Nachricht, unverzüglich zur Polizei zu gehen, wobei ich annahm, dass mir mein Visum nun endlich überreicht werden würde. In der Tat stempelte der Beamte die langersehnte Aufenthaltsgenehmigung in meinen Reisepass, den ich, ohne einen Blick hineinzuwerfen, einsteckte und geradewegs nach Kroatien fuhr, denn bis dahin hatte ich das Land nicht verlassen dürfen und wir benötigten dringend Geld für diverse Lieferanten.

Erst auf der Autobahn klappte ich meinen Reisepass auf und sah völlig verwundert, dass ich jetzt zwar sooft ich wollte Serbien verlassen und wieder einreisen konnte. Allerdings stand als Enddatum des Visums der 30. Februar 2001, ein Tag, den es überhaupt nicht gab.

Seitens der Interessenvertretung hieß es, ich solle keinesfalls das Land verlassen, sondern unverzüglich umkehren und den Eintrag korrigieren lassen. Mein Kollege am Steuer meinte daraufhin, wir sollten es darauf ankommen lassen, da wir dringend Projektmittel benötigten. Äußerlich gelassen, innerlich allerdings schlotternd, erreichten wir die Grenze, dem Beamten fiel zum Glück der Fauxpas nicht auf. Einige Stunden später, bei der Wiedereinreise nach Serbien, stand mir der Angstschweiß auf der Stirn, da der Grenzbeamte meinen Ausweis gefühlte fünf Minuten penibel beäugte, sodass ich mit dem

Schlimmsten rechnete. Nicht gerade optimistisch beobachtete auch mein Kollege den Polizisten. Der jedoch überreichte mir überraschend den Pass mit dem Hinweis, ich müsse wohl ein VIP, eine wichtige Persönlichkeit, sein, da ich ein Sechsmonatsvisum hätte, was in jenen Tagen alles andere als selbstverständlich gewesen war. Mit gespielter Lässigkeit bejahte ich und wir durften passieren.

Am darauffolgenden Montag ging ich erneut zur Polizei, wo mich mein inzwischen gut bekannter Beamte etwas verständnislos mit der Frage begrüßte, was ich denn noch wolle, da ich mein Visum doch bekommen hätte. Ich sagte ihm, es gäbe da ein kleines „Problemchen". „Welches?", fragte er völlig verdutzt. „Tja, es ist bis 30. Februar 2001 ausgestellt", entgegnete ich. „Und?", herrschte er mich freundlich an, worauf ich buchstäblich die Köpfe von den anderen vier im Büro sitzenden rauchen sehen konnte. Bis plötzlich einer anfing, lauthals zu lachen und die anderen aufklärte. Mein Bekannter blaffte nur: „Das ist so richtig Deutsch, oder? Immer muss alles seine Ordnung haben", nahm meinen Pass, verschwand damit und kehrte mit einem neuen Stempel im Pass zurück – inklusive Schnäpschen, um darauf anzustoßen!

Zu dem Zeitpunkt war unsere Organisation zwar im serbischen Außenministerium bekannt, allerdings konnte man uns nicht sagen, wie wir die offizielle Registrierung erlangen konnten, die gewöhnlich beim Innenministerium zu beantragen war, man wisse aber nicht, ob es überhaupt ein entsprechendes Verfahren gäbe. Ähnlich war die dortige Reaktion auf unsere Nachfrage, sodass wir vorerst ohne offizielle Akkreditierung weiterarbeiteten, ohne diese jedoch zum Beispiel kein Bankkonto eröffnen konnten.

Wenn wir daher Geld benötigten, teilte ich es der Zentrale mit, die überwies es auf das Konto der Organisation in Kroatien, wo wir in einem grenznahen Außenbüro stets die entsprechende Summe abholten, da in Serbien ohnehin alles in bar beglichen wurde. Die Summen variierten zwischen 100.000 und 200.000 D-Mark (!), was in der Praxis bedeutete, dass wir alle möglichen Taschen mit Geldscheinen vollstopften. Anschließend fuhren wir, entweder ich selbst oder mein serbischer Kollege allein, zurück nach Belgrad, ohne das Geld an der Grenze zu deklarieren. Bei Beträgen über zehn Tausend D-Mark war man dazu verpflichtet. Wir taten es trotzdem nicht, weil in Helferkreisen ein Vorkommnis kursierte, wonach ein Mitarbeiter kurz nach seiner Wiedereinreise von einem Wagen gestoppt und mit vorgehaltener Waffe seiner Barmittel entledigt wurde. Offensichtlich hatten die Räuber von Grenzpolizisten die Information erhalten.

Obwohl es mir nie ganz geheuer war, gingen unsere Grenzübertritte stets gut über die Bühne. Meistens sind wir nachher direkt zu Lieferanten gefahren, um offenstehende Rechnungen zu bezahlen, um so die Mittel so schnell wie möglich wieder loszuwerden. Einmal ist es dann doch passiert, dass die Grenzer das Geld bei meinem Mitarbeiter entdeckten und konfiszieren wollten. Er aber reagierte geistesgegenwärtig. Denn, als die Polizisten die Scheine an sich nehmen wollten, jammerte er zunächst, dass wir dann ein Projekt, nämlich die Verteilung von Nahrungsmitteln an serbische Vertriebene aus dem Kosovo am nächsten Tag nicht durchführen könnten. Ob dies dem zuständigen Vizeminister im Außenministerium, den wir sehr gut kannten und der unsere Aktivitäten unterstützte, wohl gefallen würde, bluffte er. Also zückte er sein Mobiltelefon und begann die Nummer zu wählen, woraufhin die Grenzbeamten wohl ein ungutes Gefühl bekamen und ihm das Geld zurückgaben und weiterfahren ließen. Von da an benutzten wir einen anderen Grenzübergang. Die Geschichte behielten wir allerdings für uns.

Im Land selbst war der Umtausch ebenfalls abenteuerlich und glich bisweilen Szenerien aus alten Gangsterfilmen. Da Banken einen vergleichsweisen schlechten Kurs boten, ging ich meistens bei kleineren Beträgen in einen Copyshop, der unweit des Büros lag. Der Verkäufer öffnete dann immer eine sehr kleine Tür, wie man sie bei uns oft in älteren Häusern in den Obergeschossen hat, um entweder etwas zu verstauen oder Zugang unters Dach zu haben. Dort allerdings verschwand besagter Verkäufer immer für mehrere Minuten, bis er wieder mit einem Bündel Geldscheinen erschien. Entweder war der dahinter liegende Raum ziemlich groß oder, so stellte ich es mir immer vor, war dies die Tür zu einem geheimen Tunnelsystem unterhalb der Stadt. Was tatsächlich hinter dem Eingang verborgen war, erfuhr ich leider nie.

Einmal musste ich allerdings eine größere Summe wechseln, da wir Möbel kaufen wollten. Im Copyshop wurde abgewunken, man hätte nicht so viel Bares bei der Hand. Also lotste mich mein lokaler Kollege um ein paar Häuserecken in ein mehrstöckiges Wohngebäude, dessen Eingangsbereich innen von Videokameras überwacht wurde. Wir klopften im zweiten Stockwerk an eine Tür, die umgehend geöffnet wurde. Wortlos bat uns ein Anzugträger mit einer angedeuteten Kopfdrehung hinein. Der Raum im Hintergrund war abgedunkelt und um einen kleinen Tisch, der nur von einer sehr tief hängenden Glühbirne erleuchtet wurde, saßen drei Männer, einer mit Sonnenbrille, und spielten Karten. Ich kam mir vor wie in einem Kriminal-Film. Auf meinen Gruß hin erhoben die Kartenspieler nur kurz die Köpfe, nickten und fuhren mit ihrem Spiel fort. Mein Kollege teilte dann unserem Türöffner mit, dass wir mehrere Hundert D-Mark wechseln wollten, was dieser zur Kenntnis nahm und mit unserem Geld in einen weiteren Raum verschwand. Nach etwa einer halben Minute (!) kam er wieder mit einem Bündel Dinar Scheinen, welches er mir in die Hand drückte und uns zur Tür hin komplimentierte, diese öffnete und sich verabschiedete. Ich allerdings machte im Gehen den Packen auf und sagte, Vertrauen sei gut, Kontrolle besser, und fing an nachzuzählen. Völlig irritiert und verdutzt sah der

Türöffner meinen Kollegen an. Jener rollte ebenfalls die Augen nach oben, um damit zum Ausdruck zu bringen, auch ihm, meinem Mitarbeiter, sei es peinlich. Trotzdem zählte ich zu Ende, bestätigte die Summe, bedankte mich und ging. Vor dem Haus beschwerte sich dann mein Mitarbeiter, man würde bei solchen Typen niemals nachfragen, geschweige denn nachzählen. Das könne unter Umständen lebensgefährlich sein. Diesmal sei es wohl toleriert worden, da ich ein westliches Greenhorn gewesen sei. Ob wir wohl bei der berüchtigten Mafia gewesen seien, entgegnete ich ihm eher im Scherz. Er, wie aus der Pistole geschossen: „Natürlich, was glaubst du denn!"

Glücklicherweise blieb es im weiteren Verlauf meines Einsatzes bei dieser einzigen Begegnung mit der ehrenwerten Gesellschaft.

Kurioser lief der Geldverkehr in der Türkei ab. Wir hatten eigens ein Projektkonto vor Ort bei einer Bank eingerichtet und bekamen unsere Mittel auf Anfrage stets aus dem Landesbüro in Ankara überwiesen. Allerdings hatte die Bank eines Tages den Ablauf geändert. Deshalb rief mich unsere Buchhalterin an, ich war im Auto unterwegs, und sie sagte mir, ich würde in Kürze einen Anruf der Bank erhalten. Diese wollte von mir als Projektverantwortlichen die Bestätigung haben, dass die Überweisung in Ordnung gehen würde. Da der oder die Anruferin allerdings nur Türkisch sprechen würde, solle ich, so die Buchhalterin, lediglich zweimal „Tamam" (auf Deutsch: in Ordnung) sagen. In der Tat klingelte kurz danach mein Handy und ich tat, wie mir gesagt wurde, woraufhin die Überweisung getätigt wurde. Ich hatte kein Wort verstanden.

Einige Wochen später wurde ich wieder angerufen. Diesmal saß ich im Büro zusammen mit meiner türkischen Mitarbeiterin. Erneut wurde mir offenbar auf Türkisch erzählt, dass Gelder auf das Projektkonto überwiesen werden sollten, wofür mein Einverständnis benötigt würde. Allerdings antwortete ich lediglich: „Double evet" (Englisch double für zweimal und

evet bedeutet auf Deutsch ja). Während mir mein Gesprächspartner am Telefon ein „Tamam", also in Ordnung, entgegnete, fiel meine Kollegin fast vom Stuhl vor lauter Lachen!

In den heutigen Zeiten des Datenschutzes ist es kaum vorstellbar, dass Banken sich, vor allem hierzulande, finanzielle
Transaktionen lediglich telefonisch absegnen lassen. Ob es in
der Türkei immer noch so gehandhabt wird, weiß ich leider
nicht, würde mich allerdings nicht wundern, wenn dem so
wäre.

Ungleich komplizierter – oder raffinierter? – war das Procedere, wenn ich in Inguschetien Geld abheben wollte. Obwohl
ich in der Bank bekannt war, musste ich jedes Mal eine aktuelle
von einem Rechtsanwalt bestätigte Vollmacht dafür vorlegen;
eine einmalige und immer wieder zu verwendende wurde
nicht akzeptiert. Selbstverständlich musste jede Beglaubigung
bezahlt werden. Zwar hieß es seitens der Bank, dass das Vor-
schrift sei, glauben konnte ich es allerdings nicht. Meinen Hinweis, dass wir deswegen die Bank wechseln würden, beantwortete der Manager, dass es, da wir eine ausländische Organisation seien, rechtlich nicht möglich wäre. Im Übrigen hatten
mir andere Hilfs-organisationen vom selben Problem berichtet
und wir alle glaubten, dass es lediglich ein Weg war, um uns
Geld aus der Tasche zu ziehen. Nun kann man darüber streiten, wie korrupt ein Land sein mag. Ich persönlich habe jedenfalls keine andere Region, als die der ehemaligen Sowjetunion,
erlebt, wo ‚zusätzliche Gebühren' auf allen Ebenen derart offen
verlangt wurden – eine Transparenz, die mit Transparenz
nichts zu tun hatte.

Am Flughafen in Moskau hatte ich immer ohne vorherige
Buchung problemlos ein Ticket in den Nordkaukasus erhalten.
Oftmals allerdings nur gegen eine kleine zusätzliche Gebühr,
ansonsten wäre der Flug nämlich völlig überraschend ausge-
bucht gewesen. Hätte ich mich dagegen gesträubt, hätte ich ohnehin kein Gehör gefunden und mein Frustrationsgrad wäre

binnen Minuten exponentiell angestiegen. Aber, was konnte ich anderes tun, als die umgerechnet etwa fünf Euro zu bezahlen. Beschweren? Dann hätte ich keinen Platz bekommen. Zum Vorgesetzten gehen? Einmal hatte ich das versucht. Das verlief dann so:

Vom Büro in Nazran aus musste ich ein Flugticket von Moskau nach Deutschland zu einem anderen Termin umbuchen. Das sei kein Problem, ich solle lediglich am Flughafen in Moskau zum Schalter der Fluggesellschaft gehen, wo dies unkompliziert geändert würde, sagte mir das deutsche Reisebüro, bei dem das Ticket gekauft worden war.

Als ich dann am Schalter vor der Dame stand und ihr mein Anliegen schilderte, reagierte sie nur mit dem Hinweis, dafür sei es nun zu spät. Mir bliebe nur der Kauf eines neuen Flugscheins. Zuerst nahm ich an, sie hätte mich nicht richtig verstanden. Also versuchte ich es noch einmal, erntete allerdings nur wieder die gleiche Antwort. Meinen Einwand, mir wäre erklärt worden, es sei lediglich eine Formalität, ignorierte sie mit versteinerter Miene. Offensichtlich wartete sie darauf, dass ich ihr einige Geldscheine für ihren Service rüberschieben würde. Deshalb rief ich direkt vor ihr stehend das Reisebüro an und reichte das Telefon über den Schalter. Allerdings weigerte sich die Frau den Anruf entgegenzunehmen. Daraufhin wollte ich mit ihrem Vorgesetzten sprechen, der wenige Meter neben ihr saß. Der wiederum ließ mich mit dem Hinweis abblitzen, er sei dafür nicht zuständig. Ich solle zurück zu besagter Dame gehen, die für die ‚Bearbeitung' meines Anliegens verantwortlich sei. Währenddessen tickte die Uhr und der geplante Abflug rückte gefährlich näher. Folglich wendete ich mich wieder an sie, biss jedoch auf Granit. Jetzt verlangte ich tatsächlich ein neues Ticket, da mein deutscher Gesprächspartner mir versichert hatte, in dem Fall die Kosten zu ersetzen. Nun meinte sie gelassen, dass es nun auch dafür zu spät sei. Vor Wut schnaubend wünschte ich ihr auf Deutsch die Pest an den Hals, was eine vorbeikommende Reisende mitbekommen und offensichtlich verstanden hatte. Die bot ihre Hilfe an, und nachdem ich ihr den Grund für meine ‚Komplimente' erklärt hatte, erwirkte sie zumindest, dass mir ein neues Ticket ausgestellt wurde. Glücklicherweise hatte ich genug Bargeld dabei, denn meine Kreditkarte wurde nicht akzeptiert. An der Passkontrolle musste ich mich dann mit entschuldigender Miene schleunigst vordrängeln, um den Flug gerade noch zu erwischen.

Das Frustrierende für mich war die Tatsache, dass solche ‚Zuschläge' Bestandteil des ganzen Apparates waren, sodass sie selbst von Vorgesetzten sowie deren Vorgesetzten und so weiter gedeckt wurden. In Russland hatte ich mir sagen lassen, dass dies oftmals damit zusammenhing, dass insbesondere bei staatlichen Stellen wie zum Beispiel der Polizei, aber auch anderswo, Positionen ohnehin nur über Vitamin B vergeben würden. Dabei sei es üblich gewesen, dass der Neueinsteiger dann eine höhere Summe als Eintrittsgebühr an den Gewährsmann zu entrichten hatte. Über kurz oder lang würde der nun neu Aufgenommene daher mittels kleinerer Zusatzgebühren, zum Beispiel bei routinemäßigen Polizeikontrollen oder eben beim Ticketkauf, die anfangs entrichteten Ausgaben wieder versuchen, hereinzuholen. Davon würden selbstverständlich auch wieder die Vorgesetzten mittels eines geringen Obolus stets miteinbezogen werden! Ein durch und durch korruptes System!

In Tadschikistan musste man sich bei Überlandfahrten vorher entsprechend wappnen. Als ich von der Hauptstadt in den Südosten sollte, ging mein Fahrer noch schnell Geld wechseln, kam zurück und legte ein Bündel Scheine auf die Mittelkonsole des Wagens. Zunächst nahm ich das mit völligem Unverständnis zur Kenntnis. Er meinte nur lapidar „für die Polizeikontrollen". Und in der Tat, wann immer wir an einen der häufigen Checkpoints kamen, drückte er dem Beamten ein Scheinchen in die Hand und der Schlagbaum wurde geöffnet. Einmal hatten wir den Kontrollpunkt passiert, um in das dahinterliegende Dorf zu fahren, kehrten aber nach wenigen Minuten zurück und fuhren durch die offenstehende Schranke, woraufhin ein Polizist lautstark protestierte. Mein Kollege, den Kopf aus dem offenen Fenster streckend, schmetterte ihm lauthals entgegen, wir hätten vorhin schon bezahlt und fuhr einfach weiter.

Eine gewiefte Anfrage, dazu noch im amtlichen Deckmantel und somit vermeintlich offiziell, hatten wir einmal in Inguschetien erhalten. Eines Tages stand ein uniformierter Beamter des Innenministeriums vor mir, wedelte mit einem Blatt Papier mit dem Hinweis, dass sich aufgrund mehrerer gesetzlichen Änderungen, die Kosten für das bewaffnete Begleitpersonal („leider") ab sofort nahezu verdoppelten. In einer langen Tabelle waren die damit verbundenen Ausgaben ausführlich aufgelistet, die von der Uniform, Unterwäsche, Socken, Schuhe, über die Waffe einschließlich Munition bis hin zu diversen Versicherungen reichte. Zusätzlich wurden noch allerlei Gesetze aufgeführt, die die Grundlage dafür regelten. Ich entgegnete dem Beamten, wir müssten die Angelegenheit erst einmal analysieren und ich beauftragte eine Kollegin, etwas genauer nachzuforschen.

Das Resultat ihrer Recherche war mehr als überraschend. Merkwürdig war nämlich, dass einerseits unser Sicherheitspersonal nichts von dem, was auf der Liste aufgeführt worden war, je bekommen hatte. Ganz im Gegenteil, außer der Dienstwaffe, hätten sie alles andere selbst bezahlen müssen. Obendrein, so meine Kollegin, existierten einige der erwähnten Gesetze überhaupt nicht, und andere wären ganz anderen Themen gewidmet! Einige Tage später erschien der Beamte erneut. Seine Forderungen konnte ich mit dem lapidaren Hinweis abwenden, wir hätten ein feststehendes Budget, welches keine Änderungen zuließe. Zu meiner Überraschung nahm er das problemlos zur Kenntnis! Ich dachte mir nur, welch ein dreister Versuch!

Später stand einmal in der Zeitung, dass ein höherer Beamter aus besagtem Ministerium auf der Fahrt nach Hause von Wachleuten überfallen und ihm mehrere Zehntausend Rubel Bargeld geraubt worden waren! Ob man die eine Untat nun gutheißt, weil damit eine andere Untat offenbar vergolten wurde, bleibt jedem selbst überlassen. Allenthalben könnte man zugutehalten, dass der Beamte immerhin mit dem Leben davongekommen war.

In allen anderen Einsätzen beschränkten sich meine Begegnungen mit Uniformierten fast ausschließlich auf die Polizei. Am häufigsten in den Ländern des ehemaligen Jugoslawiens, wo wir fast täglich mit dem Auto unterwegs waren. In Serbien gab es bis zum Regimewechsel feste Checkpoints, an denen jedes Fahrzeug anhalten musste. Nachdem sie abgeschafft worden waren, ging die Polizei, wie auch in Montenegro und Kosovo, dazu über, ihren Standort, vor allem für Geschwindigkeitskontrollen ständig zu wechseln. Mit der Zeit merkten wir uns deren Lieblingsstellen. Trotzdem wurden Fahrzeuge von Hilfsorganisationen sehr häufig von der Polizei aus den unterschiedlichsten Motiven angehalten. Oft aus reiner Neugierde, um zu sehen, wer da so im Lande unterwegs war, um das allradgetriebene Fahrzeug zu bewundern oder ein Schwätzchen zu halten. Selbst wenn ich persönlich angesprochen wurde, überließ ich das Gespräch lokalen Kollegen. Eine aufgesetzte Unschuldsmiene war immer noch das beste Mittel. Im Kosovo wurde ich mehrfach, obwohl angeschnallt, mit dem Hinweis angehalten, ich solle doch den Gurt anlegen!

Mit Abstand am häufigsten wurden wir gestoppt, weil wir wieder mal zu schnell waren. In Serbien waren die Strafen für überhöhte Geschwindigkeit in der Anfangszeit noch vergleichsweise niedrig, sodass die üblichen fünf D-Mark, also zwei Euro fünfzig, durchaus zu verschmerzen waren und wir den Polizisten dann jeweils zu verstehen gaben, dass wir sicherlich die schnellste Hilfsorganisation im Lande seien, angesichts unserer häufigen Zahlungen!

Manchmal half der Hinweis, ich würde für eine humanitäre Organisation arbeiten und sei auf dem Weg zu einem enorm wichtigen Meeting, wo es um die Belange des ganzen Landes ginge, um uns vor der Zahlung zu drücken. Später, als in der ganzen Region die Geldbußen massiv um etwa das Zehnfache angehoben worden waren, konnten wir uns damit nicht mehr herausreden und hielten uns daher besser an die vorgeschriebene Geschwindigkeit.

Zuvor war ich einmal auf dem Weg von Kroatien nach Serbien und hatte es in der Tat ziemlich eilig, da mich ein lokaler Kollege angerufen hatte. Ich müsse sofort kommen, denn es gäbe ein ernsthaftes Problem mit einem LKW unserer Organisation in Südserbien, wegen illegalen Grenzübertrittes. Deshalb raste ich mit völlig überhöhter Geschwindigkeit in Richtung Grenze, als plötzlich wenige Kilometer davor ein kroatischer Polizist mit einem manuellen Radargerät wild gestikulierend aus dem Straßengraben sprang und mir signalisierte, ich solle anhalten. Allerdings war ich so schnell unterwegs gewesen, dass ich erst nach etwa zweihundert Metern zum Stehen kam. Im Rückspiegel sah ich den Polizisten, wie er mir kopfschüttelnd hinterherlief. Mit Unschuldsmiene drehte ich das Fenster herunter, worauf er wütend losbrach, was mir einfiele, bei erlaubten achtzig Kilometern pro Stunde fast hundertfünfzig (!) zu fahren. Dafür sei sofort eine Strafe, nach damaliger Rechnung, von etwa hundertvierzig Euro, fällig. Ich begann jedoch mit dem üblichen Sermon. Ich sei auf dem Weg nach Belgrad zu einem wichtigen Meeting, worin es insbesondere um die Unterstützung der kroatischen Grenzregion ginge. Eine völlig absurde Behauptung. Denn, warum sollten kroatische Belange ausgerechnet in Belgrad, also Serbien, dem ehemaligen Feind, das Thema sein. Ich fuhr fort, dass unsere

Organisation in der Region viele Projekte zum Wohle der Einwohner der Gegend bereits realisiert hätte, und die gingen mit Sicherheit in die Millionen! Sichtlich beeindruckt ließ er mich gehen und wünschte mir noch eine gute und sichere Weiterfahrt!

Wer in Montenegro Anfang der 2000er Jahre die Strecke von der Hauptstadt Podgorica in Richtung Norden kannte, der wusste, dass es auf jener unbestreitbar sehr malerischen Fahrt durch die Moravaschlucht und danach fast bis Kolašin mit den zahlreichen Tunneln, nicht viele Möglichkeiten auf der einspurigen Fahrbahn gab, um überholen zu können. Vor allem, wenn einige LKWs vor einem teilweise nur etwas schneller als Schrittgeschwindigkeit fuhren, musste man sich stark in Geduld üben. Eilig hatte man es ja immer.

Mein Kollege und ich fuhren wie so oft wieder einmal in Richtung Norden, ich saß am Steuer. Noch bevor die Strecke bergauf und kurvenreich wurde, gab es nach einem der ersten Tunnel eine relativ gerade Strecke, die gut zum Überholen geeignet war. Vor mir befanden sich drei Laster, die ich passierte. Allerdings hatten mir diese die Sicht auf den Seitenstreifen verdeckt, wo eine Geschwindigkeitskontrolle durchgeführt wurde. Wenig später wurde ich rausgewunken und stoppte am Straßenrand. Mein Kollege sagte sofort, ich solle einfach still sein. Ein Polizist kam zur Fahrerseite und bat mich, das Fenster herunterzudrehen. Sofort behauptete er, ich sei bei erlaubten sechzig mehr als neunzig Kilometer pro Stunde gefahren, mir streng in die Augen schauend. Ich blieb stumm und mein Kollege antwortete wie fast immer: Er, gemeint war ich, sei Deutscher, immer im Stress, habe es stets eilig, denke wahrscheinlich, er sei auf einer deutschen Autobahn, kenne die Straßen hier einfach nicht so gut, wir hätten einen langen Arbeitstag hinter uns, wollten einfach nur nach Hause und deshalb seien wir halt ein bisschen schneller unterwegs. Er wisse doch, nun wurde es etwas persönlicher, dass wir nach diesem Abschnitt, den LKWs hinterher kriechen müssten. Er, der Polizist, solle doch nochmal ein Auge zudrücken. Darauf erwiderte der Angesprochene, der die ganze Zeit den Blick auf die Mittelkonsole zwischen den beiden Vordersitzen gerichtet hatte, wo mein Mobiltelefon lag, ob er mein Handy haben könnte. Völlig verdutzt sahen mein Kollege und ich uns an. Warum wohl? Er wolle das Etui sehen. Die „No-Name" Hülle hatte ich kurz zuvor in Stuttgart am Bahnhof für fünf Euro gekauft. Ich gab ihm das Handy und er fragte, ob er das Etui haben könne im Tausch gegen seines – das passende Original! Ich willigte ein, also tauschten wir und er ließ uns unverrichteter Dinge ziehen!

Nicht ganz so einfach entließ uns die Polizei ein anderes Mal an der Küste. Einen Tag vorher hatte ich zufällig bemerkt, dass die Zulassung eines Fahrzeugs abgelaufen war, für deren Verlängerung wir anderntags nach Kotor an die Küste mussten. Diesmal lenkte mein Kollege etwas zu schnell. „Die Fahrzeugpapiere, bitte", sagte der Polizist gelangweilt. Mein Kollege stieg aus, ging um den Wagen herum und diskutierte mit ihm direkt neben mir. Ich solle das Fenster öffnen, bat mich der Uniformierte mit zwei Zetteln in jeder Hand. Die rechte hob er hoch und meinte, die Zulassung des Autos sei abgelaufen, dann hob er die linke und sagte, der Kollege sei bei erlaubten sechzig über achtzig gefahren und der Polizist fragte, welche der beiden Strafen er zerreißen solle. Unsicher blickte ich meinen Kollegen an und stellte die Gegenfrage, welche Strafe denn teurer sei, betonte aber nochmals, dass wir eben auf dem Weg zur Erledigung der Zulassung wären. Die Geschwindigkeitsübertretung warf er daraufhin weg, wies uns darauf hin, dass wir Post vom Gericht in Berane erhalten würden, und wünschte uns gute Fahrt. Zurück im Auto meinte mein Mitarbeiter lässig, das sei kein Problem, er kenne den Richter persönlich! Am Ende musste er fünfzig Euro Strafe zahlen, die niedriger waren als sie eigentlich hätten sein müssen. Wie er das geschafft hatte, wollte ich gar nicht wissen.

Infolge unserer flotten Fahrweise in Serbien und Montenegro konnte ich mich glücklich schätzen, nie in einen Unfall verwickelt gewesen zu sein. In der generell als wild zu bezeichnenden Fahrweise aller, kam uns wohl das Recht des Stärkeren in unserem großen Geländewagen zugute, denn in brenzligen Fällen war es stets der PKW, der auswich oder sonstige Manöver vollführte. Später in Sri Lanka war es sogar so, dass auf den schmalen Landstraßen entgegenkommende LKWs stets den rechten Blinker – dort ist Linksverkehr – setzten, um zu signalisieren, dass sie nicht auswichen. Für kleinere Fahrzeuge bedeutete das automatisch, abzubremsen oder auch anzuhalten.

Im Kosovo passierte es dann doch, dass ich unverschuldet einen Unfall hatte. Eines Tages, gegen Mitternacht, fuhr ich mit meiner Kollegin nach einem herrlichen Bowlingabend von Pristina zurück nach Ferizaj, unserem Standort. Auf beiden Fahrspuren ging es wegen eines Militärkonvois nur sehr langsam vorwärts, als plötzlich ein Auto aus der Gegenfahrbahn ausscherte und mit mir an der hinteren Fahrerseite kollidierte. Ohne anzuhalten, setzte der Fahrer des PKWs seine Fahrt fort! Ich hielt kurz an, überprüfte den Schaden, drehte um und fuhr zurück zu einem Polizeiwagen (Radarkontrolle), den ich kurz zuvor passiert hatte. Als dieser nun mit Blaulicht in Richtung Pristina davonraste, folgte ich und erkannte bald, dass den Beamten das lädierte Fahrzeug meines Unfallverursachers aufgefallen war. Wenige Kilometer später stellten sie ihn und ich gesellte mich als Leidtragender zur Szenerie dazu.

Offensichtlich war der Fahrer, ein etwa 60-jähriger Kosovar, betrunken, und zwar völlig. Denn er lallte einfach nur vor sich hin. Leider hatten die Beamten aber keinen Alkoholtester dabei, weshalb sie Verstärkung anforderten und sich im Nu drei weitere Polizeifahrzeuge mit insgesamt ungefähr zwanzig Beamten (!) einfanden. Mir schwante Schlimmes, weil ich deren Unterhaltungen nicht verstand. Ob ich wohl über den Tisch gezogen werden würde, da ich Ausländer und der andere Fahrer einer ihrer Landsleute war? Jedenfalls hatte ich das Gefühl, dass da irgendetwas ausbaldowert wurde. Während der Mann weiterhin vor sich hin brabbelte, „er habe sich nichts zu Schulden kommen lassen", schien ihn selbst mein Hinweis, dass noch ein Teil meiner Stoßstange in seinem Kotflügel stecke, nicht von seiner Unschuld abzubringen. Weder interessierten sich die Beamten für mich noch mein Fahrzeug.

Erst nach etwa zwei Stunden kamen sie auf mich zu, verlangten meinen Ausweis und die Fahrzeugpapiere. Ich versuchte ihnen, klarzumachen, dass es sich bei meinem Wagen um ein nagelneues Fahrzeug handelte. Nur einige Wochen vorher hatte ich den Suzuki persönlich von Luxemburg in den Kosovo gefahren, was die Polizisten wiederum selbst beim zweiten Versuch nicht zu begreifen schienen. Als ich ihnen dann das Baujahr im Fahrzeugschein zeigte, sagte der gleiche Polizist zu seinen Kollegen völlig erstaunt, das Auto sei ja gerade einmal vier Wochen alt, kaum zu glauben! Ähm? Genau das hatte ich die ganze Zeit versucht, zu verklickern. Nachdem ich sodann einige Formulare ausgefüllt hatte, durfte ich nach Hause fahren – mittlerweile war es fast drei Uhr morgens.

Die Sachlage sei für die Polizei eindeutig, ich solle am kommenden Vormittag den Unfallbericht abholen und der Versicherung des Betrunkenen vorlegen. Die Adresse hätten sie mir notiert. Als wäre die ganze Angelegenheit nicht schon aufreibend genug für mich gewesen, geriet ich keine zehn Minuten später mit völlig überhöhter Geschwindigkeit tatsächlich in eine Radarkontrolle. Sofort blickten die Polizisten dort neugierig auf meinen beschädigten Wagen. Ich versicherte ihnen, dass ich gerade eben mehrere Stunden mit ihren Kollegen verbracht hätte. Daraufhin ließen sie mich mit erhobenem Zeigefinger weiterfahren.

Zwar wurde bei dem Unfall glücklicherweise niemand verletzt, aber der Ärger kam dann hinterher, als es um die versicherungstechnische Abwicklung ging. Schadensregulierung auf eine ganz eigene Art.

Dafür bot mir die Versicherung zwei Varianten an: Ich könne mein beschädigtes Fahrzeug in eine von ihr beauftragte Werkstatt geben, wo der Schaden behoben und voll und ganz übernommen werden würde. Das kam selbstverständlich nicht infrage. Wer schon einmal längere Zeit im Kosovo verbracht hat, wird wissen, dass neben richtig guten Handwerkern auch vertrauenswürdige Werkstätten eher die Ausnahme als die Regel waren. Wer weiß, an wen sie mich verwiesen hätten und in welchem Zustand ich das Auto zurückbekommen hätte, zumal es sich um einen Neuwagen handelte. Deshalb forderte ich die völlige Wiederherstellung des Originalzustandes durch eine entsprechende Vertragswerkstatt.

Ich könne aber auch Variante zwei in Anspruch nehmen, so der Versicherungsvertreter; nämlich das Fahrzeug in eine Werkstatt meiner Wahl bringen, die Rechnung der Versicherung präsentieren und diese würde dann über die Höhe der Erstattung selbst entscheiden. Dies lehnte ich ebenso ab. Denn ich beharrte darauf, dass das Fahrzeug nicht nur in eine Vertragswerkstatt gebracht, sondern auch die Gesamtrechnung zu begleichen wäre. Nun, man hat ja auch schon bei uns davon gehört, dass Versicherungen sich gerade dann mit fast allen Mitteln sträuben würden, wenn man sie in Anspruch nehmen muss!

Das Auto war in der nächstliegenden Vertragswerkstatt in Nordmazedonien repariert worden. Jedoch muss ich gestehen, dass ich selbst dort Bauchschmerzen hatte, weil gute fünf Tage zur Reparatur anvisiert worden waren. Und da es sich um ein so gut wie nagelneues Fahrzeug handelte, war durchaus zu befürchten, dass das eine oder andere Teil im Motor durch ein gebrauchtes ersetzt werden könnte. Zeit genug wäre gewesen. Um derartigem Treiben vorzubeugen, kam es nicht selten vor, dass Autobesitzer dort für eine anstehende Reparatur oder Inspektion ihres Wagens in der Werkstatt, Urlaub nahmen, um dem Mechaniker im wahrsten Sinne des Wortes über die Schulter zu schauen.

Glücklicherweise erwiesen sich meine Befürchtungen als unbegründet, als das Fahrzeug wieder bei uns auf dem Hof stand. Der Kollege, der es abgeholt hatte, brachte sogar die kaputten Teile mit, was ich zumindest zunächst als völlig unsinnig erachtete. Was sollten wir damit anfangen? Ich selbst hätte sie bestimmt in der Werkstatt gelassen.

Als wir dem Versicherungsvertreter anderntags die Rechnung präsentierten, fragte er plötzlich, aus mir unerfindlichen Gründen, nach den ersetzten Teilen, die er für eine ordnungsgemäße Abwicklung des Falles benötige. Diese hätten wir zu Hause gelassen, wies ich hin. Einen Tag später kehrten wir zurück. Unter den Armen neben der etwa zwei Meter langen Plastikstoßstange und dem beschädigten Kotflügel, marschierten wir geradewegs ins Büro besagten Versicherungsvertreters und legten ihm, der etwas verdutzt dreinschaute, diese sowie alle anderen Kleinteile direkt mitten auf seinen Schreibtisch. Wir betonten, hier wären also die von ihm nachgefragten Beweismittel! Trotzdem weigerte sich die Versicherung zunächst, die gesamte Rechnung zu erstatten, was sie aber dann unter Androhung einer Klage schließlich doch nach gut drei Monaten nachholte.

Ob die Weigerung zunächst damit zusammenhing, dass es sich bei mir, respektive der Organisation, um Ausländer handelte, die man mittels einiger Schikanen zur Akzeptanz der eigenen Bedingungen nötigen konnte, vermochte ich nicht zu behaupten. Denn jenen Verdacht hatte ich zunächst gehegt. Allerdings sprach die Tatsache dagegen, dass mein lokaler Kollege die beschädigten Autoteile mitgebracht hatte. Mir gegenüber meinte er schlicht, dass „es ja wohl normal sei"! Vielleicht dort, aber keineswegs bei uns.

Dass ich die Vermutung hatte, als Nicht-Einheimischer ‚alternativen Varianten' des Kundenservices zu unterliegen, war nicht ganz von der Hand zu weisen. Denn meine bis dahin reichlich gesammelte Balkanerfahrung hatte gezeigt, dass bei Ausländern oftmals andere Maßstäbe angesetzt wurden; ich könnte auch sagen, wir wurden mitunter als Melkkühe angesehen; eine Praxis, die zum Teil ganz offen praktiziert wurde.

Bei der anfänglichen Bürorenovierung in Belgrad verlangte der Techniker, bevor er den Telefonanschluss installierte, ganz unverschämt hundert D-Mark, also fünfzig Euro, extra in bar für seine persönlichen Dienste, die nicht in der Rechnung enthalten sein sollten. Als wir die Angebote von Großhändlern unserer ersten Ausschreibung für Nahrungsmittelpakete in Serbien auswerteten, waren nicht nur die Ergebnisse eklatant unterschiedlich – das teuerste übertraf das billigste um fast das Vierfache bei nahezu identischen Produkten, sondern selbst das niedrigste war immer noch höher, als wenn wir die Artikel im Supermarkt eingekauft hätten. Ebenso unterlagen die Mietpreise für Ausländer anderen Kategorien, wie auch die Hotelübernachtungen, wo ich manchmal den zehnfachen Preis im Vergleich zum üblichen Tarif zahlen musste.

Spätabends an der Küste in Montenegro klapperten wir, meine Gleitschirmfreunde und ich, einmal eine Pension nach der anderen ab. Sie rieten mir, bloß nicht mit ihnen an die Türen zu gehen, sondern im Auto (deutsches Kennzeichen) weiter weg zu warten. Für das Bett zahlte ich dann genauso viel wie sie – fünf D-Mark!

Andererseits ist es mir auch passiert, dass ich in Fallen tappte, von denen Touristen bereits in den 1980er Jahren berichtet hatten. Mehrere Male war ich in Serbien und Montenegro auf den Trick der manipulierten Zapfsäule an Tankstellen hereingefallen. Diese war nicht auf null zurückgesetzt worden, wodurch auf die eigene Tankfüllung nochmal die des vorherigen Autos obendrauf kam. In einem Fall sollte ich mehr als siebzig Liter Sprit bezahlen, obwohl der Tank des Fahrzeugs maximal sechzig fasste! Ich weigerte mich mit dem Hinweis, dass dies Straßenraub sei und würde unverzüglich die Polizei rufen. Danach musste ich lediglich die tatsächliche Menge Diesel begleichen. Im Kern bedeutete das, vor allem wenn ich allein unterwegs war, stets die Augen und Ohren offenzuhalten, Rechnungen immer sofort zu überprüfen und bei Verzögerungen jeglicher Art besonders auf der Hut zu sein. Denn Letztere waren allzu oft das erste Indiz, dass irgendetwas im Busch war.

Das erlebte ich in Belgrad, als die bloße Abholung eines Paketes bei der Belgrader Post einer schier unüberwindbaren Hürde glich. Wenige Tage vor Weihnachten 2000 fand ich im Büro eine Benachrichtigung vor, dass ein Paket für unsere Organisation angekommen sei, das bei einer bestimmten Dienststelle abholbereit wäre. Da sie ohnehin auf unserem Weg lag, fuhren wir am nächsten Morgen hin, wobei ich angenommen hatte, ich ginge schnell rein, präsentiere die Nachricht, zeige meinen Pass, mir wird das Paket ausgehändigt und, schwuppdiwupp, könnten wir weiterfahren. Weit gefehlt!

Keiner der zehn Schalter war besetzt, da sich alle Mitarbeiter in der Kaffeepause befänden. Wir sollten am nächsten Tag wiederkommen, wenn wir nicht warten könnten. Also gingen wir zu Fuß am darauffolgenden Tag wieder hin. Ein Beamter wies uns sofort ins Büro seines Vorgesetzten. Schnell merkten wir, dass dessen zunächst vorsichtige Erklärung im Bereich zusätzlicher Bearbeitungsgebühren zu suchen war.

Unsere Zentrale hatte ein Paket an uns geschickt, worin sich Aufkleber für Hilfspakete befanden. Der Einfachheit halber, es war eines unserer ersten Hilfsprojekte in Serbien überhaupt gewesen, hatten wir uns auch aus Zeitgründen besagte Labels aus Deutschland zuschicken lassen. Bei der Abholung hoffte ich dem misstrauischen Beamten mit dem Hinweis, dass es sich lediglich um Aufkleber für Nahrungsmittelpakete handeln würde, den Wind aus den Segeln zu nehmen. Stattdessen schien ich seine paragraphenreiterische Fantasie geradezu angestachelt zu haben. Er schickte uns vor die Tür und würde uns wieder hineinbitten. In der Zwischenzeit müsse er telefonieren. Danach eröffnete er uns, um es aushändigen zu können, müsse ich folgende Dokumente vorlegen, und zwar im Original: die Registrierungsurkunde unserer Organisation vom Innenministerium, schließlich seien wir eine Nicht-Regierungs-Organisation; das Registrierungsdokument vom Außenministerium, schließlich seien wir eine ausländische Organisation. Dumm nur, dass es weder beim einen noch beim anderen Ministerium überhaupt ein offizielles Meldeverfahren gab, was der Postbeamte allerdings vehement bestritt; weiterhin benötige ich die Bestätigung des Landwirtschaftsministeriums, denn es handele sich bei den Hilfsgütern um Nahrungsmittel; die Bestätigung des Sozialministeriums, in dessen Zuständigkeit alle Aktivitäten rundum intern Vertriebener lag; sowie schließlich eine Zollbescheinigung, da das Paket aus dem Ausland käme. Meinen Einwand, es handele sich doch lediglich um Aufkleber, ignorierte der Beamte mit strenger Miene weiterhin. Daraufhin fragte ich ihn, nach mittlerweile fast zwei Stunden und etlichen Zigarettenpausen, ob er auch die Bestätigung des Ministeriums für Abfälle benötige, schließlich würde die Verpackung nach erfolgter Verteilung sehr wahrscheinlich weggeworfen werden! „Nein", antwortete er kühl, ohne meinen Sarkasmus auch nur im Ansatz verstanden zu haben. Erneut schickte er uns vor die Tür, er müsse telefonieren. Damit wollte er uns offensichtlich signalisieren, er kümmere sich. Tatsächlich waren wir mittlerweile davon überzeugt, er wolle uns weichkochen, damit wir am Ende Bakschisch entrichteten.

Nach etwa zwanzig Minuten bat er uns einzutreten. Offensichtlich den gönnerhaften Moment genießend saß er in überlegener Manier da, und teilte uns mit, dass die Wahrscheinlichkeit, das Paket zu erhalten, sehr groß sei. Seiner unausgesprochenen Erwartung der ‚außerordentlichen Bearbeitungsgebühr' entgegnete ich stattdessen, auf das Paket verzichten zu wollen. Er könne damit anstellen, was er wolle! Touché! Denn jetzt saß er völlig verdutzt da. Davon völlig überrumpelt schien ihm offensichtlich sein bürokratischer Instinkt zum Rückzug zu raten, womöglich müsse er ansonsten in den Fängen des eigenen Verwaltungsapparates auch noch den Verbleib des Paketes auf dem Postamt rechtfertigen!

Plötzlich lächelnd, aber mit knirschenden Zähnen war er mit einem Mal bereit, das Paket herauszugeben. Jedoch müsse er für seine Akten einen Aufkleber als Bestätigung des Inhaltes behalten. Ich drückte ihm drei in die Hand mit der Betonung, der Rest sei ein Geschenk! Als wir dann zum Schalter zurückgingen, sollte ich noch umgerechnet etwa fünfundsechzig Cent bezahlen, gab dem Beamten etwa einen Euro und bestand, mittlerweile völlig außer mir, auf eine Quittung sowie das Wechselgeld und marschierte genervt aus dem Gebäude – nach mehr als drei Stunden. Da das Paket gut fünfzehn Kilogramm wog, wollten wir per Taxi zurück ins Büro fahren. Dem ersten Taxifahrer war die Strecke allerdings zu kurz, sodass er sich weigerte, uns mitzunehmen. Erst beim dritten waren wir erfolgreich., in das ich genervt einstieg.

Später in Montenegro, als wir ein Fahrzeug ummelden wollten, ging es weniger um Bakschisch, sondern um Ahnungslosigkeit über das Procedere, Unklarheit über Zuständigkeiten, vielleicht aber auch schiere Unlust, sich damit beschäftigen zu müssen.

Bei einem Treffen mit der Leiterin des ECHO-Büros in Podgorica hatte sie mir nebenbei mitgeteilt, man würde in Kürze die Mission beenden. Deshalb sollte die gesamte Einrichtung an Nicht-Regierungsorganisationen übergeben werden. Sofort bemerkte ich, wir wären besonders an dem Laserdrucker interessiert und fragte eher beiläufig, was eigentlich mit den Fahrzeugen geschehen würde. Denn ich dachte, dass diese sicherlich an ein anderes ECHO-Büro in der Region abgegeben werden würden. Es bestehe durchaus die Möglichkeit, einen Land Rover Discovery zu bekommen, so die Büroleiterin, jedoch wären einige Reparaturen fällig und wir müssten zusichern, dass wir das Auto nicht verkaufen würden. All dies sollten wir schriftlich beantragen. Daraufhin zeigte uns der Logistiker das infrage kommende Fahrzeug, das äußerlich einen tadellosen Eindruck machte. Er riet uns allerdings vehement davon ab. Der Motor wäre nicht mehr der beste, die Klimaanlage funktioniere nicht, so wie allerlei andere Dinge, insbesondere die Kupplung. Grob überschlugen wir die Kosten, die wir auf etwa 3.000 bis 4.000 Euro schätzten. Das wäre uns das Fahrzeug wert und nicht lange danach bekamen wir es tatsächlich. Im Nachhinein stellten wir fest, dass viele Kabel, einschließlich jenes der Klimaanlage, durchgeschnitten worden waren. Nun verstanden wir auch, warum uns der Logistiker so heftig abgeraten hatte. Offenbar hatte er darauf spekuliert, er selbst würde das Auto bekommen und hatte es entsprechend manipuliert. Davon war jedenfalls der Mechaniker unseres Vertrauens überzeugt.

Jetzt begann das Abenteuer der Registrierung, denn das Fahrzeug hatte vorher ein Diplomatenkennzeichen, war abgemeldet worden, und stand seitdem in Podgorica. Wir wollten es aber an unserem Standort Berane anmelden. Dafür mussten wir es wiederum erst einmal von der montenegrinischen Hauptstadt dorthin bringen; aber wie, ohne Nummernschilder? Das zuständige Amt teilte uns mit, man sei nicht dafür verantwortlich, wir sollten uns an jenes in Berane wenden. Dort hieß es, man müsse das Auto erst einmal sehen! Überführungsschilder wie bei uns gab es nicht. Also fuhren wir die zwei Stunden schließlich ohne Kennzeichen, in der Hoffnung, nicht von der Polizei angehalten zu werden. Tatsächlich schafften wir diese Hürde.

Die nächste schien zunächst jedoch unüberwindbar. Denn, wir mussten nachweisen, dass das Fahrzeug ins Land eingeführt worden war. Zwar hatten wir ein entsprechendes Schreiben von ECHO, allerdings wurde es von den Behörden nicht anerkannt. Die gaben uns zu verstehen, sie benötigten ein ganz bestimmtes Formular, wüssten jedoch nicht welches! – das hörten wir mehrmals. Schließlich schlug uns die Polizei (!) vor, an die etwa sechzig Kilometer entfernte Grenze zum Kosovo zu fahren, dort „auszureisen" und sofort wieder „einzureisen". Dann hätten wir den notwendigen Stempel. Wie wir das denn ohne Kennzeichen und vor allem ohne Fahrzeugschein bewerkstelligen sollten? Welches Dokument sollte denn gestempelt werden? Wir hatten ja keins! Das wisse man auch nicht! Wir sollten es doch einfach probieren!

Daraufhin geriet mein Kollege in Rage und schnauzte den Polizisten an, dass es in Montenegro offenbar einfacher sei, ein im Ausland gestohlenes Fahrzeug anzumelden, als ein legal eingeführtes. Damals kursierte der Spruch: Kommen Sie nach Montenegro in den Urlaub, ihr Auto ist schon da! Jener wies auf die vielen in Westeuropa gestohlenen oder per Versicherungsbetrug ins Land gekommenen Fahrzeuge hin. Merkwürdigerweise hatten sie alle neue, von den Behörden ausgestellte Dokumente bekommen! Es war nicht davon auszugehen, dass dieser Service umsonst gewesen war.

Unmittelbar nach dem Aufbrausen meines Kollegen kam urplötzlich Bewegung in das Spiel, als der Polizist uns zusicherte, das Verfahren zu beschleunigen. Kurz danach erhielten wir tatsächlich die lang ersehnten Dokumente, immerhin hatte es fast drei Monate gedauert. Endlich konnten wir den Geländewagen in der bergigen Gegend einsetzen. Das Auto fuhr dann noch weitere fünfzehn Jahre und hatte am Ende über 700.000 Km (!) auf dem Tacho, bevor es verschrottet wurde. So schlecht, wie vom Logistiker anfangs beschrieben, erwies sich der Wagen dann doch nicht; für die schlagartige Lösung des

Problems blieb uns die Polizei allerdings eine Erklärung schuldig.

Abgesehen davon waren unsere Erfahrungen mit Behörden und sonstigen Institutionen in Montenegro vergleichsweise positiv – vor allem in unserer Projektregion. Ausschlaggebend dafür dürften mehrere Schulrenovierungen gewesen sein, die dazu führten, dass wir in den jeweiligen Direktoren bedingungslose Unterstützer fanden. Sie waren es auch, die wir sehr oft um Rat fragten, selbst wenn es sich um Aspekte handelte, die nicht ihr Ressort waren. Normalerweise holte ich mir in anderen Kontexten Tipps und Empfehlungen bei internationalen NGOs. Dort gab es jedoch keine weiteren.

Für Fragen oder sonstige Anliegen im Zusammenhang mit Behörden oder deren Prozesse waren nicht nur das Koordinationsmeeting aller Hilfsorganisationen in Inguschetien, sondern auch jenes in der Türkei sehr gute Informationsquellen.

In Serbien hatte es zunächst keinen regelmäßigen Koordinationsmechanismus gegeben, sodass ich mich Schritt für Schritt bei anderen Hilfswerken vorstellte. Da diese Gespräche oft nur um geplante Projekte oder laufende Vorhaben kreisten, wurden anderweitige Regelungen, wenn überhaupt, eher zufällig thematisiert.

Ein solches waren die geltenden Mautzahlungen auf der Autobahn, über die ich mich in einer Unterhaltung mit einem anderen deutschen Vertreter, der bereits länger vor Ort war, ereiferte.

Denn Fahrzeuge mit ausländischem Kennzeichen zahlten nicht nur ein Vielfaches im Vergleich zu einheimischen, sondern mussten dafür ausschließlich D-Mark hinblättern.

Tatsächlich ist es mir einmal passiert, dass ich keine D-Mark, sondern nur Dinar bei mir hatte. Deshalb wurde ich an der Zahlstelle zur Umkehr gezwungen, um Geld zu wechseln. „Nur, entgegnete ich, dass ich spätestens beim Verlassen der Autobahn wieder vor dem gleichen Problem stehen würde."

Denn eine Wechselstube hätte ich vorher nirgends gesehen. Nun wäre man nicht auf dem Balkan, wenn es nicht auch dafür eine Lösung gegeben hätte. Denn der Mann in der Kabine schaute mich beinahe mitleidsvoll an, zwinkerte mir zu, geradeso als würde mir jetzt seine unendlich große Barmherzigkeit zuteilwerden, beugte sich ein wenig zu mir, schnell noch ein prüfender Blick nach rechts und links, und bot mir seine Hilfe an, indem er mir plötzlich verschmitzt mit vorgehaltener Hand zu hauchte, er könne mir aushelfen. Er hätte rein zufällig genügend D-Mark bei sich, die er mir ganz privat wechseln könne zum Kurs soundso. Der sei extrem schlecht, antwortete ich ihm, darauf hoffend, ihn ein bisschen herunterhandeln zu können. Lamentieren half nichts, die Fahrer in den hinter mir stehenden Fahrzeugen wurden langsam ungeduldig. Mein Gegenüber ließ sich nicht erweichen und so wechselte ich eben verärgert.

In unserem Gespräch erwähnte der Deutsche, er hätte schon längst den Sonderstatus für humanitäre Organisationen vom Verkehrsministerium und zahle daher den gleichen Tarif wie einheimische Fahrzeuge, und zwar in Dinar. Dafür müsse ich einen Antrag ans Ministerium stellen, was in meinen Ohren nach einem anstrengenden Unterfangen klang, ähnlich wie seinerzeit bei der unsäglichen Paketabholung. Genaueres wisse er nicht, weshalb ich meinen lokalen Kollegen anderntags hinschickte, um Informationen über das Vorgehen zu erfragen. Nach nicht einmal zwei Stunden kehrte er zurück. Sofort fragte ich nach, er aber wog ab, wir würden nichts benötigen. Schon glaubte ich, wir würden keine Genehmigung bekommen können. Er meinte lediglich: „Doch!", und zeigte mir zu meiner völligen Verwunderung stolz das Dokument, dass uns künftig einigen Ärger und vor allem Kosten ersparen sollte. Und all das ohne langwierige Antragsprozedur, selbst mein persönliches Erscheinen als Leiter der Organisation, noch nicht einmal meine Unterschrift war notwendig gewesen – ein bürokratischer Akt, der völlig unbürokratisch gehandhabt worden war, und bei uns wohl unvorstellbar wäre. Darüber hinaus bestätigte das Vorgehen die dort von vielen Einheimischen geäußerte Behauptung: „Bei uns ist alles möglich!", und zwar im Positiven, wie im Negativen. Das „uns" wurde dabei ausdrücklich auf den ganzen Balkan bezogen. Daneben gab es eine zweite balkanische ‚goldene Regel', die ich ebenfalls vielfach zu hören bekam, und zwar die beiden Worte: „Nema problema", auf Deutsch: kein Problem, bei denen ich schon wusste, dass es hinterher sicherlich Probleme geben würde.

Das erlebte ich in Montenegro, als ich selbst jenes geflügelte Wort allzu fahrlässig benutzte. Zum wiederholten Male hatte sich bei uns Besuch zweier luxemburgischer Regierungsvertreter angesagt. Nach der langen Autofahrt riet ich ihnen, das Fahrzeug direkt vor unserem Büro abzustellen, wo es über Nacht sicher sein würde. Bis dato sei nie irgendetwas vorgekommen, es sei deshalb kein Problem!

Am nächsten Morgen ging ich wie immer zum Büro und sah schon von weitem mehrere Polizisten auf dem Parkplatz mit Notizblöcken in der Hand. Etwa zehn Fahrzeuge waren in der Nacht aufgebrochen worden und während aus unserem, das im Übrigen montenegrinisches Kennzeichen hatte, als einzigem das Radio fehlte, war der luxemburgische Geländewagen der Einzige, der offenbar unberührt geblieben war. Die am Vortag ausgesprochene ‚goldene Regel' – nema problema - entsprach für die Besucher somit der seltenen Ausnahme von derselben, während sie bei mir voll und ganz zutraf: quod erat demonstrandum.

Später auf der Polizeistation erzählte mir der Beamte, dass auch aus seinem Wagen im Vorjahr das Autoradio „entfernt" worden sei. Allerdings hätte einige Tage später eine Plastiktüte an seiner Haustür gehangen, in der sich das Autoradio befand. Offenbar hatte der Dieb bemerkt, um wen es sich bei dem

Bestohlenen gehandelt hätte. Leider fand ich später keine Plastiktüte an unserer Bürotür vor.

Überraschungen erlebte ich dagegen bei einigen Abschieden. Am Ende eines jeden Einsatzes gehörte es für mich zum guten Ton, dass ich mich besonders bei den lokalen Institutionen und Behörden, mit denen ich oft zu tun hatte, förmlich verabschiedete. Selbst wenn die Zusammenarbeit nicht immer kooperativ gewesen war, dachte ich, egal, wo ich im Einsatz gewesen war, ich sollte mich für das entgegengebrachte Vertrauen bedanken. Der erwähnte montenegrinische Polizeibeamte, dem das Radio gestohlen worden war, sagte gar, ich sei der Erste aus der Riege der ausländischen Helfer gewesen, der sich bei ihm persönlich verabschiedet hätte, und das noch mit einer Flasche Whiskey, woraufhin er sich sofort entschuldigte, dass er kein Geschenk hätte. Dafür lud er mich zu sich nach Hause ein, wann immer ich wieder in der Stadt wäre.

Anderswo wurden mir meistens bei derlei Gelegenheiten hochoffiziell eine Urkunde oder ein Präsent überreicht. Über dessen Geschmack ließ sich durchaus streiten, aber letztlich war es die Geste, die zählte.

In Inguschetien blieb es auch nur bei jener. Einige Tage vor meiner endgültigen Abreise hatte mir der Bürgermeister einer Stadt ein besonderes, dort sehr beliebtes Souvenir überreicht: einen reichlich verzierten Krummdolch nebst Scheide sowie einem beigefügten Zertifikat. Darin wurde nochmals darauf hingewiesen, dass es sich bei dem Dolch um ein Geschenk handelte, ich dieses also rechtmäßig bei mir führen dürfte, was der Bürgermeister am Ende mit Stempel versehen, und höchstselbst mit eigenhändiger Unterschrift bestätigt hatte. Der Zoll, an den sich das Schreiben in allererster Linie richtete, hörte wohl die Kunde, allerdings fehlte offenbar der Glaube. Jedenfalls wurde mir am Flughafen in Nazran das Präsent mit dem Hinweis abgenommen, im Flugzeug dürften keinerlei Waffen transportiert werden. Im Handgepäck hätte ich das ja noch nachvollziehen können. Aber im normalen Gepäck und dazu noch mit offizieller Erklärung? Mit etwas erstaunter Miene gab ich deshalb das Souvenir zurück, konnte mir aber trotzdem die Frage an den Zollbeamten nicht verkneifen, wie man denn Touristen gewinnen wolle, wenn diese noch nicht einmal Andenken aus seinem Land mit nach Hause nehmen dürften? Nun, seinem Gesichtsausdruck zufolge hatte er das Wort Tourist wohl zum ersten Mal überhaupt gehört.

Im Gegensatz dazu war ich bei einem ganz besonderen Geschenk am Ende in Serbien vor dem Problem gestanden, wie ich es überhaupt mit nachhause nehmen konnte. Im Rahmen einer Schulrenovierung, die von uns mitfinanziert worden war, hatte ich einmal auf der Baustelle ein recht altes, großes Portraitfoto von Josip Broz Tito, dem viel verehrten ehemaligen Staatschef von Jugoslawien, entdeckt. Die Arbeiter hatten es beiseitegestellt und wollten es wohl wegwerfen, wobei mich insbesondere der hölzerne Bilderrahmen interessierte. Ich beließ es allerdings bei bloßem Interesse.

Nachdem das Projekt abgeschlossen worden war, organisierte der Schuldirektor eine Feier anlässlich der Runderneuerung des Gebäudes, wozu ich wie üblich als Ehrengast eingeladen worden war. Offenbar hatte der Schuldirektor meine damalige Beachtung des Titobildes registriert und es mir bei dem Fest feierlich als sein persönliches Geschenk überreicht. Wie sollte ich jedoch das etwa 60×80 cm große Bild mit nach Hause nehmen? Das Flugzeug schied aus, da ich ohnehin sehr viel Gepäck haben würde. Also ging ich in Belgrad ins Büro eines privaten Paketdienstes, um herauszufinden, was die Versendung kosten würde – allzu teuer sollte es wohl nicht werden. Dachte ich zumindest.

Zunächst reagierte die etwa zwanzigjährige Angestellte völlig irritiert auf mein Anliegen. Ob sie den abgebildeten Tito überhaupt erkannt hatte, bezweifelte ich. „Was ich denn mit dem alten Foto anfangen wolle?", ereiferte sie sich ungläubig.

Am besten solle ich das Bild herausnehmen, zusammenrollen, und den Rahmen in vier Teile zerlegen, was am billigsten wäre. Es sei aber gerade der Rahmen, betonte ich, der für mich den Wert ausmachte und der daher keinesfalls auseinandergenommen, geschweige denn kaputtgehen sollte. Dann nahm sie die Maße des Bildes ab, tippte ein wenig auf dem Taschenrechner herum und eröffnete mir, dass die Lieferung etwa drei Tage dauern würde, für den Preis von zweihundertsiebzig D-Mark, also etwa einhundert fünfunddreißig Euro! Für das Geld könne ich jemanden engagieren, in den Bus nach Deutschland setzen und würde das Bild sogar noch schneller bekommen, entgegnete ich ihr, worauf sie sofort fragte, ob sie den persönlichen Boten spielen dürfe! Das Bild überließ ich daraufhin einem Kollegen mit dem Hinweis, ich würde es abholen, wenn ich wieder mal vorbeikommen sollte. Ein halbes Jahr später, mittlerweile arbeitete ich in Montenegro für eine andere Organisation, holte ich es tatsächlich noch unversehrt ab und verstaute es in meiner Wohnung. Von dort wollte ich es bei meinem nächsten Besuch in der Zentrale mit dem Auto transportieren, das ich ohnehin nach einem Jahr zum TÜV dorthin fahren musste. Als es so weit war, kramte ich es heraus und musste feststellen, dass das Holz völlig verschimmelt war.

In besonderer Erinnerung ist mir der Abschied von einem Amtsträger in Nordossetien-Alanien in Wladikawkas geblieben. Von Inguschetien aus fuhren wir regelmäßig ins Büro des dortigen Vize-Direktors des Katastrophenschutzministeriums, mit hohem militärischem Rang, der mit unserem lokalen Koordinator befreundet war. Einen besonderen Anlass gab es nie, vielmehr glichen die Treffen einem bloßen Informationsaustausch, wobei wir uns manchmal auch seinen Rat einholten. Mit ihm konnten wir offen sprechen und wussten, dass er bei Problemen unter Umständen seinen Einfluss geltend machen konnte. Er führte uns jedes Mal zum Mittagessen in ein Restaurant aus, wo wir gewöhnlich in einem Separee Platz nahmen, wie ich es aus Inguschetien kannte. Erstaunlich war für mich immer wieder, dass zum Essen eine kleine Wodkaflasche gereicht wurde. Nach dem ersten Gläschen, der Höflichkeit halber, war für mich aber stets Schluss. Mein muslimischer Kollege winkte immer dankend ab, sodass unser Freund den Rest der Flasche erledigte. Sicherlich war er keineswegs Alkoholiker. Vielmehr war für ihn der Wodka Bestandteil der Tradition, was ich mehrere Male bei anderen offiziellen Meetings selbst beobachten konnte (siehe oben). Kurz bevor ich endgültig abreiste, lud er uns, wie üblich, zum Essen ein. Am Ende entschuldigte er sich, dass er kein Geschenk für mich hätte, dafür salutierte er mit militärischem Gruß (!) und wünschte mir alles Gute für die Zukunft.

Im Vergleich dazu war der Empfang bei der Passkontrolle in Russland stets frostig, und in Moldawien blickten die Beamten nicht nur grimmig, sondern sprachen auch in einem herrschaftlichen Ton, aus dem ich immer eine ablehnende Haltung herauslas. Aber, das kennt man ja auch zur Genüge in Amtsstuben hierzulande, wo man oft genug mehr als Verwaltungsfall, denn als Person behandelt wird, und zwar vorschriftsmäßig. Zugegeben, im Ausland war es oft nicht anders. Allenfalls genoss ich mit meinem deutschen Pass eine zumindest von mir so empfundene Vorzugsbehandlung, deren Pendel allerdings auch ins Gegenteil schlagen konnte, wie das Abholen des Paketes in Serbien zeigte. Dafür erlebte ich allerdings auch die eine oder andere Überraschung, als wir etwa die spezielle Autobahn-Vignette ohne großen Aufwand bekommen hatten. Bei uns wäre das wohl unvorstellbar gewesen.

Damit möchte ich jedoch die oft geschmähte deutsche Überkorrektheit der Bürokraten keineswegs verteufeln. Denn, bei aller Flexibilität, der ich bisweilen anderswo begegnet bin, vertraue ich hierzulande wenigstens darauf, dass selbst hinter vorgehaltener Hand keine ‚Zusatzgebühren' erhoben werden, um Prozesse zu beschleunigen. Das wäre ohnehin ein Euphe-

mismus, denn, wer hat je davon gehört, dass die bürokrati-
schen Mühlen hierzulande schnell mahlen? Wünschenswert
wäre manchmal, dass hier und da unorthodoxer verfahren
würde, wie ich es anderswo erlebte.

4 Dienstleistungen – Überraschung inbegriffen!

Über das Handwerk gibt es bei uns die unterschiedlichsten Sprüche: es hätte „goldenen Boden" oder jemand würde sein Handwerk „verstehen". Beiden stimme ich zu, wobei ich bei Letzterem zumindest die Hoffnung hege, sobald einer durch meine Haustür geht. Es heißt aber auch, „jemandem sein Handwerk legen", wofür ich im Ausland, nach meinen Erfahrungen, in den allermeisten Fällen plädiert hätte: andere Länder, andere Qualitätsansprüche, und vor allem andere Expertise, wenn man überhaupt davon sprechen konnte.

Egal, in welchem Land ich gearbeitet habe, früher oder später musste ein Experte engagiert werden, wenn wir nicht mehr weiterwussten. In keinem einzigen Büro hatten wir einen ausgewiesenen Hausmeister, der sich fachmännisch mit Installationen oder dergleichen auseinandersetzen konnte. Meistens kümmerte sich ein lokaler Mitarbeiter darum, der jedoch nicht mehr tun konnte, als, wenn überhaupt, auf aufgetretene Probleme aufmerksam zu machen. Selbst dann geschah es in den seltensten Fällen. Allzu oft musste erst ich die Initiative ergreifen. Wenn etwa die Inspektion unseres Generators im Kosovo anstand, erinnerte ich den eigentlich dafür zuständigen Kollegen, die Firma zu kontaktieren.

In Sri Lanka hatte ich immerhin einen belgischen Architekten, der sich bereitwillig um Reparaturen im Büro kümmerte, während unser Kollege in der Türkei, bei meinem zweiten Einsatz, nicht mehr als zum Putzmann geeignet war; zugegebenermaßen konnten wir auch nicht mehr von ihm verlangen.

Zum einen war er körperlich beeinträchtigt, was mit großem Wohlwollen meines Arbeitgebers aufgenommen worden war, da wir mit dessen Anstellung die gesetzlich vorgeschriebene Quote erfüllten, nach welcher ab einer bestimmten Zahl von

Mit-arbeitern, mindestens eine Person mit Behindertenausweis eingestellt werden musste.

Andererseits handelte es sich bei ihm eigentlich um einen bemitleidenswerten Analphabeten, den zwar unsere Reinigungskraft unter ihre Fittiche nahm, aber selbst dann machte er, was er wollte. Klar war jedenfalls, dass wir ihm keinesfalls irgendwelche Reparaturen aufbürden sollten. Wenn wir deshalb wie in diesem Fall auch anderswo einen Fachmann benötigten, dann erlebten wir größtenteils Überraschungen von besonderer Art.

Damals in der Türkei war das zum Beispiel eine Baufirma, für die der Begriff ‚Kinderarbeit‘ wohl nicht existierte. Als ich bei den Renovierungsarbeiten unseres Büros einen höchstens zwölfjährigen Hilfsarbeiter entdeckte, teilte ich dem Kapo unmissverständlich mit, wenn der Junge nicht sofort verschwinde, würde ich auf der Stelle den Vertrag kündigen und die Polizei rufen. Nachdem er mit seinem Chef telefoniert hatte, entließ er ihn zwar, verstand allerdings meine Intervention ganz und gar nicht, weil er mit dem Kopf abfällig schüttelte – offenbar war es ihm zum allerersten Mal passiert.

Aufgrund der fragilen Situation in Inguschetien hielten wir es für ratsam, uns einen Fernsehapparat anzuschaffen, um vor allem ausländische Nachrichten per Satellit verfolgen zu können. Die dafür notwendige Schüssel sollte von einem ortsansässigen Fachmann installiert werden. Dabei stellte sich folgendes Problem: sie musste nach Süden ausgerichtet, das hieß in unserem Falle, an der Vorderseite des Gebäudes angebracht werden. Unser Wohnzimmer, wo der Fernseher stand, befand sich jedoch auf der genau gegenüberliegenden Hinterseite des Gebäudes. Deshalb instruierte ich den Monteur, bevor ich für einige Stunden wegmusste, die Antenne am besten oben nahe am Dachfirst anzubringen. Damit würde gleichzeitig vermieden werden, dass daran ohne Leiter herumhantiert werden könnte. Am besten solle er dann das Antennenkabel unter dem

Dach auf die andere Seite des Hauses verlegen und von oben an der Außenseite durchs Fenster führen.

Während meiner Abwesenheit hatte er sich allerdings offenbar umentschieden und die Antenne, mangels einer Leiter (!), in etwa einem Meter Höhe an der Hauswand angebracht, sodass man sie auch noch auf dem Weg zur Eingangstür umkurven musste. Nach erneuter Anweisung, wo sie installiert werden sollte, begab ich mich immer noch etwas verdutzt ins Büro im ersten Stock. Von dort hörte ich zwar Bohrgeräusche, versuchte mich aber auf die Arbeit zu konzentrieren. Plötzlich wurde mir aber klar, dass diese Geräusche aus der Richtung des Badezimmers kamen, das an der Südseite des Gebäudes lag. Mir schwante Schlimmes.

Das Fenster brauchte ich gar nicht mehr zu öffnen. Der Meister stand nun außen auf einer Leiter – die hatten ihm Mitarbeiter besorgt – winkte mir lächelnd zu und bohrte ein Loch durch die Hauswand, um das Kabel hindurch zu verlegen. Von dort solle es dann im Badezimmer am Boden (!), dann der Wand entlang, zunächst einen Meter nach links in die Ecke, dann drei Meter gerade, wieder etwa einen Meter nach rechts zur Tür hin, entlang des Türstockes, gleich danach erneut einige Zentimeter nach links und dann nach oben an der Decke im Flur bis zum Wohnzimmer und wieder hinunter zum Fußboden, wo er es die restlichen etwa fünf Meter platzieren würde. Das war zumindest sein ausgeklügelter Plan, den ich allerdings nicht begriff, und wofür grob überschlagen eine Kabellänge von fünfzig Meter notwendig gewesen wäre. Meinem Verständnis nach wiederholte ich, wolle er also das Kabel durchs Badezimmer, über den Flur ins Wohnzimmer, dort quer durch den Raum installieren. Lächelnd nickte er mir zu. Ich aber winkte kopfschüttelnd ab und wies ihn an, das Kabel direkt unterm Dach bis zur anderen Seite des Hauses zu verlegen, um von dort direkt das Wohnzimmer zu erreichen. Das Loch in der Badezimmerwand solle er gefälligst vergipsen!

Wieder hatte ich einen auswärtigen Termin und als ich zurückkam, präsentierte er mir voller Stolz sein Werk: zwar hing die Antenne nun wie vorgesehen weiter oben an der Südseite und das Kabel verlief auch unterm Dach versteckt bis ans andere Ende des Hauses, wo es dann außen nach etwa einem Meter senkrecht nach unten, ins Wohnzimmer gelangte. Dort war es allerdings in etwa einem Meter Höhe an der Wand entlang durch unzählige Kabelklemmen befestigt und verlief horizontal fast um den ganzen Raum herum bis zum Satellitenreceiver – unauffällig und damit professionell sah irgendwie anders aus. Immerhin funktionierte alles, worauf der Installateur stolz hinwies – ein Ästhet war er sicherlich trotzdem nicht.

Als ich die leidige Geschichte einem befreundeten Helferkollegen in der Nachbarschaft erzählte, erwiderte er, das sei gar nichts im Vergleich zu seiner, die er uns sofort verschmitzt präsentierte.

Wenige Tage zuvor hätte seine Waschmaschine den Geist aufgegeben. Sein Fahrer kenne einen Spezialisten, der das Gerät garantiert wieder zum Laufen brächte. Der sei – der Zufall wollte es! – ein Verwandter von ihm und Meister seines Faches, der bis dahin noch alles erfolgreich repariert hätte. Ein Anruf genüge. Kurz danach sei der Reparaturchampion auf der Matte gestanden, ausgerüstet mit einem winzigen Werkzeugkasten, dafür aber Bohrmaschine und Winkelschleifer, wobei vor allem letzteres bei meinem Kollegen zumindest Stirnrunzeln verursacht hätten.

Während an den Schreibtischen im Erdgeschoss weitergearbeitet worden sei, konnte man, so mein Kollege, in der Tat aus dem Obergeschoss Bohr- (!) und andere typische Handwerkergeräusche vernehmen, die zwar merkwürdig geklungen hätten, allerdings den Eindruck vermittelten, es gehe voran. Nach guten drei Stunden sei der Meister an ihn herangetreten, und hätte seine vollbrachten Taten in höchsten Tönen gelobt: Jetzt sei ein für alle Mal Schluss mit Problemen! Er kassierte fünfzig Euro, umarmte den Auftraggeber und verabschiedete sich.

Sofort sei die Probe aufs Exempel gemacht worden, indem die Maschine mit Wäsche und Pulver befüllt und eingeschalten wurde. Nach etwa zehn Minuten sei mein Kollege dann die Treppe hochgegangen, um sich zu vergewissern, dass die Waschmaschine einwandfrei laufe. Stattdessen hätte er seinen Fahrer herbeischreien müssen, er solle mit einem Eimer Wasser hochkommen. Er selbst hätte eine leere Plastikflasche gefüllt, die Maschine abgestellt, die Trommel geöffnet und das Wasser so gut es ging hineingespritzt, da die Wäsche darin brannte!

Nach erledigter Löscharbeit hätte er dem Fahrer befohlen, den Spezialisten samt Ehefrau herbeizuzitieren. „Warum die Ehefrau", hätte der Fahrer ungläubig gefragt. "Um die ganze Sauerei wegzumachen", so sein Vorgesetzter wutentbrannt. Am nächsten Morgen sei der Monteur mit Frau etwas weniger enthusiastisch erschienen und hätte die Waschmaschine gleich komplett mitgenommen. Nach eingehender Prüfung hätte sich gezeigt, dass ein elektronisches Teil kaputt gewesen sei, auf dessen Ersatz man aber mindestens fünf Tage hätte warten müssen. Der Meister hätte daher kraft seines Könnens noch alles an Ort und Stelle mittels „ein bisschen Improvisation" erledigen wollen. Auf meine Nachfrage, wo sich das Corpus Delicti im Moment befände, antwortete mein Kollege, sie sei zunächst wohl „am offenen Maschinenherzen" operiert worden und stünde nun an ihrem angestammten Platz. Als er überprüfen wollte, ob sie auch funktioniere, hätte er das Kabel in die Steckdose gesteckt, den Startschalter gedrückt und einen Kurzschluss ausgelöst. Wir kamen aus dem Lachen gar nicht mehr heraus.

Im Kosovo war mir dagegen nicht nach Lachen zumute, als dort in unserem Büro eine Satellitenanlage installiert werden sollte. Genau wie der inguschetische Kollege war der vermeintliche Monteur sicherlich kein Ästhet, noch weniger aber Funktionalist.

Im Geschäft, in dem wir die Anlage gekauft hatten, teilte uns der Verkäufer selbstsicher mit, dass diese von einem Fachmann gegen ein kleines Entgelt noch am selben Tag eingebaut werden würde. Kurz nachdem ich ins Büro zurückgekommen war, erschien der vermeintliche Experte. Noch in der Eingangstür forderte er erst einmal seinen Arbeitslohn in Höhe von fünfunddreißig Euro vorab. Ich musste ihm jedoch erst einmal erklären, dass ich gewöhnlich erst nach getaner Arbeit bezahlen würde. Dagegen wunderte ich mich, dass er keinerlei Werkzeug dabeihatte. Das benötige er nicht (!), bemerkte er recht selbstbewusst und machte sich auf den Weg nach oben. Mir schwante nichts Gutes.

Nach etwa zwei Stunden ging ich hoch, um nachzusehen. Dort versuchte der selbsternannte Fachmann, die Schrauben per Hand festzuziehen! Daraufhin teilte ich ihm bereits etwas aufbrausend mit, er solle besser nach unten gehen und sich um den Receiver kümmern. Dort behauptete er wenig später, das Gerät funktioniere nicht. Allerdings hatte er vergessen, das Stromkabel in die Steckdose zu stecken! Das brachte das Fass zum Überlaufen, sodass ich ihn hinauswarf und am nächsten Morgen entsprechend geladen ins Geschäft ging. Dort wurde mir dann versichert, dass diesmal der Mechaniker samt Werkzeug käme. Prompt tauchte er auch auf, im Schlepptau einen zweiten Mann, der ihm behilflich sein sollte. Selbstverständlich wäre auch er zu bezahlen, was ich mit einem schlichten „auf gar keinen Fall" quittierte und den Laden verließ. Die Antenne hatte uns nachher ein Nachbar für Gotteslohn installiert.

Ob ich in beiden Ländern von diesen bedauernswerten Einzelfällen gleich auf die ganze Handwerkergemeinschaft schließen konnte, war zwar fraglich, allerdings zu befürchten. Besonders im Kosovo ließ die Qualität am Bau insgesamt sehr zu wünschen übrig, wo selbst Laien auf den ersten Blick gravierende Mängel hätten feststellen können. Offenbar schien diese allerdings nie jemand zu beanstanden. Das wurde mir nicht nur anhand unserer eigenen Bautätigkeiten, die wir im Rahmen unseres Hilfsprogramms durchführten, permanent von meinem Mitarbeiter berichtet, sondern ich konnte sie auch persönlich feststellen, als ich dort als Erstmieter eine nagelneue kleine Wohnung bezog. Dabei machte ich die Vermieterin gleich auf mehrere Unzulänglichkeiten aufmerksam: der Siphon im Bad war offenbar schon älteren Semesters; die Tür zum Abstellraum passte nicht in den Stock, wodurch sie sich nicht schließen ließ; der komplette Rahmen der Balkontür einschließlich Panoramafenster war überhaupt nicht am Boden befestigt worden; und einige Steckdosen waren schief angebracht, sodass man die Löcher darunter sehen konnte. Hierzulande hätte wohl kaum ein Bauherr jene Mängel akzeptiert. Meine Vermieterin allerdings nahm sie lediglich kopfschüttelnd zur Kenntnis, da man ohnehin nichts mehr ändern könne.

Die Einstellung, dass man Dinge so hinnehmen sollte wie sie sind, obwohl sie nicht in Ordnung waren, begegnete mir immer wieder besonders bei älteren Menschen in Osteuropa. Statt jemanden zur Verantwortung zu ziehen, obwohl man im Recht war, ging man möglichen Problemen oder Auseinandersetzungen lieber aus dem Weg oder würde im günstigsten Fall improvisieren. Aber selbst das hat meine Vermieterin nicht getan. Für sie überraschend hatte ich die Mängel in einem Übergabeprotokoll dokumentiert, damit nicht ich hinterher diese beseitigen bzw. bezahlen müsste. Sie nahm es gleichgültig zur Kenntnis, Abhilfe schaffte sie nicht.

Anfangs habe ich mich persönlich immer wieder über eine derartige Einstellung geärgert, und gefragt, wie jene, in meine Augen weit verbreitete Lethargie zu erklären war, vor allem auch im Hinblick auf die zum Teil generelle desolate Lage. In meinen Gedankenspielen war ich davon überzeugt, dass die

Menschen bei uns Missstände nicht ohne weiteres hinnehmen, sondern sich vehement wehren würden, und zwar im Allgemeinen wie im Besonderen. In bestimmten Fällen, wie zum Beispiel bei einem Einzug in eine neue Wohnung und darin festgestellten Mängeln, mag das zutreffen. Oft genug lasse aber auch ich bei geringfügigen fünf gerade sein, in der Annahme, dass der Aufwand und Ärger in keinem Verhältnis zur erwarteten Lösung stünden. Und wenn es um größere Anliegen geht, die ein solidarisches Handeln vieler verlangt, beteilige ich mich selbst auch nicht, sollte ich nicht direkt betroffen sein. Insofern entsprang meine damalige Ursachenforschung wohl einer gewissen Überheblichkeit einerseits, gepaart mit Idealisierung sowie ‚Idyllisierung‘, und, andererseits, einer unfairen Voreingenommenheit den Menschen gegenüber.

Am ehesten glaubte ich, lag es wohl an deren Sozialisation im sozialistischen oder kommunistischen System. Während uns das demokratische System den Rahmen bot und bietet, sich durch Rechte aber auch Pflichten selbst verwirklichen zu können, wurde den meisten Menschen in jenen Ländern offenbar von oben lediglich eine bestimmte Rolle zugewiesen. Dadurch wurde jegliche persönliche Entfaltungsmöglichkeit im Keim erstickt und ließ somit keinerlei Verantwortungsgefühl entstehen. Dagegen wurde einem hierzulande beigebracht, dass jeder seines Glückes Schmied sei und wir so, gewollt oder ungewollt, Verantwortung tragen müssen. Warum sollte sich daher der Einzelne in einer sozialistischen Gesellschaft überhaupt anstrengen, wenn er ohnehin nicht das machen konnte oder durfte, was er gewollt hätte. Und schließlich: wenn stets sämtliche Entscheidungen mutmaßlich von einer Institution, der Partei, bis ins Privatleben hinein getroffen und damit Verantwortung abgenommen wurde, warum sollte dann der Normalbürger überhaupt eigene Anstrengungen entwickeln?

Nicht umsonst waren in jenen Zeiten in vielen Restaurants die Kellner alles andere als geschäftstüchtig, da es keinen Unterschied machte, ob man nun zwei oder zweihundert Gäste bediente; geschweige denn, ob das Essen gut oder schlecht war, da man ja keine echte Konkurrenz zu fürchten hatte. Die Entlohnung war stets dieselbe und gegenüber dem Arbeitgeber, dem Staat, hat sich daher scheinbar mit der Zeit eine Gleichgültigkeit entwickelt, die allenfalls nach und nach den Rückzug ins Private, die innere Emigration, zur Folge hatte. So konnte ich es mir nur erklären, warum dann nur noch das eigene Umfeld zählte, dem man am ehesten Vertrauen konnte, und so letztlich mehr die Unselbstständigkeit und der persönliche Egoismus als das Gemeinwohl gefördert worden waren. Wahrscheinlich dürfte das auch der Grund gewesen sein, warum meine Vermieterin im Kosovo so passiv bei der Wohnungsübergabe reagiert hatte, das war jedenfalls meine Mutmaßung.

In Serbien und Montenegro konnte ich zumindest Anfang der 2000er Jahre genau diese Einstellung noch sehr häufig vor allem in Behörden, noch mehr aber in Unternehmen, besonders Hotels, die nach wie vor in staatlichem Besitz waren, gut beobachten. In den meist schmuddeligen Gebäuden, die ohnehin schon von außen recht heruntergekommen aussahen, saßen dort fast immer mehrere Angestellte eher gelangweilt entweder an der Rezeption oder sie sahen allesamt rauchend fern. Für das Anliegen des Kunden schien man sich erst nach Aufforderung desselben zu interessieren.

Auf meine Frage, ob es normal sei, dass in einem Dreisternehotel das Bad völlig verwahrlost sei, Steckdosen fast aus der Wand fielen und das Zimmer insgesamt einen ungepflegten Eindruck machte, ich dafür aber achtzig Euro pro Nacht zahlen sollte, antwortete mir die Dame am Tresen in Montenegro einmal eher ungehalten, dann solle ich doch gefälligst woanders hingehen!

Zwar nicht ganz so teuer aber umso amüsanter war mein allererster Hotelaufenthalt in Moldawien 2006, im, zumindest in früheren Zeiten, ersten Haus am Platz in der Hauptstadt Chişinău. In puncto Schäbigkeit oder Schmuddeligkeit konnte es jedenfalls locker mit den eben beschriebenen Herbergen in Serbien und Montenegro mithalten. Bei einigen anderen Aspekten, besonders beim Personal, dürften dagegen die balkanischen keine Chance gehabt haben. Schon der Empfang fand in einer frostigen Atmosphäre statt, als wäre ich alles andere als willkommen und eher ein Störenfried. Auf jeder Etage saß darüber hinaus gleich an der Treppe eine strenge Kontrolleurin, die bei jedem Passieren meinen Zimmerschlüssel sehen wollte und beim Check-out von der Rezeption ins Zimmer geschickt wurde, um nachzusehen, ob der Gast nicht etwa das eine oder andere Souvenir hatte mitgehen lassen bzw. sich in der Minibar bedient hatte, wenn überhaupt eine vorhanden war.

Im vergleichsweisen kleinen Zimmer angekommen musste ich zunächst einmal das Bett selbst beziehen. Das Leintuch lag zwar äußerst akkurat zusammengelegt bereit, durch offenbar allzu heißes Waschen bzw. Mangeln klebte es jedoch fest zusammen, wodurch es sich beim Auseinandernehmen anfühlte, als würde ich ein Stück Papier zerreißen. Zudem hatte mich ein Kollege bereits vorgewarnt, dass ich, um warmes Wasser zu bekommen, den entsprechenden Hahn erst etwa zwanzig Minuten lang (!) laufen lassen müsste. Womit er im übrigen Recht hatte! Bei einem späteren Aufenthalt des gleichen Kollegen hatte ihn dieser morgens wie üblich aufgedreht und sich wieder zurück ins Bett gelegt. Dumm nur, dass er erneut fest einschlummerte und erst durch heftiges Klopfen an der Tür geweckt werden konnte. Denn das Bad war mittlerweile unter Wasser gestanden und hatte im Stockwerk darunter einen nicht unerheblichen Schaden angerichtet!

Die skurrilste Szene erlebte ich dann beim Frühstück. Gewöhnlich wechselten sich tageweise drei Gerichte ab: Ravioli mit Hackfleisch, Würstchen mit Reis oder Brot mit Marmelade. An diesem Morgen wurden, wir waren zu dritt, von der Kellnerin ungefragt die Nudeln serviert. Jedoch versuchte einer meiner Mitreisenden, ihr klarzumachen, dass er Vegetarier sei und fragte, ob es denn auch eine fleischlose Mahlzeit geben würde. Daraufhin erntete er lediglich ein schroffes „Nein" und die Kellnerin nahm seinen Teller, ging zu einer nebenstehenden Holzkommode, öffnete eine Schublade, stellte sein Frühstück hinein und schloss sie mit einem kräftigen Ruck. Wir entschlossen uns daraufhin, zum nächstgelegenen Bäcker zu gehen.

Über Begegnungen solcher Art amüsierten sich die lokalen Kollegen überall meistens köstlich. Für viele war es eine völlig normale Ausprägung von Freundlichkeit, die auch sie alltäglich erlebten. Nur wenige waren im einen oder anderen Fall peinlich berührt, wie man Ausländer so behandeln könne. Wenn wir im Ausland einen Handwerker oder dergleichen benötigten, schlugen mir die lokalen Kollegen zwar immer jemanden vor, allerdings beruhte das immer nur auf Hörensagen und nie infolge eigener Erfahrungen. In den meisten Fällen hatten sie wohl Verwandte oder Bekannte engagiert (wie oben), im Vertrauen darauf, das vorhandene Problem irgendwie zu lösen. Vorzeigbare Qualifikation war jedenfalls nicht das wichtigste Kriterium.

In Inguschetien verkündete mir eines Tages unser Koordinator mit einer Zeitschrift unter dem Arm voller Stolz, er werde nun ein Haus bauen. Und zwar keinesfalls eines der üblichen roten Backsteinhäuser mit einer möglichst fünf Meter hoher Mauer drumherum, sondern eines ganz im westeuropäischen Stil. Er schlug eine bestimmte Seite des Magazins auf und deutete auf ein in der Tat modern aussehendes Gebäude einschließlich Innenausstattung. Auf meine Frage, wie er das denn zustande bringen wolle, erklärte er es mir, als wäre es ein Pappenstiel: Er hätte seinem Cousin das Haus gezeigt und ihn gebeten, einen entsprechenden Bauplan anzufertigen. Sein Verwandter war alles andere als ein Architekt, hätte aber in der Vergangenheit bereits einige Häuser mitgebaut. Daher hätten sie wochenlang an dem Plan gesessen, der fertig sei., und mit dem Bau wäre bereits begonnen worden. Wir fuhren hin und ich sah einen bereits stehenden Rohbau, der durchaus mit dem Haus in der Zeitschrift einiges gemein hatte.

Voller Stolz führte mich mein lokaler Kollege durch sein künftiges Heim, das einen sehr westlichen Eindruck machte. Da es seiner Meinung nach in Inguschetien keine qualifizierten Handwerker gab, hatte er sich einige Georgier „besorgt", die den Bau hochziehen sollten. Die wohnten während der ganzen Zeit direkt neben der Baustelle in einer Art Bauwagen!

Nach der Fertigstellung war ich mehr als verblüfft. In der Tat glich das Gebäude demjenigen in der Zeitschrift bis aufs Haar. Darüber hinaus war es sehr modern eingerichtet, worin auch ich mich ganz und gar heimisch hätte fühlen können. Mit einer Ausnahme: um das moderne Haus samt Grundstück war eine sehr hohe Mauer errichtet worden, sodass der Ausblick von innen nach außen nicht gerade auf Freiheit schließen ließ. Ganz konnte oder wollte der Bauherr sich dann wohl doch nicht von den örtlichen Traditionen trennen. Trotzdem bewunderten es viele Gäste bei der Einweihungsparty, manche waren aber auch verwundert über den unüblichen Stil.

Ob das Ergebnis genauso gewesen wäre, wenn er einheimische Spezialisten damit beauftragt hätte, bezweifelte er kategorisch. Sollte er künftig nochmals Fachleute benötigen, würde er jederzeit wieder die Georgier rufen, da er als nunmehriger Hausherr handwerklich alles andere als begabt gewesen sei, sondern prinzipiell zwei linke Hände hätte.

Das hätte ich zwar nicht unserem damaligen Vermieter in Kroatien in den 1990er Jahren attestiert, denn er schien ständig an seinem Auto herumzuschrauben. Und wenn etwas im Haus nicht funktionierte, Nikola war zur Stelle. Einmal endete seine Reparatur des Warmwasserboilers abrupt mit einer Explosion, die selbst die gesamte Nachbarschaft wahrgenommen hatte und sofort zum Haus mit ungläubigen Mienen stürzte. Geradewegs, wie im Zeichentrickfilm, erschien er schwarz von oben bis unten aus der Rauchwolke – aber unverletzt!

„Selbst ist der Mann", dachte sich wohl auch ein Nachbar von mir Jahre später in Montenegro. Er wohnte in einer sehr engen Straße, die direkt zu meiner Adresse führte. Auf meinem Nachhauseweg war ich an seinem Haus vorbeigefahren, wie üblich grüßend, und hatte gesehen, dass er offenbar einen ziemlich hohen Baum schlagen wollte. Jener stand direkt vor dem Haus und ließ dank seiner Blätterpracht so gut wie kein Tageslicht in die vorderen Räume durchdringen. Daher war die Aktion für mich nachvollziehbar. Trotzdem hatte ich Bedenken, wie er das bewerkstelligen wollte, alldieweil ich keine Leiter stehen sah. Denn ich nahm an, dass er den Baum von oben nach unten Stück für Stück absägen würde. Da ich noch zu Hause arbeiten wollte, hatte ich mir einen Laptop samt Drucker mitgenommen. Ich baute alles auf dem Wohnzimmertisch auf und fing an zu tippen. Dazu schaltete ich noch den Fernseher an, um deutsche Nachrichten anzuschauen. Als ich wenig später in die Küche ging, um mir etwas Wasser zu holen, ertönte plötzlich ein lauter Knall, alle Lichter verloschen, die elektrischen Geräte schalteten sich ab und aus dem Computer, Drucker und Fernseher, kam Qualm heraus. Sofort roch es überall ziemlich verschmort.

Ich rief meinen Kollegen an, der ebenfalls nicht weit entfernt wohnte und fragte, ob bei ihm auch der Strom ausgefallen sei. Dem war so und er teilte mir mit, dass auch bei ihm alle elektrischen Geräte nicht mehr funktionieren würden. Am nächsten Tag stellte sich heraus, dass nicht nur im gesamten Viertel der Strom ausgefallen war, sondern sämtliche Elektrogeräte kaputt waren. Grund dafür war die Baumfäll-Aktion. Frei nach dem Motto: warum kompliziert, wenn es auch einfach ging, hatte der Nachbar nämlich den Baum ganz unten abgesägt und dieser war auf die Stromleitung gefallen, die direkt vor seinem Haus entlang der Straße führte. Glücklicherweise war niemand verletzt worden. Bei meinen defekten Geräten musste lediglich jeweils ein Kleinteil ausgetauscht werden, was etwa fünfzig Euro gekostet hatte. Alle anderen Betroffenen forderten allerdings vom Holzfäller Entschädigung, was angesichts der Menge an Haushalten nicht ganz billig gewesen sein dürfte. Der Arme!

In Montenegro war es auch, als ich zum ersten Mal im Ausland zum Friseur ging. Er war mir damals von meinem Mitarbeiter empfohlen worden: „Der schneidet super, besonders moderne Frisuren!", hatte er geprahlt. Nun ja. Weder ließ meine eigene Haarpracht große Veränderungen zu, noch war ich dazu überhaupt bereit. Deshalb instruierte ich ihn, mir die Haare einfach zu kürzen. Er fing an zu schnippeln, zündete sich wohl routinemäßig eine Zigarette an, und fuhr zu schneiden fort. Dann klingelte sein Telefon. Er nahm ab – offenbar war am anderen Ende ein Freund – und scherte jetzt einhändig. Er legte auf, hatte aber offenbar Durst, nahm ein Glas in die Hand und fuhr fort. Plötzlich schniefte er, legte die Schere weg, fuhr sich mit der Hand über Mund und Nase und schnitt weiter. Spätestens da merkte ich, dass ich wohl den Friseur wechseln sollte. Denn Kundenorientiertheit und besonders Hygiene schienen offensichtlich nicht seine Stärken zu sein. Immerhin konnte sich das Ergebnis seiner Handwerkskunst sehen lassen.

Das krasse Gegenteil hinsichtlich Service erlebte ich in Inguschetien. Als ich eines Tages meinem dortigen Kollegen zu verstehen gab, ich müsste mir die Haare schneiden lassen, fuhren wir in die Stadt zu einer ihm bekannten Friseurin. Allein die Tatsache, dass eine Frau mir die Haare frisieren würde, überraschte mich doch sehr. Zwar war meine spätere Friseurin in Montenegro eine Frau gewesen, allerdings handelte es sich in Inguschetien um eine weitaus traditionellere muslimisch geprägte Republik, wo ich erwartet hätte, dass nur ein Mann einen anderen Mann beziehungsweise eine Frau nur Frauen bedienen würde. Das, jedenfalls, erlebte ich später so im Kosovo, in Sri Lanka und in der Türkei.

Damals in Inguschetien wurde ich jedenfalls so herzlich von der Frau begrüßt, wie ich es nie mehr erlebt hatte. Es hätte nur noch gefehlt, dass man mich auf den Stuhl gehoben hätte. Schnell stellte sich heraus, dass ich der allererste Ausländer gewesen war, der nun ihre Künste in Anspruch nehmen wollte. Das müsste deshalb erst einmal fotografisch festgehalten werden! Also nahm sie eine Kamera in die Hand und die anderen Angestellten ebenfalls! Erst wurden Fotos im Stehen, und dann ich auf dem Stuhl, geschossen. Anschließend wurde mir ein Tee angeboten. Alle im Salon waren in einer Hochstimmung, die ich irgendwie nicht begreifen konnte. Keineswegs war es gespielte Freundlichkeit. Tatsächlich schienen alle dermaßen beschwingt zu sein, mich, offenbar einen Exoten, im Laden zu haben. Eine Angestellte ging sogar hinaus auf die Straße und teilte vorbeigehenden Passanten mit, sie hätten einen ausländischen Kunden im Laden! Jene kamen selbstverständlich herein, um sich davon überzeugen zu können. Mein Anliegen, mir einfach die Haare schneiden zu lassen, geriet fast zur Nebensache.

Anfangs beim Betreten des Salons hatte ich das Ganze nur schnell über mich ergehen lassen wollen. Nun aber fühlte ich mich nicht nur geschmeichelt, sondern genoss die Situation auch in vollen Zügen. Selbst als die Friseurin zur Tat schritt, hörte das Spektakel nicht auf. Mein Kollege kam gar nicht mehr dazu, sich zu beruhigen. Er übersetzte und hörte nicht mehr auf zu lachen. Als ich am Ende bezahlen wollte, sagte mir die Chefin, der Haarschnitt ginge aufs Haus, wenn ich versprechen würde, wiederzukommen. Wenn ich wollte, könne man auch zu mir nach Hause kommen. Das Angebot nahm ich gerne an. Zwar war die Episode sehr amüsant, jedoch wollte ich, dass künftig ein normaler Haarschnitt maximal fünfundvierzig Minuten in Anspruch nehmen sollte – und keine drei Stunden!

Im Kosovo hatte ich den Friseurladen direkt im Haus. Ich wohnte im zweiten Stock, im Erdgeschoss befand sich das Geschäft. Also ging ich eines Tages hinein, konnte allerdings mein Anliegen mangels albanischer Sprachkenntnisse nicht äußern. Daher versuchte ich es vorsichtig auf Serbisch. Hoch erfreut antwortete der Friseur, ich solle mich hinsetzen. Damals musste man auf der Hut sein, sich überhaupt auf Serbisch zu artikulieren. Immerhin waren es die Serben gewesen, die jahrzehntelang das Land unterdrückt hatten und im Jahr 1999 gar einen Krieg vom Zaun brachen. Deshalb waren viele einheimische Albaner nicht nur nicht gut auf Serben zu sprechen, sondern wollten deren Sprache erst gar nicht hören. Letzteres betraf vor allem jene Generation, die die Zeit der Unterdrückung noch erlebt hatte. Dabei handelte es sich um die Altersgruppe von fünfundzwanzig bis sechzig Jahre. Jüngere Menschen hatten jene Zeit offenbar nicht mehr in Erinnerung, viele von ihnen sprachen sehr gut Englisch, jedoch keinerlei Serbisch. Wenn ich dagegen alten Kosovaren begegnete, redeten dagegen zumindest manche immer sehr gerne Serbisch mit mir. Wahrscheinlich aber nur, weil ich Ausländer war. Ich konnte mir nur einen Reim darauf machen, dass sie den Jungen beweisen wollten, dass auch sie sich in einer Fremdsprache artikulieren konnten.

Jedenfalls freute sich mein kosovarischer Friseur, dass er mit mir kommunizieren konnte. Während des Haarschneidens schien es nur so aus ihm herauszusprudeln, denn er redete permanent. Meistens über Politik und die Lage seines Heimatlandes. Es klang stets fast schon verzweifelnd, was er versuchte, mir zu erzählen. Besonders wenn Politik das Thema war, hatte ich mir schon Jahre vorher geschworen, darauf nicht einzugehen. Also hörte ich mir, mit einem Nicken hier und Kopfschütteln da, seinen Vortrag an. Positives hörte ich nie von ihm, egal um welches Thema es sich handelte. Trotzdem ging ich von da an immer zu ihm. Denn nicht nur leistete er zufriedenstellende Arbeit, sondern ich konnte so auch Volkes Stimme hören.

In völlig stummer Atmosphäre verliefen dagegen die Friseurbesuche in der Türkei. Der Mann meines Vertrauens, ich schätzte ihn auf mindestens siebzig, hatte seinen Salon auf der gegenüberliegenden Straßenseite meiner Wohnung. Sofort merkte er, dass ich außer wenigen Floskeln nicht in der Lage war, mit ihm zu kommunizieren. Deshalb verständigten wir uns mit einer Art Zeichensprache und Mimik. Bei den anschließenden regelmäßigen Besuchen war selbst das nicht mehr notwendig, denn er wusste stets, was er zu tun hatte. Passabel waren die Ergebnisse allemal. Lediglich die Art und Weise, wie er die Haare in den Ohren und Nasenlöchern entfernte, war ausgesprochen unorthodox. Dafür nahm er mit einer Pinzette einen Wattebausch, tauchte ihn in (wahrscheinlich) flüssigen Alkohol, zündete ihn an und fuhr damit an die betreffenden Stellen. Ganz schmerzfrei war es nie.

Verbrennungen trug ich nicht davon und die Schmerzen waren erträglich, sodass ich dafür glücklicherweise nie zum Arzt musste. Bis ich in den Nordkaukasus kam, hatte ich Arztbesuche vermeiden können. Kleinere Wehwehchen saß ich aus, ansonsten nutzte ich dazu Aufenthalte in der Heimat.

Dort in Inguschetien war es jedoch so weit, als mir eines Tages eine Zahnplombe herausgefallen war, was beim Essen höllische Schmerzen verursachte. Mein einheimischer Kollege befahl sofort, unter keinen Umständen zu einem ortsansässigen Zahnarzt zu gehen! Viel besser sei es, in die Nachbarrepublik nach Wladikawkas, der Hauptstadt von Nordossetien-Alanien, zu fahren. Denn dort sei die Gesundheitsversorgung

„viel, viel besser". Also vereinbarte er einen Termin noch für denselben Nachmittag, einem Samstag, in der dortigen Zahnklinik. Nun, ich des Russischen so gut wie nicht mächtig, übernahm also er die Kommunikation beim Empfangspersonal. Umgehend wurde ich ins Behandlungszimmer geführt; ein fensterloser Raum oder besser gesagt ein Saal mit zwei gegenüberliegenden Schiebetüren, der komplett, selbst die Decke, gefliest war, wie man es sich vielleicht in einem Schlachthaus vorstellen konnte. Das erleichterte sicherlich die Reinigung. Völlig verloren befand sich darin lediglich ein Behandlungsstuhl, ansonsten nichts; keinerlei Gerätschaften oder anderes Mobiliar, nicht einmal ein Stuhl für den Zahnarzt, geschweige denn Poster an der Wand oder eine Heizung! Zugegeben, äußerst vertrauenswürdig erschien mir die ganze Umgebung nicht gerade.

Jetzt saß ich also auf dem Stuhl und wartete auf meine Behandlung. Die vermeintliche Zahnärztin begrüßte mich, befahl mir, den Mund zu öffnen, und verschwand. Dann wurden immer wieder andere Patienten an mir vorbei in den dahinter liegenden Raum geleitet oder aber sie hatten versehentlich die Tür geöffnet. Jedenfalls ließen sie es sich nicht nehmen, mich, den Exoten, aus nächster Nähe zu begutachten einschließlich eines Blickes in meinen geöffneten Rachen. Selbst als die junge Frau bereits darin herumhantierte, ging das so fort. Ob es beim Urologen wohl ähnlich zuging?

Angesichts ihrer juvenilen Erscheinung hätte es sich bei der Zahnärztin auch um eine Studentin handeln können, obwohl ich schon davon ausging, dass ich nicht gerade als Versuchsobjekt dienen sollte. Offenbar begriff sie sofort, was zu tun sei und legte los. Sie hätte eine temporäre Füllung eingesetzt, die am Montagvormittag dann gegen eine dauerhafte ausgetauscht werden müsste, meinte sie am Ende. Essen könne ich sofort wieder und nach einem Dankeschön wegen der schnellen Behandlung waren wir auch schon wieder auf dem Weg zurück nach Nazran.

Keine zwei Stunden später war der Behelfscharakter der Plombe auch schon dahin, nachdem ich in einen Apfel gebissen hatte. Der Zahnärztin sagte ich dann am Montagmorgen, dass ihre Plombe wohl ein bisschen zu temporär gewesen wäre, was sie nur mit einem Achselzucken registrierte. Zwar ließ ich mir danach von ihr nochmals eine Füllung einsetzen, hatte insgeheim aber bereits entschieden, meinen Kollegen bei seiner nächsten Fahrt nach Stavropol im Süden Russlands zu begleiten. Dort gäbe es, seiner Meinung nach, einen „echten Zahnarzt"! War die junge zuvor etwa keine echte?

Der Preis dafür war zwar mehr als das fünfzehnfache als das, was ich in Wladikawkas bezahlt hatte, allerdings entsprach die Einrichtung und insbesondere die Behandlung dem, wie man es hierzulande erwartete. Die war letztlich erfolgreich, aber auch nur gegen harte Währung und die vermeintlich echte Zahnärztin betrieb ihre Privatpraxis auch nur am Nachmittag, da sie morgens ganz normal in einer staatlichen Einrichtung ihrem Beruf nachging. Ganz nach dem Motto: morgens kommunistisch, nachmittags kapitalistisch.

Die gleiche Konstellation hatte ich bereits in Serbien und Montenegro zu hören bekommen. Vorsicht ist deshalb geboten, wenn man zum Beispiel als humanitäre Organisation teure medizinische Geräte für eine Gesundheitseinrichtung finanzieren, geben oder spenden möchte. Denn es kann immer passieren, dass der eine oder andere Arzt sich dieses dauerhaft für seine eigenen Zwecke ausleiht.

Einige Jahre später in Tadschikistan war es dann unvermeidlich, dass ich wohl oder übel zum ersten Mal einen Allgemeinarzt aufsuchen musste. Dort hatte mir ein anderer deutscher Kollege noch an meinem ersten Tag geraten, im Krankheitsfalle unbedingt nur einen deutschen Arzt – „hier die Telefonnummer, ganz wichtig!" – aufzusuchen.

Ich war bei einem lokalen Kollegen auf dem Land zu sich nach Hause zum Essen eingeladen worden. Leider hing bei ihm kein Schild vorm Haus, welches damit warb, dass der Salat mit Mineralwasser gewaschen würde, wie ich es gelegentlich in der Hauptstadt Dushanbe gesehen hatte. Damit sollte betont werden, dass kein Wasser aus dem Hahn verwendet würde, da es nicht für den Verzehr geeignet war.

Es wäre wohl mehr als unfreundlich oder unstatthaft gewesen, meinen Gastgeber danach zu fragen, ob in seiner Küche Mineralwasser zum Handwerkszeug gehörte. Natürlich kostete ich brav von dem, was mir angeboten wurde, schließlich galt es als Beleidigung, wenn ich abgelehnt hätte. Etwaige unwägbare Konsequenzen ließ ich (unglücklicherweise) außer Acht. Denn ich hatte mir nachher Montezumas Rache in Form eines ziemlich heftigen Durchfalls eingefangen.

Nach tagelangem Leiden blieb mir nichts anderes übrig, als den deutschen Arzt zu kontaktieren. Im Nu saß ich dem Mann im weißen Kittel gegenüber. Immerhin sah das Sprechzimmer so aus, wie ich es von zu Hause gewohnt war und ich konnte ihm mein Leiden schildern. Das stand zunächst nicht zur Debatte. Vielmehr wollte er erst einmal meine Geschichte hören, warum ich überhaupt im Lande sei. Nachdem ich ausführlich berichtet hatte, war er am Zug. Er sei schon seit mehr als zwanzig Jahren im Ausland tätig; zuletzt in China, wo er im Auftrag einer Organisation jeweils seine Dienste besonders für Ausländer zur Verfügung gestellt hätte. Einheimische könnten sich die hohen Gebühren ohnehin nicht leisten. Immerhin, er nahm sich Zeit für den Patienten, wie man es sich eigentlich auch für deutsche Praxen und dem Arzt seines Vertrauens wünschen würde.

Nun näherten wir uns meinem Leiden, welches offensichtlich durch verunreinigte Nahrung hervorgerufen worden war. Daher fragte er mich, wie denn dieselbige dort für mich aussehen würde. Nun ja, sicherlich enthalte der Kühlschrank nicht gerade die Lebensmittel wie zu Hause und das Mittagessen würde von einer Köchin im Büro zubereitet, dessen Reste ich meist noch am Abend vertilgen würde. Unsere Konversation lief dann ungefähr wie folgt ab:

Er (völlig entgeistert): „Wie, Sie essen einheimische Produkte?"

Ich (etwas irritiert): „Ja, was bleibt mir denn anderes übrig."

Er (neugierig): „Wo und was kaufen sie denn zu Essen ein?"

Ich (verwundert): „Im nahegelegenen kleinen Supermarkt: Käse mitunter auch Wurst und Obst."

Er (fast aufbrausend): „Wie, Obst? Jenes, das dort verkauft wird?"

Ich (eher eingeschüchtert): „Hmmjah, gibt ja nichts anderes."

Er (jetzt lauter): „Sind Sie verrückt! Das kann man doch nicht essen!"

Ich (etwas verunsichert): „Soweit ich weiß, schon. Ich mache es ja ständig."

Er (fast verzweifelt): „Aber die Keime und Verunreinigungen! Und welchen Käse und welche Wurst kaufen Sie?"

Ich (nun ratlos): „Na ja, man hat ja nicht so viel Auswahl. Meistens das, was einigermaßen ansprechend aussieht."

Er (belehrend): „Das dürfen Sie auf keinen Fall. Ist doch alles verschmutzt. Also kein Obst, Wurst oder Käse und auch kein Brot!"

Ich (völlig ratlos): „Tja, und wovon soll ich mich ernähren? Wie machen Sie das denn hier?"

Er (aufklärend): „Ich lasse mir regelmäßig ein Paket mit Lebensmitteln aus Deutschland schicken und glauben Sie mir, bis dato hat es mir auch noch nie geschadet!"

Ich (verdutzt): „Ist das nicht ziemlich teuer?"

Er (bekennend): „Ja schon, aber es lohnt sich mit Blick auf die eigene Gesundheit!"

Ich (abschließend): „Was würden Sie dann machen, sollten Sie selbst einmal eine medizinische Behandlung benötigen? Einen deutschen Arzt einfliegen lassen geht ja wohl schlecht?"

Er (eher kleinlaut): „Nun ja…"

Abschließend hatte er mir dann ein Medikament verschrieben, das schnelle Hilfe für mein Malheur bieten sollte und in der Tat trat die Besserung auch innerhalb eines Tages ein. Meine Nahrungsmittel hatte ich allerdings trotzdem weiterhin im Supermarkt eingekauft.

Später im Kosovo plagten mich irgendwann ziemliche Rückenschmerzen. Allerdings wollte ich auf keinen Fall zum Arzt, weshalb mir ein Kollege einen Physiotherapeuten empfahl, der „super" sei, trotz seiner Blindheit!

Also suchte ich dessen Praxis auf, teilte mein Leiden mit und sofort wurden Termine vereinbart. Den ersten könne ich sofort in Anspruch nehmen. Zwar hatte ich das nicht geplant, war aber froh, dass er sich geradewegs Zeit nahm. Ich solle in einen Nebenraum gehen und warten bis ich aufgerufen würde. Keine fünf Minuten später erschien der blinde Masseur. Eine wahrlich faszinierende Persönlichkeit. Vor mir stand ein gestandener, etwa fünfzigjähriger Mann, der mich zur Liege führte und begann, mir seine Lebensgeschichte zu erzählen.

Er sei seit seiner Geburt blind und wäre über Umwegen zum Beruf des Physiotherapeuten gekommen. Wenn er auch seine Patienten niemals sehen könne, würde er den Beruf sehr gerne ausüben. Und, für mich klang das fast schon anmaßend, fügte er hinzu, dass er mit Sicherheit der beste in seinem Metier in der Stadt sei – und das keineswegs, weil er nichts sehen könne. Er hätte nie Mitleid, sondern allein durch seine professionelle Tätigkeit Anerkennung angestrebt. Und die hätte er nun. Die Zahl seiner Kunden wäre Beweis genug. Dann schritt er zur Tat. Die Massage war sehr angenehm, mitunter aber auch schmerzhaft. Trotzdem verspürte ich eine Besserung und die

Rückenschmerzen waren danach merklich gemindert. Ich fühlte, welche Kraft er in seinen Händen hatte.

Beim zweiten und den folgenden Terminen war ich umso überraschter. Zunächst wurde ich jeweils ins Wartezimmer geführt, wo noch andere Patienten saßen. Dann kam der blinde Masseur direkt auf mich zu, sprach mich an: „Aha, der Deutsche ist wieder da", und geleitete mich zum Massageraum. Wie er mich erkennen konnte, zumal ich keinen Ton gesagt hatte, blieb mir immer ein Rätsel.

Ab dann fragte er mich immer wieder, ob ich nicht einen Job für ihn hätte. Einerseits tat er mir leid, andererseits hatte ich nie verstanden, warum er ausgerechnet bei uns eine Anstellung suchte. Deshalb antwortete ich ihm stets, dass er doch froh sein solle, sein eigenes Geschäft zu haben, das offensichtlich ganz gut zu laufen schien. Letztlich ging es ihm offenbar um das vermeintlich geringe Einkommen, mit dem er seine Familie nicht ernähren könne. Ehrlich gesagt, nahm ich ihm das nicht ab. Er glaubte wohl nur, dass unsere Organisation fürstliche Gehälter bezahlen würde. Am Ende meines Einsatzes überließ ich ihm meinen Hometrainer (Fahrrad), den ich mir anfangs zugelegt hatte. Da ich das Gerät nicht mit nach Hause nehmen wollte, dachte ich, dass es genau das richtige Geschenk für ihn gewesen wäre. Zwar erwies er mir große Dankbarkeit, trotzdem konnte ich eine Spur von Enttäuschung bei ihm erkennen, da ich ihm wohl nicht mehr anzubieten hatte.

Gerne hätte ich viele Jahre später in der Türkei den Ärzten neben der Bezahlung mehr als Dankbarkeit geboten, wenn ich nur erfahren hätte, was genau mir fehlte. Beim Tischtennisspiel hatte ein kleiner Ausfallschritt dazu geführt, dass ich zwei Tage später kaum mehr laufen konnte. Deshalb rief ich an einem Sonntag ein Taxi, um direkt ins Krankenhaus zu fahren. Meine einheimische Kollegin wollte ich damit nicht behelligen. Man gab mir zu verstehen, erst zu röntgen und anschließend ein MRT durchzuführen. Das müsse ich sofort bezahlen.

„Kein Problem", erwiderte ich, solange sie mir nur helfen könnten. Am Ende verschrieb man mir einige Medikamente inklusive Gehhilfen sowie Kühlbeutel, die ich in einer der zahlreichen umliegenden Apotheken abholen könne. Im Gänseschritt humpelte ich davon, besorgte alles und rief ein Taxi. An Arbeiten war nicht zu denken, denn in meiner Wohnung setzte sich das Martyrium in Form großer Schmerzen fort. Am nächsten Morgen rief ich meine türkische Kollegin an, die mir sofort riet, eine Privatklinik aufzusuchen, wohin sie mich begleiten würde. Erneut wurde dort ein MRT durchgeführt und anschließend erklärte ein Arzt mein vermeintliches Leiden, woraus ich lediglich das Wort Operation zu verstehen schien. Genaueres hatte selbst meine Mitarbeiterin nicht verstanden. Deshalb beschloss ich, sobald ich reisefähig wäre, umgehend nach Hause zu fliegen, damit mir ein Arzt die exakte Diagnose mitteile, und zwar in meiner Muttersprache.

In Deutschland stellte der erste Orthopäde anhand der Aufnahmen eine bestimmte Erkrankung fest. Als sich keine Besserung einstellte, ging ich zu einem zweiten. Der behauptete stirnrunzelnd: „Wie man anhand des Röntgenbildes jene Erkrankung diagnostizieren könne, wäre für ihn ein Rätsel!" und verwies mich zu weiteren Ärzten. Erst ein Internist identifizierte wohl schon ältere Beschwerden, die alles andere als ungefährlich seien. Auf die Frage, ob ich deswegen operiert werden müsse, wie ein türkischer Arzt behauptet hatte, sagte der deutsche, dass es sich dabei um etwas anderes gehandelt hätte, und wenn ich dadurch nicht eingeschränkt wäre, sei es auch nicht notwendig.

Trotzdem war es eine Hiobsbotschaft für mich, weshalb ich umgehend entschieden habe, mit der Auslandsarbeit aufzuhören. Denn keinesfalls wollte ich nochmals in die Situation kommen, einen Arzt aufsuchen zu müssen, der mir nicht klipp und klar mitteilen konnte, was mir fehlte, und den ich vor allem nicht verstehen konnte.

Überrascht war ich insgesamt nach der Odyssee durch die Ärztelandschaft im Ausland, aber auch hierzulande. Dort waren es Verständigungsprobleme sowie eine irritierende Diagnose, und hier eine klare Fehldiagnose, die erst nach langem evident geworden war.

Obwohl ich grundsätzlich große Hochachtung vor der Arbeit von Medizinern habe, erhielt mein Vertrauen doch einen erheblichen Dämpfer, besonders im Hinblick auf die deutschen. Wenigstens habe ich bis heute die Plombe, die mir in Südrussland eingesetzt wurde. Zahntechnisch hatte ich danach im Ausland glücklicherweise nichts Ernsthaftes mehr. Wer weiß, vielleicht wäre ich ansonsten tatsächlich in einem Schlachthaus gelandet.

Anders sah es bei den sich selbst bezeichnenden Experten im Ausland aus. Aus meiner persönlichen Erfahrung würde ich den meisten den Dunning-Kruger-Effekt attestieren, der die kognitive Verzerrung des Selbstverständnisses inkompetenter Menschen bezeichnet, das eigene Wissen und Können zu überschätzen.

Immerhin hatte deren Wirken gelegentlich zwar ein befremdliches Gefühl in mir hervorgerufen, dafür haben die teilweisen Slapstick-Vorstellungen für Aufmunterung des bisweilen stressigen Alltags gesorgt.

5 Gefahr? – nicht permanent, aber latent

Wenn ich daheim Freunden oder Bekannten erzählte, wie ich mein Geld verdiene, war stets sofort deren Neugierde geweckt. Allein das Wort Ausland klang im Vergleich zu ihren Berufen ungewöhnlich, wahrscheinlich hatten die meisten Fernsehbilder aus Katastrophengebieten vor Augen, die sie mit abenteuerlichen und dramatischen Szenerien verbanden. Prompt fragten sie deshalb fast immer, ob es nicht gefährlich sei. Das sei es doch bestimmt, oder?

Dort, wo ich gearbeitet habe, waren die Kontexte sicherlich nicht so riskant, wie sie ausländische Ersthelfer erleben, die unmittelbar nach einer Naturkatastrophe oder in einem laufenden Konflikt zum Einsatz kommen. Trotzdem konnte von Normalität nicht die Rede sein, und nicht umsonst gab es zum Teil strenge Regularien, an die ich mich zu halten hatte, da die eigene Sicherheit oberstes Gebot war.

Obwohl die ersten Monate in Serbien vor allem politisch turbulent waren – fast täglich gab es Demonstrationen gegen die Regierung – kamen mir damals damit zusammenhängende Bedenken – im Nachhinein völlig fahrlässig und leichtsinnig – überhaupt nicht in den Sinn. Erst die ständige Bewachung in Inguschetien führte mir die hintergründige Gefahr sprichwörtlich vor Augen und machte mir damit meine Verantwortung den Mitarbeitern und mir selbst gegenüber erst richtig bewusst. Von da an nahm ich das Thema Sicherheit mindestens genauso ernst wie die Durchführung unserer Hilfsmaßnahmen. Um es vorwegzunehmen, nach meiner persönlichen Einschätzung, bin ich glücklicherweise niemals in akuter Lebensgefahr gewesen. Nichtsdestoweniger habe ich viele Situationen erlebt, die eine gewisse Dramatik in sich bargen und keineswegs alltäglich waren.

Fast an jedem Einsatzort gab es mindestens eine Bar, die den ausländischen NGO-Mitarbeitern als Treffpunkt diente, und wo sich nicht selten direkt nach Büroschluss das Feierabendbier zu einer Spontanparty mit reichlich Alkohol der anwesenden Helfercommunity entwickelte. Erfreulich war das nur für die Kasse des Barbesitzers, wohingegen die übrigen Einheimischen solche Feierlichkeiten, wenn sie sie mitbekamen, im günstigsten Falle naserümpfend zur Kenntnis nahmen. So oder so trugen sie nicht zum sonst üblichen guten Ruf der Helfer bei.

In Sri Lanka wurden sie gar zum Anlass genommen, um dezidiert lokale Mitarbeiterinnen von NGOs massiv zu bedrohen. Der Auslöser war wohl der Selbstmord einer Frau gewesen, der unmissverständlich damit in Zusammenhang gebracht wurde. Wie wir hinterher erfuhren, hatte sie sich wegen ehelicher Probleme umgebracht.

In einem Flugblatt wurde deswegen behauptet, sie, die weiblichen Angestellten von Hilfsorganisationen, dienten auf Partys nur als Sexobjekte und danach würden sie von den Ausländern umgehend zum Abtreibungsarzt gebracht werden. Daher wurden sie alle aufgefordert, bis zu einem bestimmten Datum ihren Job zu kündigen. Andernfalls, wie es auf English lautete: „Your souls are in our hands."

Eine unserer Kolleginnen brachte es zu mir mit dem ängstlichen Hinweis, das Pamphlet hätte an ihrer Haustür gehangen, genauso wie bei den anderen Frauen, die für NGOs arbeiteten. So wie wir nahmen auch alle anderen die Drohung sehr ernst. In diesem Fall konnten wir nicht mehr tun, als zunächst die Frauen selbst zu fragen, wie sie die Situation einschätzten sowie sie ab diesem Zeitpunkt zum Büro und wieder nach Hause mit dem Auto zu bringen. Allerdings nicht direkt von bzw. zu dem Haus, in dem sie lebten, damit weder Nachbarn noch irgendwelche anderen Menschen sie sofort als Mitarbeiterinnen einer ausländischen NGO identifizieren konnten. Im weiteren Verlauf blieb die Drohung glücklicherweise folgenlos.

Oft waren es gerade solche Geschichten, die zu Hause die Aufmerksamkeit auf sich zogen und zumindest ansatzweise auf mein Arbeitsumfeld hinwiesen. Als ich einmal erwähnte, ich hätte für die Türkei eine schusssichere Weste im Gepäck gehabt und in Inguschetien permanent bewaffnete Begleiter, war ein Jugendlicher sichtlich beeindruckt: „Cool, krass!"

Solche Vorsichtsmaßnahmen waren nicht immer notwendig und gehörten auch nicht zum Standard, sondern nur in jenen Kontexten, die als besonders konfliktsensibel eingestuft wurden. Darüber hinaus wurde ich normalerweise vom jeweiligen Arbeitgeber entsprechend auf die Sicherheitsregeln ausdrücklich hingewiesen und entsprechend vorbereitet. Allerdings nicht immer, wie noch zu sehen sein wird, und im Rahmen meiner Freiwilligeneinsätze in den 1990er Jahren wurde dieses Thema vorab mit keiner Silbe erwähnt, obwohl wir uns in Bosnien in Kriegsgebiet bewegten.

Völlig naiv und ungeschützt fuhren wir 1995 im Auto von Split in Kroatien nach Kakanj in BiH, wobei wir unter anderem Konjic passierten, eine Stadt, etwa genau zwischen Mostar und Sarajevo, die tagtäglich von Stellungen auf umgebenden Hügeln beschossen wurde. Ich saß am Steuer und als wir den Marktplatz überquerten, meinte mein Beifahrer, der die Strecke bereits mehrere Male gefahren war, eher beiläufig: „Jetzt müsstest du mal kurz aufs Gaspedal drücken", da diese Stelle immer wieder ins Visier genommen werden würde.

Kurz zuvor, ich erinnere mich ziemlich gut, hatten wir einen Lehrer besucht, den die anderen Mitfahrer kannten. Wir saßen in seinem Wohnzimmer, in dem das Fenster mit einer Holzplatte abgedeckt war, tranken Kaffee, als er zu erzählen begann: sicherlich würden wir die Einschusslöcher an der Decke erkennen. Einige Wochen zuvor sei ein ehemaliger Schüler von ihm vor dem Haus aufgetaucht und hätte ihn aufgefordert,

„gefälligst an der Front zu dienen". Offenbar, so meinte er, hätte jener Soldat ihn wegen schlechter Zensuren auf dem Kieker gehabt. Nun hätte er sich dafür rächen wollen. Ihm wäre keine andere Wahl geblieben, als mitzugehen. Die Salven in die Wohnung seien die unmissverständliche Aufforderung dazu gewesen. Er wäre dann gezwungenermaßen eingezogen worden und hätte nichts anderes als das Ausheben von Schützengräben getan, was körperlich ziemlich anstrengend gewesen wäre. Mit einem Mal wurde mir bewusst, dass es sich bei unserer Fahrt nicht um einen Sonntagsausflug handelte. Hier hatte ein gestandener Mann um sein Leben gefürchtet. Und das war plötzlich Realität. Sofort war er für mich ein Held, da er all das so erzählte, als wäre es ein belangloses Ereignis gewesen. Mit Sicherheit hatte er Todesängste durchlebt, die mir bis dahin nie begegnet waren.

Einige Wochen später während der Rückfahrt aus Kakanj stieg mein Adrenalinpegel mit einem Mal kräftig an, als uns ein Soldat anhielt. Ob wir Journalisten wären, Kameras dabei-hätten – mein Fotoapparat war in meinem Rucksack hinter dem Fahrersitz, was ich verheimlichte - und warum wir ausgerechnet in dieser Gegend herumfuhren, fragte er in einem bestimmten, aber misstrauischen Ton. Wir seien Volontäre auf dem Rückweg nach Split, entgegnete mein Beifahrer, dessen Aufregung ich zwar spüren, aber nicht heraushören konnte. Nach einem kurzen Funkspruch durften wir weiterfahren, schworen uns aber, künftig keine Kameras mehr mitzunehmen. Nicht auszudenken, was hätte passieren können, wenn er uns und unser Gepäck durchsucht hätte. Wenig später steckten wir vor der Stadt Mostar in einem Stau, da die Stadt gerade, wie uns ein Militär mitteilte, „granatiert" würde! Zwar konnte ich nichts sehen. Hören aber allemal. Ein unheimliches Gefühl, wenn in Hörweite womöglich Menschen ums Leben kommen.

Aus heutiger Sicht war es nicht nur fahrlässig, sondern vollkommen verantwortungslos von der Organisation, uns so unbedacht dorthin geschickt zu haben. Es blieb jedoch keineswegs ein Einzelfall.

Im Frühjahr 2013 hatte ein anderes Freiwilligenhilfswerk Volontäre nach Syrien entsandt. Ich arbeitete für eine deutsche NGO in Antakya und mit einem von ihnen war ich mehrmals telefonisch in Kontakt, vor allem, als er die türkisch-syrische Grenze durch einen Fluss mutmaßlich illegal überquert hatte, und es auf türkischer Seite hieß, man würde künftig auf jeden schießen, der sich dort herumtreiben würde. Deshalb wollte ich ihn nicht nur warnen, sondern empfehlen möglichst schnell zurückzukehren. Erreicht hatte ich ihn leider nicht.

Jene Freiwilligen waren in syrischen Dörfern untergebracht, wo sie zum Beispiel halfen, Schulen oder Kindergärten zu renovieren. Darüber informierten sie die Öffentlichkeit, indem sie nicht nur ihre geleistete Arbeit, sondern auch deren Standort frank und frei regelmäßig im Internet bloggten. Wir Helfer in der Türkei konnten nur den Kopf schütteln, weil es fast schon einer Einladung an potenzielle Entführer – seht her, hier sind wir! – gleichkam. Tatsächlich wurden drei von ihnen dann gekidnappt und erst nach Monaten wieder freigelassen.

Weniger Glück hatte ein Brite, der viele Jahre zuvor mit mir in derselben Organisation gearbeitet hatte. Ich fuhr meine Kollegen an den türkisch-syrischen Grenzübergang, um sie für einen Trip nach Syrien registrieren zu lassen. Draußen sprach mich plötzlich von hinten ein Mann an, ob ich ihn nicht mehr kennen würde, und was ich ausgerechnet an diesem Ort tun würde. Jetzt erst erkannte ich ihn. Damals hatte ich in Serbien gearbeitet, er für die gleiche Organisation in Kroatien, wo wir des Öfteren nach Feierabend ein Bier zusammen getrunken hatten. Ob ich wisse, dass ein anderer ehemaliger Kollege, sein damaliger Chef, ebenfalls in der Gegend sei, fragte er. Den hatte ich bereits mehrmals getroffen, woraufhin wir verabredeten, uns nach seiner Rückkehr auf jeden Fall treffen zu wollen. Er hätte zwei Tage zuvor bei einer NGO als Sicherheitsbeauftragter begonnen und wolle nun nach Syrien, um sich vor allem ein Bild von möglichen Routen zu machen, die einigermaßen sicher für Hilfstransporte genutzt werden könnten.

Zwei Tage später erfuhren wir, dass er zusammen mit seinem italienischen Kollegen von Islamisten entführt worden sei. Kurz darauf kursierte ein Video von seiner Enthauptung im Internet. War ich schon vorher beunruhigt gewesen, jetzt war ich fassungslos angesichts der schrecklichen Nachricht, und sehr wahrscheinlich war ich der letzte Ausländer, der mit ihm gesprochen hatte. Kaum deutlicher konnte die potenzielle Gefahr in Konfliktgebieten zum Ausdruck gebracht werden, was die Helfergemeinschaft noch Wochen beschäftigte. Die internationalen Mitarbeiter seiner Organisation wurden allesamt vorübergehend unverzüglich nach Hause beordert, um psychologisch betreut zu werden. Zurückgekommen ist kein einziger mehr.

Umso unverständlicher, ja, völlig verantwortungslos empfand ich später ein Statement der Projektleiterin einer tschechischen NGO. Unser Ziel war es, in Aleppo ein Projektbüro zu eröffnen, genau wie die Tschechen, die bis dahin die einzigen waren, die permanent ausländische Helfer vor Ort hatten. Andere Hilfsorganisationen schickten ihr Personal von der Türkei aus lediglich tagsüber nach Syrien.

Mit der Tschechin unterhielt ich mich deshalb über die Gefahren und Herausforderungen, die mit der Entsendung der Internationalen verbunden waren. Sie antwortete lediglich: „Das Risiko müssen wir einfach eingehen". Ich widersprach heftig, denn hier ginge es schließlich um Menschenleben und dafür trage sie die Verantwortung. Zwar sollte jedem, der in Nothilfeeinsätzen tätig ist, klar sein, dass immer ein gewisses Gefahrenpotenzial besteht, allerdings sollten besonders diejenigen, die vor Ort Verantwortung für Mitarbeiter und damit deren Leib und Leben tragen, weder fahrlässige noch leichtsinnige Entscheidungen treffen. Auf diesen Einwand wollte sie nicht eingehen.

Die Ironie der Geschichte war, dass wenig später bei zwei Autobombenanschlägen in der Grenzstadt Reyhanli ausgerechnet das Büro jener Organisation völlig zerstört wurde. Glücklicherweise sei kein Mitarbeiter verletzt oder ums Leben gekommen, berichtete mir danach die sichtlich unter Schock stehende Leiterin. Denn die Zahl der Todesopfer belief sich nach offiziellen Angaben auf nahezu achtzig, inoffiziell sprachen viele von mindestens doppelt so vielen!

Währenddessen machten wir uns große Sorgen um eine syrische Kollegin, die dort wohnte, weil unmittelbar nach den Anschlägen offenbar die einheimische Bevölkerung Jagd auf Syrer machte, da angenommen wurde, die Täter müssten aus deren Umfeld gekommen sein.

Von Antakya aus konnten wir weder sie noch Bekannte telefonisch erreichen. Die Angst ging so weit, dass einige Mitarbeiter verlangten, wir sollten selbst hinfahren, um sie persönlich zu suchen, was allerdings mehr als illusorisch war. Einerseits herrschte dort einigermaßen Chaos und wir mussten davon ausgehen, dass türkische Sicherheitskräfte die Stadt ohnehin weiträumig abgeriegelt hatten, wodurch kein Durchkommen gewesen wäre. Andererseits hätten wir uns sehr wahrscheinlich selbst in große Gefahr gebracht. Daher versuchte ich, so gut es ging, meine Kollegen zu beruhigen, denn mehr als abwarten konnten wir nicht. Erst gegen Abend kam ein Kontakt mit ihr zustande. Sie hätte großes Glück gehabt und Freunde würden sie nach Antakya bringen. Spätabends konnten wir sie dann endlich freudig in die Arme schließen.

Wieder einmal hatte der Vorfall gezeigt, wie schnell sich die Situation in solchen Kontexten ändern kann. Hinzukam der psychologische Druck meiner jungen Mitarbeiter, unbedingt handeln zu wollen, obwohl wir völlig machtlos waren. Deshalb hatte ich während jener bangen Stunden versucht, sie zur Besonnenheit aufzurufen, wobei es mir nicht anders ging als ihnen, zumindest innerlich. Trotzdem hatten sie nach dem Abwägen verschiedener Handlungsoptionen, die eigentlich gar keine waren, letztlich ein Einsehen, dass eine unüberlegte Spontanaktion jedenfalls nicht angebracht war.

Noch zu Studienzeiten, als ich im Dezember 1996 in BiH meine ehemaligen Freiwilligenkollegen besuchte, sprach allerdings alles für eine solche, obwohl damals, wie es die Koordinatorin ausdrücklich forderte, eine Sonderbehandlung für sie nicht infrage käme. Jedoch änderte sie gleich danach ihre Meinung, und befürwortete unsere spontane Absicht flehentlich.

Ich war in ihrer Wohnung in Zenica untergebracht und am Tag vor meiner Abreise verließ sie morgens das Haus, um zum Bäcker zu fahren. Als sie nach einer halben Stunde noch immer nicht zurückgekommen war, ging ich zu Fuß in Richtung Bäckerei. Gerade um die Ecke sah ich den Grund für ihr Fernbleiben. Ein Militärlaster war ihr ins Auto gefahren: Totalschaden und keine Spur von ihr. Ein Soldat sagte mir, sie hätte wahrscheinlich ein Bein gebrochen und sei bereits auf dem Weg ins Krankenhaus. Wir also nichts wie hin. Ein anderer Freiwilliger teilte ihr mit, dass wir versuchen wollten, sie nach Sarajevo ins Bundeswehrkrankenhaus zu bringen. Dafür hatten wir auch schon einen Krankenwagen organisiert, nachdem uns das deutsche Hospital grünes Licht gegeben hatte. Sie jedoch lehnte diese Option ab und weigerte sich, verlegt zu werden. Sie wolle nicht als Extrawurst behandelt werden. Nachdem sie von einem Arzt untersucht worden war, der sie später operieren wollte, stimmte sie plötzlich unserem Vorschlag zu. Denn der Weißkittel, ein etwa siebzigjähriger Mann, trug eine Brille, deren Gläserstärke nicht darauf schließen ließ, dass er sich ohne sie überhaupt orientieren konnte.

Er stand vor ihrem Bett und teilte ihr mit verschmitztem Lächeln mit, er freue (!) sich schon auf die Operation am Nachmittag, während die Patientin mit schmerzverzerrtem Gesicht vor ihm lag. Danach schoben wir sie in einen Raum, wo zunächst provisorisch eine Gipsschiene angelegt werden sollte, um das Bein zu stabilisieren. Der dortige Krankenpfleger samt Kollegin drückten ihre Zigaretten gemächlich aus und schritten sofort zur Tat. Anschließend brachten wir die Patientin zum Röntgen und wieder zurück ins Zimmer. Wahrscheinlich war aber beim Gipsanlegen das Bein bewegt worden. Denn auf dem Röntgenbild waren die Knochen schlagartig verschoben, woraufhin es unsere Koordinatorin mit der Angst zu tun bekam. Jetzt konnte für sie die Verlegung gar nicht schnell genug gehen. Ohne ihr Wissen hatten wir das sowieso schon eingefädelt. Kurze Zeit später marschierte eine Gruppe französischer Soldaten im Stechschritt, vorneweg der Befehlshaber, und nicht zu überhören, den Flur entlang. Der Chef der Truppe kam auf mich zu und fragte mich in bestem Deutsch, aber sehr bestimmt, wo die Deutsche sei? Ich wies ihnen den Weg zum Zimmer. Er, offenbar Arzt, untersuchte sie kurz und teilte ihr mit, er würde sie sofort per Helikopter nach Sarajevo ausfliegen.

Auf dem Gelände der Klinik befanden sich sehr viele Gebäude, in denen jeweils unterschiedliche medizinische Abteilungen untergebracht waren. Nicht weit von der Chirurgie, in der wir uns befunden hatten, lag die Psychiatrie, die lediglich von einem kleinen Mäuerchen umzäunt war, welches mühelos von jedem Kind hätte übersprungen werden können. An einem seitlichen Eingang lag der Hubschrauberlandeplatz, auf dem nun ein mächtiger Militärhelikopter stand, umringt von etwa fünf oder sechs sehr jungen Soldaten.

Jene, in voller Kampfmontur und Maschinengewehr im Anschlag, sicherten das Gefährt, wobei sie sich immer wieder von rechts nach links drehten. Das schien allerdings mehrere herumlaufende Menschen nicht zu stören. Einige umringten die Soldaten, sprachen diese offenbar auch an, tasteten sogar an ihnen herum, während andere eher merkwürdig herumstanden, den Kopf schief zur Schulter hin gebeugt und die Vorgänge teils apathisch, teils ängstlich beobachteten.

Bei genauerer Betrachtung konnte man sehen, dass sie keine Strümpfe anhatten und für die Jahreszeit viel zu luftig gekleidet waren. Offensichtlich handelte es sich um Patienten aus der Psychiatrie, die sich frei auf dem Gelände bewegten und neugierig geworden zum Landeplatz gekommen waren. Ich lief jetzt neben der Bahre mit der Patientin in Richtung Hubschrauber, selbst etwas verdutzt angesichts der merkwürdigen Szenerie. Dabei konnte ich bruchstückhaft verstehen, was einige der Patienten, die ganz nahe an den Soldaten standen, sagten bzw. fragten: Sie baten sie nämlich um Kugelschreiber, Feuerzeuge oder fotografiert zu werden.

Die jungen Franzosen verstanden kein Wort und fühlten sich sichtlich unwohl, insbesondere diejenigen, deren Hemd- und Hosentaschen befingert wurden. Ich sagte ihnen, es handle sich wahrscheinlich um harmlose Patienten, die lediglich kleine Präsente haben wollten und sie, die Soldaten, sollten am besten die Gewehre herunternehmen, schließlich sei der Krieg seit Monaten vorbei. Einer von ihnen antwortete, sie seien erst seit ein paar Tagen im Lande und ihnen wäre eingetrichtert worden, jeder Mensch dort würde eine Waffe tragen. Deshalb sei jederzeit Vorsicht geboten, selbst wenn es sich um eine Klinik handeln würde. Erneut bat ich, sie sollten die Waffen senken, um den Leuten keine Angst einzujagen. Der eine oder andere sei sicherlich ohnehin traumatisiert. Schließlich nahmen sie die Waffen runter, halfen beim Einladen der Patientin, stiegen selbst ein und flogen davon – ohne Erinnerungsfoto mit den Patienten.

Meine Kollegin, wie ich später erfuhr, war dann in Sarajevo erfolgreich operiert worden und wieder vollständig genesen.

Nach dem Abtransport ging ich zurück zu dem Arzt, der sie eigentlich operieren wollte, um ihm das plötzliche Verschwinden seiner Patientin mitzuteilen. Sichtlich enttäuscht wünschte er trotzdem alles Gute.

Mehr als zehn Jahre später traf ich sie wieder, als ich in Bonn zu einem Vorstellungsgespräch eingeladen war und sie mir freimütig angeboten hatte, in ihrem Haus übernachten zu können. Nach der Zeit in BiH hatte sie zunächst jahrelang für eine deutsche NGO in deren Zentrale gearbeitet, den Job allerdings dann frustriert an den Nagel gehängt und war zu jenem Zeitpunkt Pflegehelferin und gleichzeitig Schafzüchterin geworden. Jedenfalls schwelgten wir am Abend in Nostalgie, den alten Zeiten, wobei wir nochmals auf den Unfall zu sprechen kamen. Im Nachhinein sei sie froh gewesen, dass wir hinter ihrem Rücken ihren Abtransport organisiert hatten, und fand ihre damalige ausdrückliche Beharrung auf keiner Sonderbehandlung unverständlich, ja lächerlich. Glücklicherweise hätte sie nicht erst langes Nachdenken zur Besonnenheit gebracht, sondern allein die Erscheinung des Arztes. Ich fügte hinzu, sie meinte wohl die normative Kraft des Faktischen, woraufhin sie einen Lachkrampf bekam.

Ruhe und Gelassenheit ist wohl in erster Linie eine Frage des Alters und vor allem längerer Berufserfahrung, zumindest im Arbeitsalltag. Ich lernte jedenfalls, dass ungewöhnliche Vorkommnisse innerhalb des Büros, wie zum Beispiel die plötzliche Kündigung eines Mitarbeiters, der völlig normale Gang der Dinge ist. Nicht normal waren dagegen viele Situationen außerhalb, vor allem dramatische Ereignisse, bei denen man sein eigenes Verhalten kaum vorhersehen konnte. Handlungsanweisungen, wie beispielsweise Sicherheitspläne, ermöglichen zwar, beruhigender zu reagieren – zumindest theoretisch, da sie vorschreiben, wie man sich, je nach Bedrohungsstufe, am besten verhält, und was erledigt werden muss.

In solchen Vorlagen zählte das Passieren polizeilicher, militärischer und paramilitärischer Checkpoints zu neuralgischen, sicherheitsrelevanten Aspekten; vor allem deswegen, da sie häufige Zielscheiben von Gegnern sind. Beschrieben wurde darin unter anderem, wie man sich möglichst so verhält, dass eine Situation nicht eskaliert und nicht unvermittelt zu einer lebensbedrohlichen wird.

In der Praxis habe ich jedoch die Erkenntnis gewonnen, da man fast nie allein unterwegs ist, mich nach dem zu richten, was meine lokalen Kollegen empfahlen. Denn sie wussten am ehesten, wie man auftreten sollte. Für sie war es Alltag, für mich nicht. Deshalb, ich hatte es bereits erwähnt, verhielt ich mich gewöhnlich völlig ruhig, zumindest sagte ich meistens kein Wort und überließ das Reden meinem Mitarbeiter oder Fahrer.

Das hatte überall sehr gut funktioniert. Allerdings erinnere ich mich an eine Polizeikontrolle im Süden Russlands, irgendwo im Nirgendwo, an einem Vormittag, die sehr brenzlig verlief.

Von weitem sahen wir schon einen Polizisten, der mitten auf der Straße stand. Und je näher wir kamen, desto deutlicher wurde uns die potenzielle Gefahr. Denn der einsame Uniformierte torkelte völlig betrunken mit einer Pistole in der Hand herumfuchtelnd. Hinzu kam, dass mein Kollege – obwohl Ingusche – in Tschetschenien geboren worden war und Tschetschenen standen damals unter dem Generalverdacht des Terrorismus.

„Die Ausweispapiere" lallte der Polizist. Die Schusswaffe behielt er in der einen Hand, mit der anderen nahm er die Plastikkarte meines Fahrers. Als er dessen Identität erkannte, begann er wild herumzuschreien. Jetzt ein falsches Wort oder selbst ein Muckser von uns, wer weiß, wie er reagieren würde. Stoisch ließ mein Kollege alle möglichen Beschimpfungen über sich ergehen, während mir daneben die Knie schlotterten und der Schweiß von der Stirn tropfte. Mit gesenktem Kopf und starr nach vorne blickend versuchte ich jeden Augenkontakt mit dem Uniformierten zu vermeiden. Mein Mitarbeiter flüsterte nur ständig auf Englisch, ich solle ruhig bleiben, „ja nur ruhig bleiben!". Gott sei Dank wurde ich nicht angesprochen, selbst als er meinen deutschen Pass überprüfte. Allerdings musste er ihn aufklappen, wofür die Pistolenhand gefährliche Halbkreise beschrieb. Warum ein Deutscher in seinem Auto sei, stammelte er undeutlich, mein Kollege antwortete lediglich, ich sei ein Freund und besuche ihn. Keinesfalls wollte er uns als Mitarbeiter einer Hilfsorganisation erwähnen, da er befürchtete, den wütenden Polizisten nur noch mehr in Rage zu bringen. Wankend gab dieser die Ausweise zurück. Wahrscheinlich dürfte die Tatsache meines deutschen Reisepasses uns vor Schlimmerem bewahrt haben. Dann legte mein Fahrer den ersten Gang ein, fuhr vorsichtig langsam an und nach wenigen Metern trat er das Gaspedal durch. Erst dann löste sich meine Anspannung und selbst mein Kollege seufzte erleichtert. Im Rückspiegel konnte ich durch den aufgewirbelten Staub den Polizisten wild gestikulierend erkennen, wie er hin und her stolperte.

Im selben Einsatz erlebte ich die mit Abstand dramatischste Situation meiner gesamten Auslandskarriere. Darüber hinaus war sie Beweis genug, wie wichtig ein Sicherheitsplan ist. Dumm nur, dass wir damals keinen hatten.

Es war der 22. Juni 2004. Abends wollten mein deutscher Kollege und ich gemeinsam ein Spiel der Fußball Europameisterschaft ansehen. Bier und Kartoffelchips waren bereit, Fernseher an, wir schwangen uns in die Sessel. Es konnte losgehen. Und wie es losging.

Urplötzlich hörten wir von draußen Gewehrschüsse. Zunächst ignorierten wir die Geräusche, in der Annahme, irgendwo würde wieder Mal eine Hochzeit besonders kräftig gefeiert werden. Dann vernahmen wir stärkeres Knallen, wahrscheinlich Granaten und sahen plötzlich durchs Fenster, wie auf der anderen Seite des Sees, der direkt vor uns lag, ein Gebäude in die Luft flog und im selben Moment der Strom ausfiel. Jetzt waren auch anderswo Detonationen zu hören sowie permanentes Maschinengewehrfeuer. Ich griff zum Telefon und rief unseren lokalen Koordinator an, der sofort abnahm und zu flüstern begann. Er läge gerade am Boden, da um sein Haus herum geschossen werde, was ich gut im Hintergrund hören konnte. Einige Kugeln wären auch in seine Wohnung gedrungen und er empfahl uns, alle Lichter zu löschen und in den Keller zu gehen. Offenbar hatten mehrere Hundert tschetschenische Rebellen besonders staatliche, das heißt russische, Einrichtungen und Polizeistationen in der Stadt Nazran angegriffen und dabei bereits viele Menschen getötet.

Wir kontaktierten sofort alle möglichen Kollegen anderer Hilfsorganisationen, die selbst bereits im Bilde gewesen waren. Lediglich zwei kanadische Kolleginnen, deren Wohnung ausgerechnet neben dem örtlichen Büro des Inlandsgeheimdienstes lag, hätte bis dato niemand erreicht. Wir machten uns große Sorgen um sie. Mittlerweile waren auch das Wasser und Gas abgestellt worden und wir beide standen in der dunklen Küche im Erdgeschoss am Fenster und wussten nicht so recht, was wir nun tun sollten. Während ich eine kurze SMS „Schwere Gefechte in Nazran" an die Zentrale nach Deutschland schickte, versuchte er unentwegt die Kanadierinnen telefonisch zu kontaktieren. Später sagten die beiden sichtlich mitgenommen, dass sie sich zu dem Zeitpunkt bereits im Keller ihres Gebäudes befunden hätten und jedes Mal, wenn das Telefon geklingelt hätte, wäre eine Gewehrsalve in ihr Büro gefeuert worden!

In der ganzen Aufregung hatte ich unsere Wachen draußen in der Garage völlig vergessen. Anders als unsere Guards, die uns gewöhnlich draußen begleiteten, waren sie keineswegs kampferprobte ehemalige Soldaten, sondern Männer, denen man pro forma ein Gewehr in die Hand gegeben hatte, um im Schichtbetrieb, wir nannten sie immer bewaffnete Pförtner, ihren Dienst zu tun. Ich rannte raus zur Garage, wo die beiden Wachen völlig aufgelöst, die Angst stand ihnen förmlich im Gesicht, hin und her liefen und auch nicht so richtig wussten, wie sie sich nun verhalten sollten. Daher bot ich ihnen an, mit ins Haus zu kommen. Wir würden uns dort einschließen und abwarten, bis sich die Situation hoffentlich beruhigen würde. Stattdessen versuchten sie mich zu beruhigen und bestanden darauf, in der Garage zu bleiben – Heldentum war jetzt keinesfalls angebracht. Jedoch ließen sie sich nicht umstimmen.

Wenig später, mittlerweile hatten wir das Metallgitter an der Haustür sowie alle Fenster verriegelt, konnte ich draußen in der Dunkelheit vage einen Mann erkennen, der mit einem Gewehr in der Hand durch unsere Straße ging und die Schussgeräusche auch immer näherzukommen schienen. Ich hielt den Atem an, bedeutete meinem Kollegen mit einer Geste ruhig zu sein und wir schlichen uns auf Zehenspitzen runter in den Keller. Auf der Treppe piepste ausgerechnet jetzt mein Handy, weil eine SMS kam. Wir schreckten auf. Ich deckte es mit der Hand ab, und unten angekommen las ich: „Ist doch normal, oder!" Es war die Antwort von unserem Projektverantwortlichen daheim auf die Gefechte. Richtig aufbauend war sie nicht und wir wurden immer nervöser. Keine zwei Minuten später war das Telefon tot, da die Mobilfunknetze abgeschaltet wurden.

Mittlerweile war es weit nach Mitternacht und wir waren auf uns allein gestellt. Möglichkeiten zur Kommunikation hatten wir auch keine mehr. Uns blieb also nichts anderes übrig, als abzuwarten. Die Ungewissheit war für mich am bedrückendsten, obwohl ich erstaunlicherweise ziemlich ruhig blieb. Mein Kollege dagegen ging permanent auf und ab. Ihm gingen die beiden kanadischen Kolleginnen nicht aus dem Kopf. Ich redete auf ihn ein und stellte klar: jetzt würde es erst einmal um uns gehen!

Da wir im Keller keine richtigen Sitzgelegenheiten hatten, beschlossen wir nach einer Weile, zurück ins Wohnzimmer zu huschen. Dort gingen wir verschiedene Optionen durch, wie wir am nächsten Tag weiter verfahren würden. Einen Securityplan, der uns entsprechende Anweisungen hätte liefern können, hatten wir nicht. Also müssten wir improvisieren. Wir entschieden uns, am kommenden Vormittag zu versuchen, Kontakt zu anderen Hilfsorganisationen aufzunehmen, um zu sehen, wie jene weiter vorgehen würden.

Etwa gegen vier Uhr morgens waren die Schussgeräusche verebbt, sodass wir uns zumindest etwas hinlegen konnten. Keine drei Stunden später wurden wir allerdings von unserem lokalen Koordinator geweckt, der uns dazu aufrief, das Land noch am selben Tag zu verlassen. Schließlich wisse man nicht, ob es am Abend wieder Kämpfe geben würde. Denn die Angreifer, fuhr er fort, hätten sich am frühen Morgen in umliegende Wälder zurückgezogen. Bei den Schießereien am Vorabend wären neben dem Innenminister etwa weitere hundert Menschen ums Leben gekommen.

Jetzt gab es auch wieder Wasser und Strom sowie ein funktionierendes Mobilfunknetz, woraufhin wir erst einmal unsere Familien in Deutschland anriefen. Erwartungsgemäß hatte dort niemand etwas von den Vorgängen registriert. Dann rief mich noch unser Projektverantwortlicher aus der Zentrale an, um sich für seine flapsige SMS vom Vorabend zu entschuldigen, denn auf BBC sei der Angriff die Topmeldung gewesen! Ich informierte ihn, dass wir zunächst sehen wollten, wie die anderen NGOs reagieren würden, und vereinbarte, ich würde mich wieder melden.

Gleich darauf meldete sich ein Vertreter der UN und teilte mir mit, dass man versuchen würde, für den nächsten Tag ein Flugzeug vom russischen Katastrophenschutzministerium zu organisieren. Damit könnten alle ausländischen Helfer von Wladikawkas, das etwa eine Stunde entfernt war, nach Moskau ausgeflogen werden. Die Kosten von etwa achthundert US-Dollar pro Person müssten allerdings selbst getragen werden. Darauf wurde in dieser Situation wohl besonders Wert gelegt! Als wäre das für uns ein Hindernis gewesen!

Für neun Uhr hatten wir ein Treffen mit einigen anderen Hilfsorganisationen anberaumt. Vorher hatten uns einige Ausländer bereits Bescheid gegeben, sie würden sich dem Vorschlag der UN anschließen. Während der Fahrt zum Meeting konnten wir die Spuren der vergangenen Nacht deutlich erkennen: Unweit von unserem Büro befand sich eine große Kreuzung, an der mehrere ausgebrannte sowie auf die Seite gekippte Autos lagen. Unser Fahrer teilte uns mit, dass dort wahllos auf alles geschossen worden sei, was sich bewegte. Ein Mitarbeiter der UN sei ebenfalls unter den Opfern, als er lediglich versuchte, sich ein Bild von der Lage zu verschaffen. Quer durch die Stadt, die mittlerweile voller uniformierter Soldaten war, konnten wir Einschüsse an vielen Gebäuden erkennen, woraus wir schlossen, dass es sich in der Tat um eine große Zahl an Kämpfern gehandelt haben musste.

So saßen wir nun in einer Runde von etwa zehn ausländischen Mitarbeitern, glücklicherweise einschließlich der beiden Kanadierinnen. Wir beschlossen, die Stadt und Republik umgehend zu verlassen und gemeinsam nach Naltschik, der Hauptstadt der russischen Teilrepublik Kabardino-Balkarien, zu fahren, zwei Stunden von Nazran entfernt. Aus vermeintlich sicherer Entfernung wollten wir erst die weitere Entwicklung abwarten. Treffpunkt sei der Checkpoint vor Wladikawkas in zwei Stunden. Wir fuhren zurück zum Büro, wo ich sofort die Zentrale informierte. Unser Projektverantwortlicher stimmte der Entscheidung zu, zugleich solle ich alle notwendigen Vorbereitungen treffen und die Übergabe an unseren lokalen Koordinator organisieren. Mir blieben also etwa neunzig

Minuten, um alles zu erledigen und genau jetzt wäre eine To-do-Liste das ideale Mittel gewesen, um die wesentlichen Punkte abarbeiten zu können.

Was musste unbedingt erledigt werden? Da wir nicht wussten, wie lange wir fortbleiben würden, benötigte unser lokaler Koordinator eine schriftliche Vollmacht, dass er im Namen der Organisation handeln dürfe. Zusammen mit ihm ging ich weitere Aspekte durch: Das restliche Personal solle einige Tage zu Hause bleiben und erst wieder arbeiten, wenn einigermaßen Sicherheit gewährleistet werden könne; die Kollegen in Grosny, der Hauptstadt Tschetscheniens, wo wir ebenfalls Hilfsgüter verteilten, mussten informiert werden, wie auch unsere Lieferanten; Verträge mussten durchgegangen werden, um zu sehen, ob demnächst Zahlungen fällig seien, wofür gewöhnlich meine Unterschrift notwendig war; dann ging es an die Finanzen: Wir kalkulierten den Bedarf der nächsten vier Wochen für Miete, Wasser, Strom, Telefon und nicht zuletzt Gehälter sowie anderer projektbezogener Ausgaben und entsprechend hinterließ ich eine Summe von 30.000 US-Dollar, die wir im Safe hatten. Den Rest, ebenfalls mehrere Tausend US-Dollar, nahm ich an mich. Nachdem wir all das schriftlich festgehalten, kopiert und in die Zentrale gefaxt hatten, packte ich meine Sachen.

Währenddessen wurde mir erst bewusst, dass ich selbst nicht mehr zurückkäme, da mein Arbeitsvertrag ohnehin acht Tage später auslaufen würde. Deshalb blieb keine Zeit, um mich von den restlichen Kollegen zu verabschieden. Das tat ich nun am verabredeten Treffpunkt von unserem lokalen Koordinator, wünschte ihm und seiner Familie alles Gute, ließ Grüße an die übrigen Kollegen ausrichten, setzte mich zurück in den Wagen und winkte ihm noch lange zu.

Weitere nächtliche Gefechte hatte es danach nicht mehr gegeben, dennoch hatten alle Hilfsorganisationen für mehrere Monate ihre Basis nach Wladikawkas verlegt und vor allem die ausländischen Mitarbeiter sind, wenn überhaupt, nur noch tagsüber nach Inguschetien gefahren. Zu Hause habe ich dann angeregt, so schnell wie möglich einen Sicherheitsplan anzufertigen, um in Zukunft auf derartige Vorkommnisse vorbereitet zu sein – unverhofft kommt eben doch oft!

Bei meinem Abschlussgespräch in der Zentrale erklärte mir unser Desk-Officer, dass der Sicherheitsplan bereits in Arbeit sei, und ob ich bereit wäre, falls notwendig, noch Tipps zu geben. Selbstverständlich.

Ganz spurlos waren die Geschehnisse auch an ihm nicht vorbeigegangen. Jedenfalls entschuldigte er sich nochmals bei mir für seine Handynachricht. Unser Vorhaben erwähnten wir mit keiner Silbe. Er sagte lediglich, dass ich meine Aufgabe bis dahin mit Bravour erledigt hätte, jetzt müsse erst die weitere Entwicklung abgewartet werden. Dem hätte auch ECHO, der Geber, zugestimmt. Das gab mir das Stichwort, da ich auf jeden Fall das Thema Transparenz dem Geber gegenüber ansprechen wollte.

In erster Linie ging es um die Projektbesuche in Grosny. Jene NGOs, deren Projekte von der UN finanziert wurden, durften nur in deren gepanzerten Fahrzeugen, einschließlich schusssicherer Weste und Helm, nach Tschetschenien fahren. Das wussten alle. Ob allerdings die ECHO-finanzierten Organisationen gelegentlich oder regelmäßig dorthin gingen, wusste keiner. Wir taten das jedenfalls, nur informierten wir niemanden, und selbst bei abendlichen Treffen mit anderen NGO-Vertretern blieb das Thema tabu. Zwar vermutete ich, dass der ECHO-Vertreter ahnte, dass wir Expats regelmäßig in Grosny waren, persönlich angesprochen haben wir es aber nie. Vielleicht ging er davon aus, dass unsere Stippvisiten, wenn überhaupt, genau wie die der UN-finanzierten NGOs abliefen. Unser Budget sah zumindest keine derartigen Ausgaben vor, was er mit Sicherheit wusste. Im Übrigen hielt er selbst sein Kommen nach Nazran, sein Standort war Moskau, aus Sicherheitsgründen stets geheim, weshalb er immer unangekündigt plötzlich im Büro auftauchte.

Die Art und Weise, wie ich nach Grosny kam, war auf den ersten Blick purer Leichtsinn, manche würden wohl auch Fahrlässigkeit dazu sagen. Als Vorgesetzter war es meine Aufgabe, gelegentlich die dortige Verteilung selbst in Augenschein zu nehmen. Um dies auch wahrnehmen zu können, musste man bei den Behörden jeweils für den folgenden Monat drei Zeiträume von jeweils zwei Tagen angeben, an denen man plane, nach Tschetschenien zu fahren. Meistens strichen sie mindestens einen Zeitraum und erteilten lediglich für den oder die verbliebenen eine amtliche Erlaubnis. Gewöhnlich hatte sich mein lokaler Koordinator darum gekümmert. Neben mir wusste auch nur er Bescheid. Und zwar aus gutem Grund.

Wenn es dann so weit war, gingen er und ich morgens aus dem Büro, setzten uns in den Wagen eines ganz bestimmten Fahrers, denn er hatte als einziger einen recht neuen Wolga, den russischen Mercedes unter den PKWs, sodass die Gefahr einer Panne eher auszuschließen war. Der Koordinator teilte ihm mit, wir würden sofort nach Grosny fahren. Bis zur Grenze begleitete uns noch ein zweites Auto mit den bewaffneten Bodyguards, die allerdings auf inguschetischer Seite zurückblieben. Wir dagegen brausten mit sehr hohem Tempo ohne Begleitschutz die restlichen anderthalb Stunden in die tschetschenische Hauptstadt.

Beim ersten Mal kam mir die Geheimniskrämerei und das ganze Procedere ziemlich paradox und grotesk vor, da tschetschenisches Gebiet als ungleich gefährlicher eingestuft wurde. Jedoch hatte mich der lokale Koordinator entsprechend aufgeklärt.

Einmal hätte er wie jetzt für einen meiner Vorgänger einen entsprechenden amtlichen Termin bekommen und am Vorabend einen Fahrer sowie einige andere Mitarbeiter darüber informiert. Am folgenden Tag sei der Wagen kurz vor Grosny plötzlich von einigen uniformierten Männern gestoppt worden, die den Ausländer offensichtlich entführen wollten. Nur seinem Verhandlungsgeschick, vor allem aber dem blitzschnellen Handeln des Fahrers, der urplötzlich mit quietschenden Reifen davonfuhr, sei es zu verdanken gewesen, dass alle mit heiler Haut davongekommen waren. Unbestritten sei aber gewesen, dass die potenziellen Entführer einen Tipp von einem Mitarbeiter bekommen hätten. Daher die ganze Heimlichtuerei.

Dass wir völlig ungeschützt, also ohne bewaffnete Begleiter fuhren, begründete er damit, dass man so viel weniger Aufmerksamkeit auf sich ziehen würde, was mir einleuchtete. Trotzdem hatte ich ein mulmiges Gefühl, da die Erklärung nicht gerade beruhigend klang. Noch mulmiger wurde mir, als wir einen am Straßenrand stehenden Panzer passierten, hinter dem im Graben offenbar ein verletzter Soldat behandelt wurde. Kurz zuvor musste es wohl Kampfhandlungen an der Stelle gegeben haben. Wenig später bedeutete uns ein Soldat mit nach oben und unten bewegenden Händen, dass wir langsamer fahren sollten. Schon erkannten wir links und rechts an der Straße entlanggehende ziemlich junge Rekruten, die den Boden abzusuchen schienen. Mein Kollege meinte nur, dass sie Ausschau nach Minen hielten! Wir fuhren jedenfalls sehr langsam an ihnen vorbei und erreichten nach kurzer Zeit die tschetschenische Hauptstadt.

Sofort schossen mir Bilder von zerstörten Städten aus dem Zweiten Weltkrieg durch den Kopf. Hier sah es nicht viel anders aus. Die russische Armee schien ganze Arbeit geleistet zu haben. Wir fuhren an mehrstöckigen Gebäuden vorbei, deren Vorder- oder Seitenfassade nicht mehr vorhanden war, weshalb man von der Straße aus in Wohnungen blicken konnte, die offenbar noch immer bewohnt wurden. Menschen gingen auf den Bürgersteigen und ich fragte mich, wohin sie wohl liefen. Zumindest hatte alles den Anschein eines normalen Alltags, was angesichts des Leids und dem Terror, dem die Bewohner seitens der russischen Armee auf der einen und den Milizen auf der anderen Seite ausgesetzt waren, für mich einigermaßen surreal zu sein schien.

Wir dagegen bewegten uns rasant zielsicher zu einem bestimmten Hinterhof. Links vom Eingangstor hingen lange Namenslisten an der Wand, woraus man entnehmen konnte, ob man von uns Hilfe bekam oder nicht. Unter ihnen, so erklärte mir mein Koordinator, seien vor allem ältere Menschen, die in Kellern oder ähnlichen Unterständen hausen würden. Wir gingen an der Schlange vorbei, wobei ich zum Teil die Blicke der Menschen spürte. Weder konnte ich jenen entnehmen, ob es sich um Neugier, Misstrauen noch um Dankbarkeit handelte. Trotzdem waren Zweifel angebracht, denn wir wussten nie, ob jemand die Nachricht verbreiten würde, dass sich im Moment ein Ausländer dort aufhielt. Wir gingen zu unseren Kollegen, die bereits mitten in der Verteilung gewesen waren. Ein kurzes „Hallo" hier und „Guten Morgen" dort und schon begann der Koordinator darauf zu drängen, wieder zurückzufahren: bloß nicht zu lange an einem bestimmten Ort aufhalten, es könnte ja wer weiß aufkreuzen, untermauerte er seine Unruhe. Allerdings verlangte ich, dass wir zumindest einen kurzen Schlenker durch die Stadt machen sollten, damit ich überhaupt einen Eindruck von der ehemaligen Metropole im Nordkaukasus gewinnen konnte. Zunächst etwas widerwillig stimmte mein Kollege zu, anschließend machte es ihm dann doch sichtlich Freude, mir die Stadt zumindest ein bisschen zeigen zu können. Immerhin war er selbst dort geboren und aufgewachsen. Nicht viel anders liefen spätere Stippvisiten ab.

So schnell wie wir hinfuhren, ging es auch wieder zurück Richtung Inguschetien. Unterwegs schoss nochmals für kurze Zeit mein Adrenalinspiegel mit einem Mal abrupt in die Höhe. An einer Kuppe tauchte plötzlich vor uns in gerade einmal etwa zwanzig Metern Höhe ein russischer Kampfhubschrauber auf und mir schien es, als ob er uns anvisierte. Mein Mitarbeiter meinte routiniert, er sei sicherlich die Vorhut eines Militärkonvois, der die Straße und Umgebung nach Kämpfern oder sonstigen verdächtigen Personen und Gegenständen absuchte. In der Tat begegneten wir später den zahlreichen Truppentransportern, die sich in Richtung Tschetschenien bewegten. An der Grenze wurden wir dann von meinen bewaffneten Begleitern wieder in Empfang genommen. Glücklicherweise gab es weder bei meinen noch den Kurzbesuchen meines deutschen Kollegen jemals einen Zwischenfall.

Im Abschlussgespräch in der Zentrale diskutierten wir jedenfalls die Art und Weise sowie das Für und Wider jener Besuche, zu einem Ergebnis kamen wir nicht. Während ich dafür plädierte, ähnlich wie die UN-finanzierten NGOs gepanzert nach Tschetschenien zu fahren, brachte mein Gegenüber die dadurch verursachende Aufmerksamkeit ins Spiel sowie besonders die damit zusammenhängenden Kosten, die ECHO „niemals" bezahlen würde. Wie die Organisation nachher weiter damit umging, erfuhr ich nicht, eigentlich wollte ich es auch nicht erfahren.

Dass ich das Thema Sicherheit zur Sprache bringen wollte, lag selbstverständlich an den Ereignissen in Inguschetien. Allerdings glaube ich, dass auch meine bis dahin erlangte Erfahrung eine Rolle spielte. Denn ich bin mir sicher, dass ich bis zu diesem Einsatz das Ganze wahrscheinlich nur als Abenteuer abgehakt, von dem ich daheim stolz erzählt hätte. Der Kernaspekt der Arbeit in solchen Kontexten, nämlich die eigene Sicherheit, auf den Gedanken wäre ich vermutlich gar nicht gekommen.

Der zumindest von mir so bezeichnete Leichtsinn oder die Fahrlässigkeit wie unsere Projektbesuche in Tschetschenien abliefen, basierte auf auch für mich nachvollziehbaren Gründen. Immerhin sprach dafür, dass durch die vermiedene Aufmerksamkeit und die Geheimnistuerei seit der versuchten Entführung keinerlei Vorfall mehr passierte, es sei denn, die lokalen Kollegen ließen mich darüber im Dunkeln.

Trotzdem war ich mir damals über die Problematik im Klaren, was wohl Ausdruck einer Bewusstseinsbildung war, die mehrere Jahre gedauert hatte. Bei meinem ersten Einsatz in Serbien war Sicherheit insbesondere in den ersten Monaten für mich überhaupt kein Thema, obwohl ich fast täglich schon am späten Nachmittag Demonstrationszüge vom Bürofenster aus beobachten konnte. Ganz im Gegenteil, denn nicht nur trieb mich die Neugier auf die Straße, sobald ich vorbeiziehende Menschengruppen sah, sondern ich war auch davon überzeugt, ich müsse dabei sein, zumal ich stets die politische Situation im Rahmen der Wochenberichte skizzieren sollte. Mein leichtfertiges Handeln entschuldigte es trotzdem nicht. Und dass dieses falsch verstandene Pflichtgefühl fatale Folgen hätte nach sich ziehen können, war ein Gedanke, der mir nicht in den Sinn kam, da ich, naiv wie ich war, immer dachte, als Ausländer würde mir ohnehin nichts passieren.

Als humanitärer Helfer ist man zu Neutralität verpflichtet und sollte es tunlichst vermeiden, an politischen Veranstaltungen teilzunehmen, geschweige denn diesbezügliche Stellungnahmen abzugeben. Im Jahr 2013 waren zum Beispiel einige meiner ehemaligen lokalen Kollegen in der Türkei inmitten einer Protestdemonstration, was dazu führte, dass die ausländischen, obwohl sie nicht dabei gewesen sind, ausgewiesen wurden. Jahre zuvor in Inguschetien wurde eine tschechische Hilfsorganisation komplett geschlossen, weil sie in den Augen der Behörden anhand unglaubwürdiger Indizien Partei für die Rebellen ergriffen hätten. Zwar war in beiden Fällen die amtliche Entscheidung mehr als fragwürdig. Jedoch zeigte es, welche Konsequenzen aus vermeintlich harmlosem Handeln erwachsen konnten.

In den ersten Monaten in Belgrad gab es fast täglich Proteste gegen die Regierung auf und um den Platz der Republik, der nur wenige hundert Meter von unserem Büro entfernt war. Manch-mal bin auch ich abends hingegangen und habe die Kundgebungen am Rande verfolgt. Meistens rückten massive Polizeikräfte mit Knüppeln vor und lösten sie auf, wobei es nicht selten zu Verfolgungsjagden kam, wo ich gerade noch so das Büro unbeschadet erreichte, seinerzeit noch meine Unterkunft. Das eine oder andere Mal hatte ich mich auch hinter Häuserecken verstecken und warten müssen, bis die Luft rein war. Anders als viele Demonstranten hatte ich das Glück, nie festgenommen worden zu sein. Nicht auszudenken, was passiert wäre, hätte mich die Polizei tatsächlich einmal abgeführt. Da ich zu jener Zeit ohnehin noch keine Arbeitserlaubnis hatte, wäre ich sicherlich des Landes verwiesen, und möglicherweise sogar unser Büro geschlossen worden. Obwohl ich unsere Zentrale über meine abendlichen Ausflüge auf dem Laufenden gehalten hatte, kam interessanterweise von dort nie ein Hinweis, ich solle solchen Veranstaltungen gefälligst fernbleiben. Das mag wiederum daran gelegen haben, dass die zuständige Sachbearbeiterin, so wie ich, völlig unerfahren war, und sie die Gesamtsituation, so wie ich, lediglich als spannend empfunden hatte. Im Nachhinein zeigte es sich aber auch, dass meine Wochenberichte bei ihr in der Schublade landeten und nicht auf dem Schreibtisch ihres Vorgesetzten.

Am 24. September 2000 fanden Präsidentschaftswahlen in Serbien statt, deren Ergebnisse, laut Opposition, mutmaßlich gefälscht worden waren. In der Folge wuchs die Zahl der Protestaktionen, und für den 5. Oktober wurde landesweit die Bevölkerung zu einer Demonstration in Belgrad aufgerufen.

Bereits morgens zogen Menschenmassen in Richtung Parlamentsgebäude an unserem Büro vorbei, das gerade um die Ecke war. An Arbeiten war nicht zu denken. Zunächst haben wir alles von oben aus beobachtet und gingen dann schließlich selbst auf die Straße, jedoch war kaum ein Durchkommen. Von weitem konnten wir lediglich sehen, wie Demonstranten das

Parlamentsgebäude stürmten und die Polizei sofort mittels üppigen Einsatzes von Tränengas versuchte, die Menschen auseinander-zutreiben. Wir, selbst brennende Augen (das Coverfoto zeigt mich unten rechts mit Tuch vor dem Mund an dem Tag), rannten zurück zum Büro, wo bereits viele Menschen im Eingang des Gebäudes Schutz suchten. Ich schloss die Tür auf, ließ alle ins Treppenhaus und brachte Wasser, damit auch sie sich die Augen auswaschen konnten. Vereinzelt waren nun auch Schüsse zu hören und das Parlament schien zu brennen.

Nachdem wir uns kurz erholt hatten, schlug ein deutscher Kollege einer anderen NGO vor, zu ihm ins Büro zu gehen, das ebenfalls unweit des Zentrums lag, da er einen Fernsehapparat hätte. Durch einige kleine Seitengassen schlugen wir uns am Parlament vorbei durch, machten Halt an einem Kiosk, um uns mit einigen Getränken zu versorgen – eine wahrlich surreale Szene: in Sichtweite stieg eine dicke Rauchwolke aus der Volksvertretung, wovor die dort mittlerweile mehreren Hunderttausend Menschen pausenlos Parolen gegen das Regime skandierten und so für ohrenbetäubenden Lärm sorgten. Dieser wurde nun mehr und mehr von Schüssen überlagert. Aus welcher Richtung diese kamen, konnten wir allerdings nicht lokalisieren. Gleichzeitig war es rund um den Kiosk, wo wir jetzt standen, für einige Momente völlig still und wir kauften uns Getränke geradeso als wäre es ein ganz normaler Tag.

Auf allen Kanälen wurde von den Ereignissen berichtet und das Gerücht kolportiert, die Armee würde auf Belgrad marschieren, was sicherlich in einem Blutbad enden würde, sollte es sich bewahrheiten. Wir entschieden uns daher, zunächst in der Wohnung zu bleiben und die Geschehnisse am Bildschirm zu verfolgen. Am frühen Abend hieß es dann plötzlich, dass der Vormarsch der Armee gestoppt sei, da diese sich weigerte, auf Landsleute loszugehen. Damit war klar, dass es das Ende des Milošević-Regimes bedeutete.

Deshalb wollte ich die nun aufkommende Feierstimmung hautnah miterleben und ging zurück in Richtung meines eigenen Büros. Vor dem Parlament schoss ich Fotos von herausflatternden Dokumenten, Menschen, die am Fenster das Victory-Zeichen signalisierten und Demonstranten, die Stühle davontrugen. Auf der Straße zogen unentwegt hupende Autos vorbei wie zum Spalier durch die zahllosen, applaudierenden, pfeifenden Menschen. Die Freude war ihnen ins Gesicht geschrieben. Wildfremde Menschen umarmten mich, reichten mir Schnaps und sprachen einen Toast auf die nun hoffentlich besser werdende Zukunft aus. Gegen fünf Uhr morgens legte ich mich dann völlig übermüdet ins Bett. Richtig schlafen konnte ich nicht. Viel zu aufgewühlt war ich durch die Ereignisse und der Lärm auf der Straße schien kein Ende zu nehmen. Jetzt erst wurde mir klar, dass ich Zeuge eines wahrlich historischen Ereignisses geworden war.

Um neun Uhr am darauffolgenden Tag hatte ich ein Treffen im Sozialministerium, worauf ich umso gespannter war. Zu meiner Überraschung ging die Vize-Ministerin mit keinem Wort auf die Geschehnisse der vergangenen Nacht ein, sondern tat gerade so, als sei es ein Tag wie jeder andere und vereinbarte einige Schritte hinsichtlich eines Projektes, das wir für aus dem Kosovo Vertriebene durchführen wollten. Zwar machten wir uns wie üblich unsere Notizen, wussten gleichzeitig aber auch, dass jegliche Vereinbarungen sehr wahrscheinlich keinerlei Wert mehr hatten, da damit zu rechnen war, dass unsere Gesprächspartnerin sehr bald ausgetauscht werden würde. Mein lokaler Kollege meinte nach dem Treffen lapidar, dass es vielleicht sogar eine ihrer letzten Amtshandlungen überhaupt gewesen sein könnte.

In der ganzen Aufregung des Vortages waren weder mir noch meinen Mitarbeitern irgendwelche Sicherheitsbedenken in den Sinn gekommen. Selbst in den folgenden Tagen schwärmten wir vielmehr davon, hautnah eine Revolution miterlebt zu haben, und besonders die Einheimischen waren überzeugt, dass nun neue, viel bessere Zeiten anbrechen würden. Ähnlich waren die Reaktionen aus der Zentrale, wobei es weniger um das Land, sondern mehr um das eigene Fortbestehen ging. Jedenfalls rief mich am Tag nach der Revolution eine Kollegin von dort an und meinte, jetzt würden sicherlich viele Gelder für den Wiederaufbau ins Land gespült werden, wodurch die Wahrscheinlichkeit sehr hoch sei, endlich von ECHO einen lang ersehnten Vertrag zu bekommen. Auf meinen Hinweis, dass der Krieg in Bosnien und nicht Serbien stattgefunden hätte, reagierte sie mit einem verblüfften „Ahaah!"

Wie später alle anderen hatte ich auch jene dramatischen Ereignisse glücklicherweise unbeschadet überstanden. Zu Hause waren es genau die Geschichten, die Freunde und Bekannte hören wollten, und wie sich die meisten zunächst vorgestellt hatten, dass ich sie permanent erleben würde. Zugegeben, der eine oder andere Kontext bot mit Sicherheit eine gewisse Dramaturgie. Darüber würden richtige Ersthelfer aber wahrscheinlich nur müde lächeln.

Bei aller möglichen Vorbereitung wird man jedoch erst wissen, wie man sich tatsächlich in solchen Situationen verhält, wenn sie geschehen. Mir haben sie jedenfalls gezeigt, dass Leichtsinn, Fahrlässigkeit oder Heldentum absolut nicht angebracht sind – allerdings war es für mich ein Lernprozess, der Jahre dauerte.

Viel wichtiger ist es, derartigen Geschehnissen mit Besonnenheit zu begegnen, wofür meine lokalen Kollegen sehr gute Lehrmeister gewesen sind. Trotzdem erstaunte mich mein Verhalten beim Terrorangriff in Inguschetien selbst. Während mein deutscher Mitbewohner wie ein aufgescheuchtes Huhn am Handy hängend hin und her lief, meinte er ungläubig zu mir, wie ich denn angesichts dessen, was draußen vorgehen würde, so ruhig bleiben könne. Das lag allerdings weniger an

Bedachtsamkeit, sondern mehr an der Alternativlosigkeit, da wir ohnehin nichts anderes tun konnten, als abzuwarten.

6 Nach Büroschluss – erst aktiv, zunehmend passiv!

Ich hatte bereits mehrfach anklingen lassen, dass ich in allen Auslandseinsätzen ein sehr hohes Arbeitspensum hatte. Darüber hinaus hatte ich in Sri Lanka eine Sechs-Tage-Woche, was allerdings vertraglich eine Ausnahme war, anderswo allerdings fast schon die Regel. Da stellt sich die Frage, ob ich überhaupt noch Freizeit hatte. Selbstverständlich hatte ich die, und in der Rückschau hätte ich viel mehr damit anfangen können, ja sollen.

Zumindest bei meinem Kurzeinsatz im türkischen Erdbebengebiet war das jedoch nicht möglich. Damals war ich nach dem verheerenden ersten Beben vom August 1999 kurzerhand zum verantwortlichen Koordinator in der Zentrale ernannt worden. Für Anfang November hatte ich meine erste Dienstreise dorthin geplant, als zufällig zwei Tage vor meiner Abreise erneut die Erde im Nordwesten bebte, diesmal traf es die Stadt Düzce am heftigsten. Aus den ursprünglich vorgesehenen fünf Tagen vor Ort, wurden fast zwei Monate, da ich einen deutschen Kollegen, der unvermittelt gekündigt hatte, ersetzte und ohne zu zögern, die Rolle des Logistikers übernommen habe. Während der ganzen Zeit hatte ich keinen einzigen freien Tag. Morgens fuhren wir vom etwa vierzig Kilometer entfernten Hotel ins Projektgebiet und kehrten abends erst immer gegen zwanzig Uhr zurück. Unsere Freizeitbeschäftigung bestand lediglich aus Abendessen und frühzeitig schlafen gehen. Beschwert haben wir uns darüber nie, weil wir fieberhaft am Vorankommen des Projektes der Errichtung von Notunterkünften, arbeiteten. Andersherum kam auch nie ein Hinweis aus der Zentrale, dass wir auf unsere Arbeitszeit achten oder uns die nötige Zeit zum Ausruhen gönnen sollten. Daher hatte ich angenommen, dass von dort geradezu erwartet wurde, dass man im Ausland pausenlos im Einsatz ist.

Dementsprechend achtete ich auch nicht darauf, als ich nach Serbien ging. Da es mein erster Einsatz in verantwortlicher Position war, wollte ich selbstverständlich mein Bestes geben, wofür ich anfangs selbst fast jedes Wochenende am Schreibtisch verbrachte. Auch später hatte ich oft genug den Eindruck, dass das ‚zur Verfügung stehen' der Auslandsmitarbeiter auch außerhalb der normalen Arbeitszeiten bei Hilfsorganisationen mehr die Regel als die Ausnahme war. Als ich zum Beispiel kurz vor meinem Abflug nach Sri Lanka in der Zentrale nach den üblichen Bürozeiten vor Ort gefragt hatte, reagierte die verantwortliche Sachbearbeiterin ziemlich irritiert. Sie wisse es nicht, bis dato wäre das auch nie ein Thema gewesen und kein Auslandsmitarbeiter hätte je danach gefragt.

Dort, wo ich die Büro- und Projektleitung innehatte, war es eigentlich sehr einfach, das Anspruchsdenken der Zentrale zu umgehen, da ich meinen Arbeitstag völlig unabhängig organisierte und daher etwaige ‚Ausreden', wenn ich Anfragen aus der Zentrale nicht sofort beantwortet hatte, stets parat gehabt hätte.

Dafür war jedoch erst ein Aha-Erlebnis in Serbien notwendig. Denn in den ersten Monaten war ich vor allem bestrebt, meine Aufgaben überzuerfüllen. Wenn zum Beispiel E-Mails kamen, versuchte ich stets, sie sofort zu bearbeiten. Meistens erreichten mich entsprechende Nachrichten ausgerechnet immer freitags am Nachmittag. Vormittags scherzten wir deshalb immer, dass dort wohl erst in Kürze das Internet eingeschaltet würde – ein Kollege meinte gar fast schon bösartig, dann würden wohl „die Gehirne heruntergeladen".

Anfangs antwortete ich tatsächlich noch, was mich bisweilen das eine oder andere Wochenende kostete. Bis ich irgendwann merkte, dass meine Nachrichten ohnehin nicht vor Montag gelesen werden würden. Denn auch zu Hause stand das Wochenende an.

Als mir das klar geworden war, habe ich dann immer nach der Devise gehandelt: solange keine Lebensgefahr bestünde, könnten Antworten auch aufgeschoben werden. In manchen Einsätzen spielten auch unterschiedliche Zeitzonen keinerlei Rolle, denn ich wurde, wie selbstverständlich, oft noch lange nach meinem eigentlichen Feierabend kontaktiert. Während dann alles immer als dringend erachtet wurde, war es andersherum genau umgekehrt. Wenn mir zum Beispiel Anliegen auf den Nägeln brannten, konnte ich manchmal von Glück sagen, wenn ich Tage später eine Antwort bekam. Manchmal kam überhaupt keine.

Vor allem bei NGOs bedeuteten Projektbesuche von Kollegen aus der Zentrale eine wohl erwartete Rundumbetreuung – nicht nur während der normalen Arbeitszeit. Die eine wollte meine Wohnung begutachten, obwohl sie es eigentlich nichts anging, die musste ich nämlich selbst bezahlen. Ein anderer erwartete abends stets ein gemeinsames Abendessen im Restaurant und ein Kollege wollte gar mit mir in meiner Wohnung abends zusammen kochen. In deren Augen, so war zumindest mein Eindruck, schien mir eine Privatsphäre gar nicht zuzustehen. In Sri Lanka sollte ich gar meinen Urlaub verschieben, weil es einem Vorgesetzten gepasst hatte, ausgerechnet in der Zeit zu kommen – ich weigerte mich. Umgekehrt war es interessant zu sehen, wenn ich in einer Zentrale war, verabschiedeten sich die Kollegen wie selbstverständlich in ihren Feierabend und ich konnte schauen, wo ich bleibe.

In Serbien ging die Arbeit jedenfalls weiter, auch wenn ich nicht am Wochenende Anfragen beantwortete. Beschwerden erhielt ich nie, wenn ich verspätet antwortete.

Währenddessen hatte ein Kollege, ein ehemaliger Hobbypilot, immer wieder die Schönheit von Montenegro gepriesen und mich des Öfteren angespornt, zumindest einmal übers Wochenende hinzufahren. Meistens hatte ich mit der Begründung abgesagt, ich hätte am Wochenende noch sehr viel zu erledigen. Dann aber stand ein verlängertes Wochenende bevor, das wir für den Ausflug nutzen wollten. Ich war voller Vorfreude, und sollte nicht enttäuscht werden.

Für die Strecke von Belgrad bis zur Meeresküste in Montenegro kalkulierten wir etwa neun bis zehn Stunden Autofahrt. Als es bereits dämmerte, wir waren noch in Zentralserbien, sahen wir plötzlich in Zlatibor Gleitschirmflieger am Himmel. Mein „Pilot" am Steuer war sofort Feuer und Flamme und schlug vor, schnurstracks auf den Berg hinaufzufahren. Gesagt getan. Ob wir auch mal mitfliegen könnten, fragte er ohne Umschweife einen der Paraglider. Klar, sagte offenbar der Chef der Truppe, der zwar gebrochen, aber trotzdem durchaus verständlich Deutsch sprach. Allerdings würde es gleich dunkel werden, weshalb nur noch ein einziger Tandemflug möglich wäre. Da ich auf diese Art noch nie geflogen war, erwies mir mein Kollege die Ehre, diesen letzten Flug und zugleich meinen ersten überhaupt mitmachen zu können.

Während ich diverse Anleitungen, was genau ich tun solle, bekam, fragten alle anderen, wer wir seien und woher wir kämen. Wir arbeiteten bei einer Hilfsorganisation in Belgrad und wären auf dem Weg nach Montenegro. Dort an der Küste in Budva gäbe es einen „Super-Startplatz" zum Fliegen, ihr könntet hier bei uns übernachten und wir fahren morgen zusammen dorthin, begeisterten sich die Gleitschirmflieger. Abgemacht. Diese wenigen Minuten verhalfen mir später nicht nur zu abwechslungsreichen Wochenendbeschäftigungen, sondern auch Freundschaften abseits des Alltags, die mir so nirgends mehr begegneten.

Denn von da an fuhren wir nahezu jeden Freitag am späten Nachmittag nach Zlatibor und kehrten erst Montagmorgen nach Belgrad zurück. Wenn es das Wetter erlaubte, verbrachten wir die Tage mit Gleitschirmfliegen auf dem Berg einschließlich Lagerfeuer sowie gemeinsamen Abenden im Café. Wenn es regnete, spielten wir entweder Tischtennis oder unternahmen Ausflüge in die nähere Umgebung. Immer wieder kamen neue Leute hinzu, allerdings blieb ich der einzige Ausländer unter den Fliegern. Interessant dabei war vor allem die Tatsache, dass außer meinem Mitarbeiter und mir ausnahmslos alle nicht in unserem Arbeitsbereich tätig gewesen waren und keinerlei Ahnung von unserem Job hatten. Während sich unser Alltag permanent mit dem Elend im Lande beschäftigte, wollten meine neuen Freunde lediglich Spaß haben und so erkannte ich zum ersten Mal, dass es durchaus auch ein ‚normales‘ Leben abseits der Arbeit gab. Aus heutiger Sicht war es sicherlich die beste Freizeitgestaltung, die ich in all meinen Einsätzen erlebte. Nicht nur, dass ich tagsüber samstags und sonntags fast ausschließlich im Freien verbrachte. Auch genoss ich die Gesellschaft der Freizeitsportler.

Am nächsten Tag fuhren wir dann an die Küste und in der Tat war das Fliegen beeindruckend. Auf etwa achthundert Meter über dem Meeresspiegel wurde gestartet und direkt am Strand gelandet. Bei meinem ersten Flug im Tandem hatte ich vor lauter Aufregung weiche Knie besonders als ich beim Start auch noch an einem Strauch hängen geblieben war. Mein Kollege hatte mich vorher dahingehend beruhigt, indem er meinte, ich solle mich beim Flug einfach zurücklehnen und mir vorstellen, ich würde einen Kaffee trinken. Tatsächlich war es so, dass ich mich währenddessen mit meinem Piloten unterhielt, als hätten wir ein Kaffeekränzchen und ich die herrliche Aussicht problemlos genießen konnte.

Geradezu typisch war, obwohl das Gleitschirmfliegen an dieser Stelle verboten war, da die Gegend zur Einflugschneise eines Flughafens gehörte, dass dies meine neuen Freunde nicht zu interessieren schien. Prompt kreuzte die Polizei auf, als wir gerade dabei waren, die Schirme am Strand ins Auto zu laden. Mir signalisierten die anderen sofort, ich solle zum Auto gehen. Offenbar wollten sie vermeiden, dass die Staatsmacht in Kontakt mit einem Ausländer käme. Nicht nur zu meinem, sondern auch ihrem eigenen Schutz. Wer wusste schon, welche Fragen dann gestellt worden wären? Ob lediglich durch gutes Zureden oder anderweitig konnte ich nicht erkennen, jedenfalls wurden die Flüge fortgesetzt! Nachfragen meinerseits wurden nur mit dem üblichen „nema problema!" beantwortet – diesmal sogar ohne für mich erkennbare Konsequenzen.

Für unseren Rückweg von Montenegro vereinbarten wir sogleich, dass wir noch einen Anfängerkurs im Gleitschirmfliegen in Zlatibor beginnen würden.

Den hatten wir dann auch begonnen und bereits am dritten Tag durfte ich meinen ersten Alleinflug absolvieren. Zugegeben, der Berg war eigentlich ein harmloser Hügel. Trotzdem war ich stolz wie ‚Bolle'. Von da an flog ich dann auch nur noch allein, wobei mir mein ‚Lehrer' per Funk Anweisungen gab, wie ich lenken sollte. Sein Deutsch entsprach mehr einem Kauderwelsch, das ich dennoch einigermaßen verstand. Jedoch führte eine Art Misskommunikation tatsächlich dazu, dass ich einmal abstürzte!

Eines Tages wollten wir an einer für mich neuen Abflugstelle starten. Deshalb bat ich meinen Lehrer, er solle zuerst fliegen, damit ich sehen könne, wie oft er nach links und rechts schwenken würde, da der Landeplatz außer Sichtweite von oben war. Von unten solle er mich dann per Funk anleiten. Nachdem er gelandet war, flog ich los. Kurze Zeit später sah ich ihn am Boden, von wo aus er mir die Befehle gab. Mit einem Mal fing er an, zunächst ganz ruhig, dann immer aufgeregter „nach rechts, nach rechts, nach reeeechts!" zu brüllen. Obwohl ich mich einer Stromleitung gefährlich näherte, vertraute ich ihm. Er wisse schon, was er tue. Als es aber zu riskant wurde, brach ich den Flug ab und stürzte aus etwa zehn Meter Höhe auf die Erde, wobei ich mir glücklicherweise nur den Knöchel verstauchte. Sofort kam mein Lotse wild gestikulierend auf mich zu und schrie völlig außer sich, warum ich seinen Anweisungen nicht Folge geleistet hätte. Erst da erkannte er, was für ihn rechts gewesen sei, war für mich links! Er entschuldigte sich umgehend. Ich solle niemanden davon erzählen, sonst wäre es wohl das letzte Mal gewesen, dass er jemanden unterrichtet hätte. Da ich nun durch den Sturz „traumatisiert" sei, solle ich sofort wieder hoch zum Startplatz und erneut fliegen, forderte er mich auf. Ich ließ es schön bleiben. Denn zum einen schmerzte mein Fuß und zum anderen wollte ich am nächsten Tag zur Arbeit gehen. Eine Woche später flog ich wieder!

Gegen Ende meines Einsatzes in Serbien wurde mir dann sogar die Ehre zuteil, Mitglied Nummer vierundzwanzig des Paragliding Clubs zu werden, welchen meine Freunde gründeten. Nach geltendem Gesetz war es damals Ausländern verboten, einem lokalen Verein anzugehören!

Ganz nach Art der Mentalität, die ich immerhin nach einem Jahr im Lande kennen gelernt hatte, verlief die konstituierende Sitzung: alles kein Problem (nema problema!). Viel Diskussion um Nichtigkeiten, wenig um Wichtigkeiten. Zwar wurde ich als einzig anwesender Ausländer mehrmals nach meiner Meinung gefragt, die jedoch nicht ernst genommen wurde. Trotzdem war es für mich persönlich eine sagenhafte Versammlung.

Immerhin gab es anfangs eine Tagesordnung, an die man sich aber selbstverständlich nicht hielt. Vergeblich versuchte ich die Anwesenden anzuregen, zuerst einmal über die Ziele des Vereins zu diskutieren, stieß dabei allerdings auf taube Ohren. Zunächst wurde der Vorsitzende gewählt, bei dem es sich zwar um den mit Abstand erfahrensten Gleitschirmflieger, meinem Lehrer, und herzensguten Mann, handelte; gleichermaßen allerdings auch um den mit Abstand schlechtesten Organisatoren. Das wussten alle anderen ungefähr fünfzehn Anwesende ebenfalls, schien sie aber nicht von ihrem Votum abgehalten zu haben. Nun nachdem er nahezu einstimmig bestimmt worden war, wurde die Höhe des jährlichen Mitgliedsbeitrages ohne letztliche Einigung ausgiebig diskutiert und die

Ausarbeitung eines Internetauftritts an denjenigen delegiert, der am besten mit Computern umgehen konnte! Erneut warf ich ein, dass man dafür erst einmal die grundlegenden Ziele und Inhalte wissen müsste, um überhaupt einen Text zustande bringen zu können. Aber wie schon zuvor, gingen meine Einwände in dem allgemeinen Palaver unter.

Als Ziel wurde vom nunmehr gewählten Vorsitzenden lediglich erwähnt, man würde versuchen, Sponsoren zu finden, damit zumindest die besten Flieger im folgenden Jahr an einem Gleitschirm-Wettbewerb in Chile (!) teilnehmen könnten. Tosender Applaus aller Anwesenden! Ich warf ein, dass ich das für ziemlich illusorisch hielt. Denn letztlich glich es einem bezahlten Urlaub nur für ausgewählte Flieger. Einige selbsternannte Flug-Asse sahen sich schon im Flugzeug und schwärmten von der Fernreise. Wo man wohl übernachten würde, wie das Essen wohl sein wird, und überhaupt, es würde doch sehr spannend werden. Es wurde sogar ausgiebig darüber diskutiert, welches und wieviel Gepäck und dergleichen man mitnähme. Auf nach Südamerika schien die Devise zu sein. Der Enthusiasmus aller sprang nicht auf mich über. Es wäre auch sinnlos gewesen, Einwände oder sonstige Skepsis zu äußern. Daher verfolgte ich die Gespräche nur noch schmunzelnd und empfahl den Möchtegern-Humboldts sich schon mal sprachlich darauf vorzubereiten. Zeit bis dahin hätten sie ja genug. Aber, auf mich hörten sie ohnehin nicht mehr.

Und so endete die vierstündige Sitzung letztlich ergebnislos, dafür mit frenetischem Beifall! Außer der Wahl des Vorsitzenden, der den Anwesenden mit auf den Weg gab, bis zur nächsten Sitzung nochmals über die Höhe des Jahresbeitrages nachzudenken, gab es keinerlei Resultate. Mich nahm er beiseite, legte den Arm um meine Schulter, drückte mich väterlich an sich und seufzte: „Das wird schon werden, „nema problema".

Einige Jahre später hatte ich meine Gleitschirmfreunde besucht – als ich zum ersten Mal im Kosovo im Einsatz war – und wie für sie selbstverständlich erklärten sie mir lächelnd, dass die Sache mit dem Verein irgendwann im Sand verlaufen sei. Meine Verbundenheit mit den Fliegern hielt noch weitere Jahre bis zu meinem zweiten Einsatz im Kosovo.

Irgendjemand sagte mir einmal, dass man zu dem Land, in dem man seinen ersten Auslandseinsatz hatte, eine besondere Beziehung entwickeln würde. Bei mir trifft das vollkommen zu. Zwar arbeiteten wir enorm viel, allerdings genoss ich vor allem die Wochenenden mit meinen Gleitschirmfreunden, weshalb ich in der Tat montags stets entspannt die neue Woche starten konnte, und mich auf das kommende Wochenende freute. Im Rückblick war jener Einsatz in puncto Freizeitgestaltung sicherlich nicht nur der ungewöhnlichste, sondern auch abwechslungsreichste. Jedenfalls hatte ich später nie mehr einen solch engen Kontakt zu Einheimischen, die nichts mit der Arbeit zu tun hatten.

Zu verdanken hatte ich das meinem lokalen Hobbypiloten, der, wie ich erst mit der Zeit begriff, aus Bosnien stammend selbst kaum soziale Kontakte in Belgrad hatte. Deshalb genoss auch er das Zusammensein an den Wochenenden genauso wie ich.

Er war es auch gewesen, der mich gleich zu Beginn gefragt hatte, ob ich neben der Arbeit versuchen würde, einen Doktortitel (!) zu erlangen. Was ich zunächst als völlig absurde Idee aufgefasst hatte, führte später jedoch dazu, dass ich in der Tat dachte, dass es sicherlich nicht verkehrt sein könnte, mich am Abend weiterzubilden. Es musste ja nicht gerade eine Dissertation sein.

Im darauffolgenden Einsatz in Montenegro griff ich den Gedanken auf und absolvierte einen einjährigen Fernkurs in Bilanzierung und Buchführung. Nachdem ich später immer wieder in Jobanzeigen gelesen hatte, dass ein Studium mit Bezug zur Entwicklungszusammenarbeit ein Plus für Bewerber sei, begann ich im Jahr 2003 ein Fernstudium hin zum ‚Master of

Science in Development Management' an einer englischen Universität. Es war auf drei Jahre angelegt, also sechs Semester, wobei man diese nicht durchgehend absolvieren musste, sondern durchaus pausieren konnte. Dadurch erhoffte ich mir, meine Chancen auf dem Arbeitsmarkt zu steigern. Darüber hinaus dachte ich, dass ich dadurch auch mein Englisch immens verbessern könnte, da dies ohnehin die allgemein gültige Verkehrssprache in den Bereichen humanitäre Hilfe und Entwicklungszusammenarbeit, außer in frankophonen Ländern, war und ist.

Zwar war es nicht immer ganz einfach, sich nach besonders langen Arbeitstagen zu disziplinieren, um tatsächlich abends noch zu ‚studieren'. Trotzdem war es neben dem erzielten Lerneffekt doch auch eine Art, Abstand vom täglichen Geschäft zu bekommen. Immerhin habe ich 2008 den Abschluss geschafft und von da an konnte ich neben dem Magister Artium in Geschichte und Politikwissenschaft, dem Master in Humanitarian Assistance nun auch den Master of Science in Development Management zu meinen akademischen Abschlüssen zählen. Später habe ich noch einen weiteren Fernkurs in Qualitätsmanagement absolviert. Insgesamt habe ich mir dadurch zwar Mehrwissen angeeignet, ausgezahlt hat es sich aber nicht.

Interessanterweise unternahm ich diese Art der Freizeitbeschäftigung gerade dort, wo meine eigene Bewegungsfreiheit fast uneingeschränkt war. Dementsprechend hätte ich die Abende oder Wochenenden auch ganz anders gestalten können, anstatt daheim im stillen Kämmerlein zu büffeln. Wahrscheinlich lag es daran, dass ich dort allein gewesen bin und auch sonst kaum andere ausländische Hilfsorganisationen am selben Ort tätig waren.

Prädestinierter wäre Inguschetien gewesen, wo wir, wie bereits erwähnt, strenge Sicherheitsregeln zu befolgen hatten. Und das ging allen anderen etwa fünfzehn anwesenden Hilfswerken genauso. Nicht nur, dass wir ständig von Guards begleitet wurden, sondern auch sämtliche Ausgehmöglichkeiten, wie Cafés, Restaurants und Hotels waren von UNSECORD, dem damaligen UN-Sicherheitskoordinator, klassifiziert worden. Das bedeutete, dass sehr viele Lokalitäten für uns tabu waren, da sie als zu gefährlich eingestuft worden waren. Dabei spielte nicht nur deren Lage in der Stadt, sondern offenbar vor allem die Klientel eine Rolle. Anfangs gab es nur einige wenige, in die wir durften, später wurden aber auch die auf die Schwarze Liste gesetzt. Denn, sobald bekannt wurde, dass ein Etablissement von zu vielen Ausländern frequentiert wurde, schloss man daraus, dass es ein leichtes Ziel für potenzielle Entführer sei und stellte die Ampel auf Rot – zumindest dort, wo es, wie in Inguschetien, ein strenges Sicherheitsregime gab.

Die Schattenseite solcher Lokale habe ich bereits weiter oben im Zusammenhang mit Sri Lanka erwähnt. Auch anderswo gab es immer mindestens ein Etablissement, das sich zu einem beliebten Treffpunkt der internationalen Helfergemeinschaft entwickelte. Nur selten besuchte ich sie allerdings, da mir oft genug der Weg dorthin zu umständlich war. Lediglich in der Türkei bei meinem ersten Einsatz 2013 in Antakya genoss ich die Freitagabende in einer um die Ecke liegenden Musikkneipe, aber auch nur, weil der Schlagzeuger unser Fahrer war. In Dushanbe und später in Gaziantep war ich ein einziges Mal in den dortigen „Treffpunkten". Denn die darin zelebrierte Feierstimmung, meist in Form von einer ausgelassenen Party, war nicht die Art, wie ich meinen Feierabend verbringen wollte.

Als ich ein Praktikum bei einer Hilfsorganisation im Winter 1999 in Sarajevo absolvierte, war ich dagegen dazu gezwungen, da die Kollegen mich im Auto abends nach Hause brachten. Während sie alle in einem Haus etwas außerhalb wohnten, hatten sie mich allein in einen Rohbau (!) einquartiert. Der stand in einer Straße unweit vom Flughafen, in der alle Reihenhäuser bereits renoviert worden waren, außer meinem, und lag auf deren Heimweg. Immerhin funktionierten die Toilette und zeitweise auch die Dusche. Ansonsten gab es in dem ganzen Haus nichts. Zum Schlafen hatte ich eine Matratze, einen kleinen Heizkörper direkt daneben und ein Radio – zur abendlichen Unterhaltung für den Praktikanten, wie sie sarkastisch anmerkten.

Deshalb war ich nach Büroschluss froh, wenigstens noch ein bisschen Gesellschaft zu haben. Auf dem Nachhauseweg steuerten sie wie selbstverständlich immer erst dieselbe Kneipe an, um, bei reichlich Bier, den Feierabend einzuläuten. Dabei schien es Brauch zu sein, dass einer, sobald er zur Toilette musste, noch schnell an der Bar eine weitere Lage für den Tisch bestellte, so dass es vorkam, dass man zwei, drei oder gar mehr nicht angebrochene Flaschen Bier vor sich stehen hatte. Meinen steten Einwand vor allem an diejenigen, die fahren mussten, dies doch zu bedenken, haben dieselben meistens dahingehend kommentiert, dass Fahrzeuge von Hilfsorganisationen sowieso nicht von der Polizei angehalten werden würden. Getoppt wurde dies dann noch durch gar zu rasante Heimfahrten, die bei uns wahrscheinlich einen Polizeieinsatz inklusive Verfolgungsjagd und mindestens den Führerscheinentzug nach sich gezogen hätten. Kontrolliert wurden wir in der Tat aber nie! Anders als später in Inguschetien, hatte es damals keine Klassifizierung einer höheren Instanz gegeben, weshalb derartige Trunkenheitsfahrten die Normalität waren.

Im Nordkaukasus führten die Einschränkungen jedenfalls dazu, dass wir Internationalen uns gegenseitig nach Hause einluden. Geburtstage gab es ständig, ein Anlass für eine spontane Party war auch immer leicht gefunden oder lediglich ein Essen in lustiger Runde. Letzteres war die Lieblingsbeschäftigung meines deutschen Kollegen, wofür unser Haus bereits einen legendären Ruf errungen hatte, welcher nach einem ganz speziellen Essen noch legendärer wurde.

Auf der Speisekarte standen gebackener Fisch und Gemüse. In gespannter Erwartung hatten sich die Gäste um den Tisch gescharrt, als das Essen serviert wurde. Der Koch bemerkte allerdings, dass er nicht genau wisse, um welchen Fisch es sich handeln würde, alldieweil der Duft aus dem Backofen eher abstoßend und keineswegs dafür typisch war. Zwei offenbar besonders hungrige Briten hatten sich sofort bedient, wobei der eine blitzartig den ersten Bissen aus dem Mund auf den Teller zurück verfrachtete und der andere umgehend die Toilette aufsuchen musste.

Auf die Frage, wo er das Tier gekauft hätte, antwortete mein Kollege, er sei am Morgen mit einem Fahrer auf dem Markt gewesen. Er hätte an der Theke gefragt, worum es sich bei dem zarten weißen Fleisch inmitten der Fische handele, und man hätte ihm gesagt, es sei Baran – „immerhin klänge das selbst für der Sprache Unkundige nach Fisch, oder?" Diejenigen Anwesenden, die Russisch verstanden, brachen sofort in schallendes Gelächter aus und stellten mit Tränen in den Augen klar, dass es sich dabei im Allgemeinen um Hammel und hier im Besonderen um einen blanken Fettfortsatz am Hinterteil desselben handeln würde. Normalerweise würde man diesen in hauchdünne Scheiben schneiden und zum Wodka reichen, da das Fett den Alkohol schneller aufsaugen würde. Jedenfalls landete unser Hauptgang samt Soße in der Tonne. Dafür war das Gemüse einigermaßen genießbar. Von da an musste sich mein Kollege, wann immer er Gäste zum Essen einlud, stets erst die alles entscheidende, mit verdächtigem Unterton ausgesprochene Frage gefallen lassen, ob womöglich Fisch serviert werden würde!

Dass aber auch heimatliche oder für die Einheimischen fremdartige kulinarische Spezialitäten nicht immer sofort auf Akzeptanz stießen, habe ich ebenfalls in Inguschetien erfahren müssen. Anlässlich meines Geburtstages hatte ich unserem Personal selbstgemachte Kartoffelknödel versprochen. Unter neugierigen und strengen Blicken meiner Mitarbeiterinnen begann ich bereits am Nachmittag mit der Vorbereitung, da an die dreißig Personen zu versorgen waren. Wie dort üblich kümmerten sich die Männer währenddessen um das Fleisch, wo köstliches Lamm und Stör an langen Spießen, sie nannten es Schaschlik, über dem Feuer gegrillt wurde. Bei Tisch vollführte ich den ersten Biss in einen Knödel, um den Kollegen zu signalisieren, dass sie essbar waren. Die allgemeine Rückmeldung über den Geschmack war zumindest offen positiv. Ich konnte mir aber auch vorstellen, dass es womöglich nur vorgespielt war, nach dem Motto: was der Bauer nicht kennt...

Danach ging ich hinaus in die Garage, wo die übrigen Kollegen, Fahrer und Sicherheitspersonal saßen, um zu sehen, ob wenigstens ihnen die Knödel geschmeckt hätten. Zu meiner Überraschung erkannte ich allerdings, dass die Schüssel unberührt noch immer auf dem Tisch stand. Selbst nach meiner Betonung, dass sie durchaus genießbar seien und sie sich bedienen sollten, langte keiner zu. Erneut zeigte ich es ihnen, allerdings war der Kloß mittlerweile kalt.

Meist entwickelten sich die gemeinsamen Essen mit den ausländischen Mitarbeitern anderer NGOs in Inguschetien zu ausgewachsenen Partys bis spät in die Nacht und oft wurden dabei auch Pläne fürs Wochenende geschmiedet, welches wir das eine oder andere Mal dazu nutzten, um in die atemberaubende Bergwelt zum Wandern, gemeinsamen Picknick oder im Winter zum Skilaufen zu fahren. Ohne Zweifel kompensierten diese Erlebnisse in der freien Natur den mehr als tristen Alltag in Nazran, auch wenn wir Ausländer und Arbeitskollegen, die wir uns sowieso schon oft genug sahen, selbst noch unsere Freizeit zusammen verbrachten.

In besonderer Erinnerung blieb mir der allererste Ausflug in die Berge, in ein völlig verlassenes Dorf, das ausschließlich aus Wohntürmen bestand, damit die Bewohner in früheren Zeiten vor Eindringlingen oder wilden Tieren besser geschützt waren. Da der nördliche Teil jener Region militärisches Sperrgebiet war, mussten wir zunächst Richtung Süden fast bis an die georgische Grenze zu einem Checkpoint fahren, um danach wieder in die entgegengesetzte Richtung zu kommen. Offensichtlich waren Besucher und dazu noch Ausländer wie wir allzu seltene Individuen.

Während unser Fahrer in das Häuschen des Polizeipostens ging, wo die Pässe kontrolliert wurden, fragte uns ein Beamter, wer wir seien, woher wir kämen, wohin wir wollten und ob wir Waffen (!) dabei hätten. Nachdem er auch unseren Wagen aufs gründlichste inspiziert hatte, lehnte er sich an die Schranke direkt vor uns und steckte immer wieder ein Streichholz in den Lauf seiner Pistole und schoss dieses ab. Als er damit einen Kameraden getroffen hatte, lachten wir alle, was er wiederum nicht so lustig fand. Denn, als unser Fahrer von der Passkontrolle zurückkam, ließ uns der Pistolenschütze noch eine geschlagene Stunde im Auto warten, bis er fast im Zeitlupentempo die Schranke öffnete und uns passieren ließ. Am Ziel angekommen entschädigte uns dennoch die Landschaft für die unfreiwillige Verspätung und wir genossen den ganzen Tag dort beim Picknick. Eine ähnlich beeindruckende und vor allem unberührte Bergwelt sah ich später nur noch in Tadschikistan.

Ein anderer Ausflug führte mich im Winter 2004 zum höchsten Berg Europas, den über 5.600 Meter hohen Elbrus in Karbadino-Balkarien, einer russischen Teilrepublik, gut fünf Stunden Autofahrt von Nazran – diesmal zum Skifahren. Während einige tschechische Kollegen anderer Organisationen fast schon profimäßig ausgerüstet waren, hatte ich weder geeignete Kleidung noch professionelle Skikenntnisse. Trotzdem entschloss ich mich, mitzufahren und wie üblich, machten wir uns mit einem ganzen Fahrzeugtross einschließlich unserer bewaffneten Guards auf den Weg.

Das Hotel, in das wir uns alle eingemietet hatten, wie überhaupt der ganze Ort am Fuß des Berges hatte wohl schon bessere Tage gesehen. Es glich mehr einer einfachen Berghütte, in der es lediglich Mehrbettzimmer gab. Von den Besitzern wurden wir sehr herzlich willkommen geheißen, da wir, insgesamt waren wir etwa fünfzehn ‚Touristen‘, eine eher ungewöhnliche Gruppe gewesen sind und sonst kaum andere zu sehen waren. So servierten sie uns nach unserer Ankunft am Nachmittag ein deftiges Essen einschließlich diverser Wodkaflaschen – auf Kosten des Hauses – schließlich, so die Besitzerin, müsste unsere Anwesenheit gefeiert werden!

Am nächsten Morgen fuhren wir dann zur nahegelegenen Gondelstation. Am Vorabend hatten wir bereits gelernt, dass es zwei Pisten gäbe, zu denen man hochfahren könne. Die eine begann auf über 3.000 Meter Höhe und die andere weiter oben, welche allerdings nur von geübten Skifahrern gewählt werden sollte.

Ein Holländer, eine Amerikanerin und ich beschlossen anderntags, die erste Abfahrt zu versuchen. Alle anderen fuhren weiter nach oben. Als wir ausstiegen, wurde es uns erst einmal ziemlich mulmig, denn es herrschten gefühlte minus 25 Grad Celsius. Deshalb wollten wir uns zunächst bei einem Tee in einer Hütte am Lift aufwärmen. Zwar saßen nur wenige andere Skifahrer dort, allerdings mussten wir, lediglich in Jeans und Anorak gekleidet, wohl einen ziemlich bemitleidenswerten Eindruck gemacht haben. Denn die Hüttenwirtin bestand darauf, dass ich keinesfalls ohne Mütze hinunterfahren könne und schenkte mir deshalb eine!

So traten wir dann unsere Abfahrt an. Dumm nur, dass wir, aufgrund des eiskalten Windes und dem wehenden Schnee, die Piste gar nicht sahen. Also beschlossen wir abzuwarten, bis jemand hinunterfahren würde, damit wir die Strecke ungefähr erahnen konnten. Es kam aber niemand. Nach nicht einmal hundert Metern vorsichtigem Hinabgleiten auf der völlig vereisten und vor allem steilen Piste verloren wir den Mut und beschlossen, zur Hütte zurückzukehren und wieder ins Tal zu fahren. Da kam plötzlich eine russische Skilehrerin an, die uns bei ihrer Fahrt nach oben beobachtet hatte und bot an, uns sicher hinunterzuführen. Dort kamen wir erst nach über zwei Stunden einschließlich diverser Stürze und völlig ausgefroren an, obwohl, nach Aussage unserer Führerin, geübte Skifahrer, die Abfahrt in weniger als fünfzehn Minuten absolvieren würden!

Der holländische Kollege, der mit Abstand am häufigsten den Schnee geküsst hatte, fragte daraufhin eher ironisch, ob wir die ganze Tortur nochmals versuchen sollten. Unisono verneinten wir beiden anderen und so entschieden wir, in einem Café auf die anderen zu warten und von unserem Abenteuer zu berichten. Stunden später trudelten sie nach und nach ein und hatten wahrlich ein noch größeres zu erzählen. Denn einer unserer Kollegen einer anderen Hilfsorganisation sei auf dem Weg ins Krankenhaus, er hätte sich wohl ein Bein gebrochen!

Derartige Ausflüge mit Kollegen von anderen Hilfsorganisationen habe ich nachher nie mehr unternommen, dafür einige zu spektakulären Landschaften in Sri Lanka und in der Türkei mit meinen Mitarbeitern.

Einige Ausflüge, wie nach Sigirya und Kandy auf der südasiatischen Insel hatte ich bereits erwähnt. Ansonsten wurde uns dort jeden Freitag organisationsintern verboten, das Wochenende am Meer zu verbringen, das nicht weit entfernt von Ampara lag. Dabei spielten Imagefragen der Organisation angeblich die Hauptrolle, da wir dorthin unsere Fahrzeuge benutzt hätten. Womöglich hätten wir dadurch der einheimischen Bevölkerung den Eindruck vermittelt, wir würden dort lediglich unseren Urlaub verbringen. Der tatsächliche Grund, vermutete ich, war vielmehr, dass es dem für uns zuständigen Sicherheitsbeauftragten von seiner Organisation ebenfalls untersagt war. Warum sollte er es uns erlauben, wenn er selbst nicht durfte? Im Übrigen genossen alle anderen NGOs fast jedes Wochenende am Strand.

In der Türkei hatte ich mich leider viel zu selten anderen Kollegen angeschlossen. Die drei Ausflüge, unter anderem nach Kappadokien einschließlich Ballonfahrt, unternahmen wir im Rahmen des Teambuildings. Ansonsten beschränkte sich meine Freizeitbeschäftigung, abends an den ‚Katastrophenbegegnungen' zu schreiben oder Musik zu hören, und einmal unter der Woche sowie einmal am Wochenende mit einem syrischen Flüchtling Tischtennis zu spielen. Den Rest meiner wenigen Freizeit nutzte ich nur dazu, die Füße hochzulegen und mich auszuruhen.

Im Nachhinein bereute ich, dass ich während des vierjährigen Aufenthaltes nicht mehr unternommen hatte. Manche Kollegen mutmaßten sogar, ich würde sie meiden, da ich sie selbst zu einem Bier am Abend nie begleitete. Bis zu einem gewissen Grad stimmte das, da ich genau wusste, dass über nichts anderes als die Arbeit geredet werden würde. Deshalb waren die Tischtennisspiele fast schon mein Highlight, weil ich mangels Sprachkenntnisse dann nur spielen musste, und nicht reden – und selbst wenn, dann sicherlich nicht über die Arbeit.

In den Einsätzen zuvor hatte ich stets von Beginn an versucht, über Sport soziale Kontakte zu knüpfen. In Serbien ist es mir immerhin gelungen, einmal zusammen mit einer anderen Hilfsorganisation Fußball zu spielen. Gerne hätten wir es regelmäßig fortgeführt, allerdings scheiterte es, wie so oft, an der mangelnden Zeit.

Zwar gehörte Fußballspielen damals im Jahr 1995 noch während des Krieges in Bosnien weniger zu meiner eigenen Freizeitbeschäftigung, sondern mehr dazu, mit den dort lebenden und vor allem gelangweilten Jugendlichen etwas zu unternehmen, sodass wir nahezu täglich auf dem Platz standen. Als Highlight für uns alle kontaktierte ich die nahe der Stadt stationierten französischen Soldaten der UNPROFOR, den damals sogenannten internationalen Friedenstruppen, und fragte, ob sie Interesse an einem Spiel gegen die Jugendlichen hätten. Zunächst sagten sie begeistert zu, mussten allerdings kurze Zeit später absagen, da sie infolge der Kriegsereignisse in den Alarmzustand versetzt worden waren und ihre Unterkunft wegen eines Fußballmatches nicht mehr verlassen durften.

Jedoch fand sich plötzlich ein Mann, der unserem täglichen Spiel zugeschaut hatte und fragte, ob wir gegen das lokale Team antreten wollten, das nach seinen Angaben in der ersten bosnischen Liga (sic!) spielte. Selbstverständlich bejahten wir enthusiastisch, da wir neben der sportlichen Herausforderung auch insgeheim hofften, dass vielleicht zwischen den vertriebenen Jugendlichen und lokalen Spielern ein ausbaubarer Kontakt entstehen würde. Der Mann, der alles eingefädelt hatte, erklärte sich bereit, uns zu trainieren, damit wir entsprechend gewappnet seien. Meine anfängliche Begeisterung wurde zunächst allerdings durch einen Zwischenfall getrübt.

Gewöhnlich unternahm ich mit den Jugendlichen aus dem Lager einmal in der Woche einen Ausflug zu einem nahegelegenen Fluss. Dazu nahmen alle, meist um die zwanzig Personen (!), auf der Ladefläche unseres Mercedes Transporters Platz! Glücklicherweise war es ein geschlossenes Fahrzeug, ansonsten hätten wir selbst dort wohl Probleme mit der Polizei bekommen. Manche badeten im Fluss, dessen ziemlich kaltes Wasser zumindest für mich alles andere als Badetemperatur hatte. Andere wuschen das Auto, was ich selbst immer befremdlich fand, mir aber gleichzeitig zeigte, dass sie einfach froh waren, überhaupt irgendetwas tun zu können.

Als wir nun wieder einmal zum Fluss fahren wollten, schlugen einige vor, durch den Wald in ein bestimmtes Dorf zu fahren. Dort sei es sicher, daher willigte ich, ohne zu zögern, ein und ließ mir den Weg erklären. Ich hielt am Ortsschild an, die Türen öffneten sich und alle schienen zielgerichtet auszuschwärmen. Merkwürdigerweise war dort allerdings niemand auf der Straße zu sehen und ich begriff, dass es sich um eine Totenstadt handelte, aus der die gesamte Bevölkerung im Laufe des Krieges vertrieben oder geflohen war.

Für mich wahrlich ein unheimliches Gefühl. Ich fragte mich, was wohl aus den Bewohnern geworden ist. Was war passiert? Richtige Kampfspuren, außer einigen Einschusslöchern, konnte ich nicht entdecken. Zumindest hoffte ich, dass alle ungeschoren davongekommen waren.

Schon kamen die ersten Jungs mit Haushaltsgegenständen zum Auto zurück und mir wurde mit einem Mal klar, warum wir genau dorthin gefahren waren: damit die Jugendlichen plündern konnten!

Sofort begann ich zu hupen, um zu signalisieren, dass alle wieder zum Auto kommen sollten. Offenbar hatten sie meine Zeichen verstanden. Ihre Beute nahmen sie mit ins Auto. Für mich unfassbar! Ich fühlte mich ausgenutzt und konnte derartiges Verhalten persönlich keinesfalls tolerieren. Wie konnten sie das nur tun? Ich hatte ja gut reden. Andererseits: wer weiß, was die Jugendlichen durchgemacht hatten? Trotzdem wollte ich nicht Teil einer solchen Aktion sein. Nur kommunizieren konnte ich meinen Zorn nicht. Als alle wieder im Wagen saßen, fuhr ich geradewegs zum Lager zurück, ohne einen Ton zu sagen und alle anderen waren plötzlich ebenfalls stumm. Im Lager angekommen ließen die meisten die geplünderten Gegenstände im Auto zurück. Offenbar hatten sie kapiert. Ich teilte unserem Coach das Ganze mit und direkt vor dem nächsten Training hielt er eine für mich beeindruckende Ansprache an die Jugendlichen: Solches Verhalten sei unverzeihlich. Ob sie an die Menschen gedacht hätten, die in den Häusern gewohnt hatten? Ob sie Verbrecher seien? Ob ihre eigene Vertreibung ihr Verhalten rechtfertige? Was sie wohl sagen würden, wenn das Gleiche in ihrem Zuhause geschehen würde (was sehr wahrscheinlich geschehen war)? Ob sie stolz auf ihre Plünderung seien? Insbesondere sollten sie einem Ausländer, so der

Trainer, egal was sie selbst erlebt hätten, respektvoll begegnen und ihn nicht als Handlanger benutzen, der für ihre Raubzüge zur Verfügung stünde. „Es sei, zugegeben, viel Schlimmes in diesem Krieg passiert, allerdings rechtfertige dies nicht, dass man genauso handelt". Die Standpauke dauerte fast eine halbe Stunde und endete damit, dass alle übrigen geklauten Gegenstände zu mir gebracht wurden, wobei sich jeder für sein Verhalten bei mir persönlich entschuldigte! Ich dankte dem Mann für seine Worte, wobei ich natürlich hoffte, dass meine Jungs sich das auch zu Herzen nahmen. Ich glaubte schon, da sie alle wie begossene Pudel zu mir kamen.

Dann war es so weit: Wir spielten gegen den mutmaßlich übermächtigen Gegner. Der hatte sogar Trikots für uns mitgebracht! Denn die meisten von uns hatten keinerlei Sportbekleidung. Nun ja, einen Unterschied gab es dann doch: Sie hatten ausnahmslos Fußballschuhe, während wir in normalen Straßenschuhen spielten.

Trotz des vermeintlichen Erstligisten war das Zuschauerinteresse doch mehr als überschaubar. Die meisten waren unsere Leute, also jene aus dem Lager. Am Ende verloren wir 6:1, feierten allerdings unseren Ehrentreffer, als hätten wir gewonnen. Nachher saßen wir noch mit einigen unserer Gegenspieler zusammen, die uns dann eröffneten, dass es deren Ziel sei, irgendwann einmal in der ersten bosnischen Liga spielen zu wollen. Zwar erwies sich der unterklassige Gegner somit als der, den wir erwartet hatten, trotzdem waren wir für die nächsten Tage die Helden im Lager gewesen!

Alles andere als heldenhaft endete meine fußballerische Praxis Jahre später in Montenegro – nämlich gleich nach dem ersten Mal. Dort angekommen, fragte ich meinen neuen Kollegen zuallererst, ob er Leute kenne, die sich regelmäßig zum Kicken träfen, und ob ich mich denen anschließen könnte. Nach einem kurzen Telefonat meinte er, Freunde von ihm wären genau die

Richtigen für mich. Schon freute ich mich auf eine dauerhafte sportliche Betätigung am Abend.

Am vereinbarten Tag traf ich sie in der örtlichen Sporthalle. Wir spielten vier gegen vier, wobei ein Brüderpaar in beide Mannschaften aufgeteilt wurde. Nach einem zugegeben überharten Einsatz des einen gegen den anderen, entwickelte sich eine zunächst lautstarke verbale Auseinandersetzung zu einer handfesten Schlägerei mit anschließendem Arztbesuch der beiden! Daraufhin machte ich den Sportlern klar, dass ich lediglich aus Spaß an der Freude spielen würde und keineswegs bereit sei, meine Gesundheit aufs Spiel zu setzen. Das sei das letzte Mal für mich gewesen!

Diese und andere sportliche Erfahrungen besonders in den Balkanländern hatten mir gezeigt, dass es nur selten möglich war, das Ganze als Freizeitvergnügen anzusehen. Die Einheimischen nahmen wohl jedwede sportliche Auseinandersetzung so ernst, als ginge es um die Weltmeisterschaft, mit entsprechendem Körpereinsatz. Als ich mit meinem serbischen Kollegen damals zum ersten Mal Tischtennis spielte – wir beide etwa auf dem gleichen Level – und ich am Ende das gesamte Match nur knapp gewonnen hatte, saß er wie ein Häufchen Elend beim anschließenden Kaffee. Auf meine Frage, was mit ihm los sei, entgegnete er, er würde noch darüber nachdenken, warum ihm so viele Fehler unterlaufen seien, und er am Ende verlor. Ich sagte ihm, er solle es nicht so ernst nehmen, es sei doch nur ein Spiel und vor allem Spaß gewesen. Meine Herangehensweise sei wohl die richtige, meinte er, und bestand auf eine Revanche. Die würde ich ihm gerne bieten. Allerdings antwortete ich ihm augenzwinkernd, „nur dann, wenn er etwas besser trainiert sei", woraufhin auch er zu lachen anfing.

Fußball stand ebenfalls im Kosovo hoch im Kurs. Schon am Tag meiner Ankunft, beim zweiten Einsatz 2010, fragte mich ein lokaler Kollege, ob ich Interesse hätte. „Selbstverständlich!", entgegnete ich, allerdings mit dem Hinweis, ich würde Wert darauflegen, dass es sich um einen reinen Freizeitkick handele. „Kein Problem!", er organisiere ein Match. Zu uns beiden hatten sich noch weitere Mitarbeiter gesellt, sodass wir als eigenes Team auftraten. Die T-Shirts mit aufgedrucktem Logo und Namen des Spielers spendierte ich. Der Spielort war einer der vielen überdachten Kunstrasenplätze, der von außen eher einer Eisbahn glich, und wovon die meisten im Land erst nach dem Krieg 1999 errichtet worden waren.

Besonders im Winter waren wir dabei den örtlichen Widrigkeiten ausgesetzt, weil es in den Hallen nicht nur bitterkalt war, sondern unser Spiel, das eine oder andere Mal auch durch die häufig vorkommenden Stromausfälle unterbrochen werden musste. Dann verharrten wir auf dem stockdunklen Platz in der Position, bis der Generator angeschaltet wurde.

Zunächst spielten wir einmal pro Woche immer gegen das gleiche Team. Später wechselte mein Kollege den Arbeitsplatz und, nachdem meine eigenen Mitarbeiter nunmehr offenbar keine Lust mehr gehabt hatten, schloss ich mich ihm und seiner Mannschaft an, die stets gegen einige andere Teams antrat. Hinterher gingen wir immer zusammen auf ein Bier und unterhielten uns über alles Mögliche. Anders als zuvor nahmen meine Mitspieler jedes Match zwar sehr ernst, weshalb es bei mancher strittigen Situation auch einmal laut wurde. Unfair wurde trotzdem nie gespielt, sodass ich diese Abende immer besonders genoss. Angesichts der zunehmend schlechter werdenden Stimmung im Büro, hatte ich das auch bitter nötig.

Darüber hinaus war ein positiver Nebeneffekt, dass ich nun Einheimische kennengelernt hatte, die mich auf der Straße grüßten oder hupten, was ebenfalls zur Aufmunterung meiner ansonsten anstrengenden Situation mit meinen Arbeitskollegen beitrug. Jene stellten fast nur noch Ansprüche, die völlig ungerechtfertigt waren, während meine Fußballfreunde auf dem Teppich geblieben zu sein schienen. Sie waren zufrieden, einen Job zu haben, und genossen ihre Freizeit. Deren Ansprüche bezogen sich allenfalls auf unsere Spiele, eine Runde auf mich lehnten sie nicht nur immer ab, sondern luden mich stets ein, was ihnen jedes Mal Spaß machte, beim Barmann zu intervenieren, sobald ich meinen Geldbeutel gezückt hatte.

Der Spaßfaktor stand auch eindeutig im Vordergrund in jenen Einsätzen, wenn andere Ausländer mit kickten. Zudem boten sie skurrile Szenerien, wie in Inguschetien und später in Sri Lanka.

Im Nordkaukasus spielten wir abends regelmäßig in einer Turnhalle, unweit unseres Büros. Selbstverständlich begleiteten mich dahin meine Bodyguards, und während ich drinnen war, warteten sie immer draußen vor der Tür. Die Bewacher der anderen internationalen Helfer spielten dagegen mit, wofür sie ihre Kalaschnikows an den Wänden in greifbarer Nähe angelehnt hatten. Einmal nahm ich einen Besucher aus der Zentrale mit, der angesichts der für ihn herrenlosen Waffen nicht aus dem Staunen herauskam.

Überraschend war für mich, dass es an unserem Standort in Ampara, im Osten Sri Lankas überhaupt einen Sportplatz gab, zumal Cricket die absolute Nummer eins unter den dort beliebtesten Sportarten war. Zusammen mit anderen internationalen Kollegen trafen wir uns gewöhnlich sonntags und spielten zusammen. Häufig mussten wir jedoch noch am Spielfeldrand warten, denn meistens graste darauf eine Büffelherde. Sobald sie uns bemerkt hatten, trotteten die mächtigen Tiere zwar friedlich davon, allerdings hatten wir nachher große Mühe, ihre Hinterlassenschaften zu umkurven.

Eines Tages hatte ein Kollege ein Spiel gegen ein lokales Team aus einem Nachbarort arrangiert, wo fast alle Hilfsorganisationen aus Ampara tätig waren. Gespannt erwarteten wir unseren Gegner. Das äußerst junge Team betrat in voller Montur, einschließlich entsprechendem Schuhwerk, den Platz, während meine Mannschaft einem bunt zusammengewürfelten Haufen von Spielern aller Altersklassen aus Frankreich, Belgien, Finnland und Deutschland sowie einigen lokalen Mitarbeitern glich, den man zumindest am ähnlichen Oberteil, einem weißen T-Shirt, erkennen konnte. Selbst der Schiedsrichter war zu unserer Überraschung korrekt gekleidet und mit Pfeife ausgestattet, weshalb wir annehmen mussten, dass unser Gegner das Spiel durchaus ernst nehmen würde. Zwar waren uns die Spieler des anderen Teams konditionell eindeutig überlegen, trotzdem waren wir zu unserer eigenen Verblüffung mit zwei Treffern zur Halbzeit in Führung gegangen. Glücklicherweise schoss die gegnerische Mannschaft in der zweiten Hälfte noch zwei Tore, sodass das Spiel am Ende unentschieden ausging. Denn wir hatten schon befürchtet, dass wir im Falle eines Sieges nicht mehr in der Nachbarstadt weiterarbeiten könnten. Nach dem Schlusspfiff machten wir noch einige Fotos zusammen und während wir es uns auf dem Boden bequem machten, um mit den anderen Spielern ins Gespräch zu kommen, verschwanden sie so unvermittelt, wie sie gekommen waren.

Etwa ab meinem ersten Einsatz in der Türkei im Jahr 2013 ebbte meine Bereitschaft vor allem zu sportlichen Aktivitäten nach Feierabend merklich ab. Meistens verbrachte ich von da an die Abende in meiner Wohnung. Langweilig wurde es aber nie, da ich trotzdem immer eine Ablenkung suchte. Abgesehen von Serbien und Kosovo bin ich leider nie mehr so nah in Kontakt mit Einheimischen gekommen. Das lag jedoch einzig an mir selbst, genau wie die Erkenntnis, dass ich im Nachhinein viel mehr hätte unternehmen sollen. Ob es meinem zunehmenden Alter geschuldet war, dass ich unbewusst einfach mehr Zeit zum Ausspannen benötigte, wäre reine Spekulation. Obwohl ich nach wie vor Projektleiter gewesen bin, stiegen trotzdem meine Verantwortlichkeiten, die ich nicht lokalen Kollegen einfach überlassen konnte. Besonders beim zweiten, vierjährigen Aufenthalt in der Türkei, war das offenbar nicht ganz spurlos an mir vorbeigegangen, da es sich um ein äußerst komplexes Projekt handelte, das von mehreren Gebern finanziert wurde. Mein persönliches damit verbundenes Pflichtbewusstsein zahlte sich immerhin dahingehend aus, dass dessen Implementierung durchaus erfolgreich war. Und das zählte für mich mehr als die dafür geopferte Freizeit.

Vom ersten Auslandseinsatz an habe ich die mir übertragenen Aufgaben immer sehr ernst genommen, schließlich war ich dort nicht zum Ausspannen, sondern zum Arbeiten. Wahr ist allerdings, dass ich in jüngeren Jahren tatsächlich viel unternehmenslustiger und neugieriger war als später. Gleiches galt für meine sportliche Freizeitgestaltung. Denn am allerwichtigsten war es stets, einen Ausgleich zum Arbeitsalltag zu finden. Selbst wenn ich heute die vielen ungenutzten Gelegenheiten, zum Beispiel für Ausflüge, bereue, kann ich trotzdem guten Gewissens behaupten, dass ich mich während meiner Auslandskarriere deswegen nie darüber grämte. Aber, man weiß ja, dass der Katzenjammer immer erst hinterher kommt.

7 Persönliche Begegnungen – mit nachhaltiger Wirkung

Bis jetzt ging es im Wesentlichen um Begegnungen, die sich auf immer wiederkehrende Aspekte meiner Auslandstätigkeit bezogen. Zwar waren die Erlebnisse von darin vorkommenden oder erwähnten Menschen geprägt, womit sie der Geschichte neben äußerlichen Gesichtspunkten überhaupt erst einen lustigen oder skurrilen Charakter verliehen. Trotzdem blieben deren Persönlichkeiten blass, an viele Namen kann ich mich gar nicht mehr entsinnen, sodass ihre jeweilige Hauptrolle zu einer kurz danach vergessenen Episode wurde und in der Folge in den allermeisten Fällen blieb.

Ähnlich war es selbst mit bekannteren Persönlichkeiten, denen ich im Zusammenhang mit der Arbeit begegnete. Unbestritten waren einige sehr wichtig, es gab aber auch solche, die sich für wichtig hielten. Meistens waren es jedoch nur Momente, wenn ich zum Beispiel im Kosovo der luxemburgischen Außenministerin die Hand schüttelte oder in der Türkei dem Bundesminister für wirtschaftliche Zusammenarbeit und Entwicklung.

Am Abend seines Besuches wurde ich gar gebeten, dessen Delegation als möglicher Gesprächspartner zur Verfügung zu stehen. Während er noch bilaterale Treffen absolvierte, saßen ich und andere Projektleiter im Kreis einiger seiner Mitarbeiter. An Informationen oder Erfahrungen aus erster Hand waren die allerdings überhaupt nicht interessiert. Ganz im Gegenteil schienen sie von uns keinerlei Notiz zu nehmen, sie ignorierten uns schlicht und ergreifend. Stattdessen lachten sie über diese oder jene Situation im Rahmen der Reise und unterhielten sich über Themen, bei denen wir nicht mitreden konnten. Immerhin gab es eine Reihe von Häppchen, und nachdem ich mich ausgiebig bedient hatte, verließ ich die komische Szenerie, ohne mich verabschiedet zu haben, ärgerte mich aber hinterher, meinen Feierabend so verplempern zu müssen.

Ansonsten sind mir lediglich einige Anekdoten bei derlei Gelegenheiten in besonderer Erinnerung geblieben. Als etwa in Serbien ein Kollege beim Empfang in der deutschen Botschaft völlig betrunken herumgrölte, der österreichische Botschafter sei ein „Riesenarschloch"! Oder in Montenegro, wo meine Freundin den Leiter der EU-Monitoring Mission in seiner weißen Uniform fragte, ob er Sanitäter sei, woraufhin der empört reagierte. Genauso wie später in der Türkei ein Mitglied des Innenausschusses des Bundestages und späterer Parteipolitiker, von dem ich wissen wollte, ob er im Innenministerium arbeite, was er, brüskiert und beleidigt, zurückwies. In Inguschetien teilte mir ein Journalist ungefragt seine urologischen Probleme mit und, wiederum in der Türkei, stand ich neben einem bekannten ZDF-Korrespondenten, der mir fast zwergenhaft vorkam.

Derartige Begegnungen waren selbstverständlich besonders, denn wann trifft Ottonormalverbraucher schon bekannte Persönlichkeiten. Allerdings ging es nie über Smalltalk hinaus, und meinetwegen kamen sie ohnehin nicht. In meiner Erinnerung blieben sie, ich in ihrer sicherlich nicht.

Dagegen hinterließen in fast jedem Einsatz bestimmte Menschen einen in der einen oder anderen Weise bleibenden Eindruck bei mir, sogar solche, mit denen ich nicht ununterbrochen zu tun hatte, und mit manchen von ihnen ich obendrein noch nicht einmal kommunizieren konnte.

Für mich nachhaltig prägend war mein zweiter Arbeitskollege, den ich auf Empfehlung eines Engländers in Belgrad eingestellt hatte. Er war fast zwanzig Jahre älter als ich und sein Gesicht erinnerte mich sehr stark an den Magier ,Catweazle' aus der gleichnamigen britischen Fernsehserie bei uns in den 1970er Jahren.

Magisch war bei meinem neuen Mitarbeiter in erster Linie sein Essverhalten. Im Büro aß er nie etwas, aber wenn wir im Restaurant Rast machten, konnte er Berge verdrücken. Angesichts seiner recht hageren Figur musste zweifellos Zauberei im Spiel gewesen sein.

Gleich zu Beginn unserer Zusammenarbeit fielen mir zwei Dinge auf: erstens, er rauchte Kette, und zwar im wahrsten Sinne des Wortes. Zweitens schien er nichts anderes als Kaffee zu trinken, nur äußerst selten hatte ich ihn beobachtet, wie er an einer Wasserflasche nippte. Alkohol trank er nie.

Aus seinem Privatleben hat er so gut wie gar nichts erzählt. Lediglich, dass er in der Vergangenheit verheiratet gewesen sei, und zwei Kinder hätte. Nur einmal habe ich seinen Sohn getroffen.

Als wir zusammen zur Weihnachtsfeier aller Balkanbüros unserer Organisation nach Kroatien gefahren waren, nahm mich dort der bosnische Büroleiter zur Seite, und fragte mich nach meinem Mitarbeiter aus. Denn er hätte den Verdacht, dass es sich bei ihm um einen mutmaßlichen Kriegsverbrecher handeln könnte. Zumindest sähe er einem ihm bekannten sehr ähnlich. Ich wusste nur so viel, dass er früher in Sarajevo gearbeitet hätte. Trotzdem verschlug mir jene Vermutung die Sprache. Ich konnte und wollte es mir nicht vorstellen. Obendrein wusste ich nicht, wie ich nachher damit umgehen sollte. Ihn direkt darauf anzusprechen, war jedenfalls keine Option. Das hätte unter Umständen, wer weiß, welche unübersehbaren Konsequenzen in unserer Zusammenarbeit gehabt.

Jedenfalls ging mir die Behauptung nicht mehr aus dem Kopf. Vielleicht war das der Grund gewesen, warum er Alkohol mied, wie der Teufel das Weihwasser. Darauf habe ich ihn allerdings ebenfalls nie angesprochen. Der Engländer meinte nur, er hätte ihm erzählt, er wäre bei der Beerdigung seines Vaters vor der ganzen Verwandtschaft völlig betrunken erschienen, hätte dabei nur dummes Zeug gefaselt und sich hinterher so sehr geschämt, dass er von da an kein Glas mehr angerührt hätte.

Unsere Zusammenarbeit glich in der ersten Zeit einer Lehrer-Schüler Beziehung. Während er die Erfahrung mitbrachte, hatte ich nicht viel mehr als meine ihm übergeordnete Stellung vorzuweisen. Er aber nahm mich geduldig bei der Hand und Vieles von dem, was für mich von Nutzen für meine weitere Karriere war, hatte ich von ihm gelernt; insbesondere sonst oft übersehene Mitarbeiter, wie zum Beispiel die Putzfee oder einen Fahrer, gleichermaßen Respekt zu zollen wie den vermeintlich wichtigeren Menschen.

Daneben war er es, der mich nicht selten auf mögliche Projekte aufmerksam machte, die er mir schon im Auto kurz skizzierte, und die ich zurück im Büro in die Form eines Antrages goss. Meistens handelte es sich um kleinere Verteilungsmaßnahmen, von denen einige tatsächlich nachher bewilligt wurden.

Ganz der Tradition folgend überließ er mir den Verwaltungskram und vor allem die für ihn lästige Schreibarbeit. Diese Art der Arbeitsteilung konnte ich später in fast allen Einsatzländern beobachten. Manchmal beruhte sie auf Unvermögen auf der einen Seite, und damit der Anerkennung der Fähigkeiten auf der anderen; manchmal aber schlicht und ergreifend auch auf Bequemlichkeit, schließlich müsse der Ausländer doch für irgendetwas nützlich sein.

In unserem Fall war es der Umstand, dass wir anfangs nur Projekte beim Auswärtigen Amt einreichten, deren Ausformulierung auf Deutsch ich der Einfachheit halber übernommen hatte. Gemessen an den erfolgten Bewilligungen ergänzten wir uns jedenfalls wie seinerzeit beim HSV der Flankengeber Manfred Kaltz und der Vollstrecker Horst Hrubesch.

Auch in unserer Freizeit wurden wir zu Brüdern im Geiste. Denn er war es, mit dem ich fast jedes Wochenende nach Zlatibor fuhr. Offenbar erging es ihm ähnlich wie mir, nämlich, dass unser beider soziales Netzwerk in Belgrad ein, wenn überhaupt, sehr überschaubares war.

Seine Professionalität zeichnete sich schließlich dadurch aus, dass er, sobald wir uns dorthin auf den Weg gemacht hatten, die Arbeit mit keinem Wort mehr ansprach. Jetzt war Erholung angesagt, ebenfalls eine Lehre, die ich im Hinterkopf behielt, nämlich strikt zwischen Job und Privatleben einen Trennstrich ziehen zu können, ja zu müssen. Umso erstaunlicher ist es für mich im Nachhinein, dass ich während der gemeinsamen Wochenenden nicht mehr über seins erfahren habe. Andererseits passte es aber ins Bild, indem der Augenblick zählte, den es galt zu genießen, und nicht störende Probleme oder dergleichen, die einen beschäftigten. Ein Wesenszug, der für uns Deutsche typisch zu sein scheint: Wir denken manchmal einfach viel zu viel und ereifern uns oftmals über Dinge zur falschen Zeit am falschen Ort.

Mit ihm hatte ich jedenfalls einen Lehrmeister, wie ihn sich ein Anfänger nur wünschen kann. Dass ich ihn bisweilen morgens vom Büro telefonisch erst aufwecken musste, darüber sah ich mit der Zeit hinweg, war aber auch ein Ausdruck der unterschiedlichen Mentalität: Pflichtbewusstsein auf der einen Seite, und Gelassenheit auf der anderen.

Nach meinem Weggang schien mein Nachfolger, ein Russlanddeutscher, in ihm eher einen internen Kontrahenten gesehen zu haben. Jedenfalls kündigte er kurze Zeit später, und seinem Vorgesetzten wurde nicht lange danach gekündigt, da der Vorwurf der persönlichen Bereicherung im Raum stand.

Mit meinem nunmehrigen Ex-Kollegen bin ich nachher noch jahrelang in Kontakt geblieben. Später wollte ich ihn zu meiner Hochzeit einladen, aber leider ist er zwei Monate vorher völlig unerwartet verstorben.

Als ich meinen anschließenden Einsatz in Berane/Montenegro antrat, gab es vor Ort lediglich eine Handvoll internationaler Helfer. Die einzige andere ausländische Hilfsorganisation – eine französische – schloss ihre gesamte Mission wenige Wochen nach meinem Eintreffen.

Bei einer lokalen arbeitete ein älterer Holländer, mit dem ich im Laufe des Jahres so manches Bier getrunken hatte. Aufgrund seiner Berufserfahrung hätte er erneut zu einem Lehrmeister werden können, in Wirklichkeit entpuppte er sich für mich jedoch zu einem Paradebeispiel, wie ich keinesfalls am Ende meiner beruflichen Auslandskarriere dastehen wollte.

Da wir möglicherweise mit ihm zusammenarbeiten würden, schlug mein Vorgänger vor, mich ihm persönlich vorzustellen. Allerdings warnte er mich vor. Denn, der könne stundenlang reden, ohne etwas zu sagen!

Zum vereinbarten Termin saßen wir nun zusammen bei ihm im Büro an einem kleinen Tischchen. Er mir gegenüber und mein Vorgänger hinter dem Holländer etwas versetzt. Nachdem ich mich vorgestellt hatte, begann er sofort über seine jahrzehntelange Auslandserfahrung zu sprechen. Es klang geradezu wie ein Streifzug durch alle möglichen afrikanischen Entwicklungsländer, beschränkte sich allerdings ausschließlich auf seine Büroarbeit, sodass er sich eigentlich ständig nur wiederholte. Wir kamen gar nicht zu Wort, woraufhin nach etwa zwei Stunden (!) mein Vorgänger hinter seinem Rücken mit beiden Händen ein Time-out signalisierte, was heißen sollte, ich musste irgendwie dazwischenfunken, um das Meeting schleunigst beenden zu können. Als er dann einmal Luft holte, wandte ich mit Blick auf meinen Kollegen ein, dass wir in Kürze wohl gehen müssten, weil ich noch jemanden vorgestellt werden sollte. In der Tat hatte der Holländer während des gesamten Treffens viel gesprochen, das Gesagte interessierte mich allerdings überhaupt nicht. Der einzig bemerkenswerte Satz war, dass er mit seinen fast sechzig Jahren stolz darauf sei, noch nie einen einzigen Tag in Holland gearbeitet zu haben.

Jetzt war er – zumindest betitelte er sich so – Projektmanager einer lokalen NGO und jedes zweite Wort schien „Contract" (Vertrag) zu sein, womit er indirekt auf seine zahlreichen Aktivitäten hinweisen wollte. Dazu betonte er das Wort noch in einer sehr eigentümlichen Weise, um dessen Wichtigkeit hervorzuheben, die ich in der Folge meinem lokalen Kollegen gegenüber immer scherzhaft nachzuahmen versuchte.

Tatsächlich handelte es sich aber nicht um Projektverträge, sondern mit einzelnen Personen geschlossene im Rahmen eines ‚in-kind-grant'-Vorhabens, wovon jeder in der Zentrale in Belgrad geschlossen und dort auch unterschrieben werden musste. Deshalb flöge er jedes Mal persönlich dorthin, womit er glaubte, mich beeindrucken zu können. Ich war allerdings alles andere als das. Meinen Hinweis, dass er sich viele damit zusammenhängende Strapazen ersparen könne, wenn er beispielsweise nur einmal im Monat oder alle zwei mit einem ganzen Packen an Verträgen dorthin fahre, ignorierte er geflissentlich. Gemessen an seinen Ausführungen waren die Maßnahmen seiner Organisation im Vergleich zu unseren jedenfalls mehr als überschaubar.

Unweit unseres Büros, auf dem Weg zu meiner Wohnung, lag ein Café direkt an der Straße, wo der Holländer mir fast jeden Tag auf der Terrasse sitzend zuwinkte, weshalb ich ihm sehr oft zwangsläufig Gesellschaft leisten musste. Meistens ging es dann wieder um die Vielzahl der „Contracts". Besonders interessant war es stets montags, wenn ich über mein Gleitschirm-Wochenende enthusiastisch erzählte, er dagegen die freien Tage in seiner Wohnung (mit Whiskey) verbracht hätte. Obwohl er in seiner Heimat Frau und Kinder hatte, habe ich nicht ein einziges Mal erlebt, dass er nachhause flog. Darauf angesprochen, entgegnete er mir nur einmal: „Ach, die leben dort ihr eigenes Leben."

Generell war ich zwar froh, in meiner Freizeit einen Gesprächspartner gehabt zu haben. Allerdings war er in gewisser

Weise eine bemitleidenswerte ‚arme Sau'. Für mich stand jedenfalls fest, dass ich persönlich nach Jahrzehnten im Ausland am Ende nicht eine Position bei einer lokalen NGO irgendwo haben wollte, in der ich nichts zu sagen, geschweige denn zu entscheiden hätte, und auch noch überzeugt davon sei, damit einen jüngeren Ausländer beeindrucken zu können.

Das Café schien jedenfalls eine Filiale seines Büros zu sein. Denn fast jeden Tag sah ich ihn auf der Terrasse sitzen. Nach der Uhrzeit zu urteilen, musste er entweder einen Teilzeitvertrag haben oder er handhabe seine eigene Arbeitszeit sehr großzügig. Wenn eine seiner beiden lokalen Mitarbeiterinnen zufällig vorbeikam, winkte er sie immer herbei, was beiden jedes Mal unangenehm zu sein schien. Saßen sie dann am Tisch spürte ich jedenfalls ihren Widerwillen, und wenn ihr Chef dann zum wiederholten Mal die Wichtigkeit seiner Rolle besonders betonte, verdrehten sie oft genug die Augen. Denn tatsächlich waren sie es, die seinen ‚Laden' am Laufen hielten. Er dagegen schien sich seine Position ohnehin nur schön zu trinken. Soweit ich mitbekommen habe, hatte er keinerlei sonstige soziale Kontakte vor Ort. Hinterher hörte ich, dass er wenige Monate nach meinem Einsatz ebenfalls Berane verlassen hatte. Wohin er danach ging, erfuhr ich nicht. Anzunehmen war nicht, dass er in die Heimat zurückkehrte.

Zugegeben, außer meinen Kollegen hatte auch ich nicht sehr viele anderweitige Kontakte in der Stadt. Lediglich die Fußballer sowie einige andere, die ich über einen Mitarbeiter kennengelernt hatte. Obwohl sie alle nicht einem sozialen Netzwerk entsprachen, so kannten und grüßten sie mich immerhin, und manchmal hielten wir ein kurzes Schwätzchen.

Unter ihnen war ein Mann, etwas älter als ich war, der mir in besonderer Erinnerung geblieben ist. Seinen richtigen Namen habe ich nie erfahren, sondern nur den, unter dem er im ganzen Ort bekannt war, nämlich Car (Tsar ausgesprochen), auf Deutsch wie der russische Zar.

Er war begeisterter Fußballer und trainierte im örtlichen Stadion eine Jugendmannschaft. Kennengelernt hatte ich ihn, als wir auf der Suche nach einem größeren Raum waren, um gespendete Schulmöbel zwischenlagern zu können. Bereitwillig und umsonst sorgte er dafür, dass wir das in einem Raum unterhalb des Stadions tun konnten. Beim Abladen der Möbel half er auch mit und erzählte mir, dass er in den 1980er Jahren unter anderem auch Franz Beckenbauer persönlich getroffen hätte. Soweit ich verstanden hatte, war das der Grund für seinen Spitznamen: Was der Kaiser in Deutschland war, war er in seinem Heimatort – der Zar!

Wann immer ich ihm nachher in der Stadt begegnete, lud er mich zu einem Kaffee ein. Widerrede galt nicht. Nicht nur freute er sich, mich zu sehen, sondern auch mich einzuladen zu können. Gesprächsthema war selbstverständlich immer Fußball, um den sich sein ganzes Leben zu drehen schien. Was genau er beruflich machte, hatte ich nie richtig verstanden; er sei verheiratet und hätte Familie gehabt. Die habe ich allerdings nie gesehen. Manchmal spendierte er mir auch abends in einem Restaurant ein Gratisgetränk, wenn ich dort allein war und prostete mir stolz zu.

Er war ein herzensguter Mensch, den auch ich stets freudig auf der Straße begrüßte. Selbst nach mehr als zwanzig Jahren berichtete mir mein ehemaliger Kollege, dass sich der Tsar immer wieder nach mir erkundigen würde. Grüße zurück ließ auch ich ausrichten.

Mit einem außergewöhnlichen Menschen, gleichzeitig aber wohl einem der undurchsichtigsten, hatte ich in Inguschetien zusammengearbeitet. Er war der lokale Koordinator, der das großangelegte Verteilungsprojekt bereits seit Jahren professionell unter seinen Fittichen hatte. Gleichermaßen wurde er vom übrigen Personal als eindeutiger Anführer akzeptiert. Sein Wort hatte Gewicht. Ferner war er derjenige im Büro, der mit

Abstand am besten Englisch sprach. Von Anfang an verstanden wir uns blendend.

Seine Sonderstellung unter sämtlichen lokalen Kollegen, mit denen ich je zusammengearbeitet habe, verdeutlicht allein der Umstand, dass er nebenbei ein eigenes Café betrieb. Das war erst kurz vor meinem Eintreffen eröffnet worden und als Dankeschön an eine Vorvorgängerin, nach ihrem italienischen Namen benannt. Das Außergewöhnliche darin war, dass kein Alkohol ausgeschenkt wurde – allerdings keineswegs aus religiösen Gründen, sondern als prophylaktische Maßnahme, um Schlägereien von Betrunkenen, die wohl nicht selten vorkamen, vorzubeugen.

Der clevere Geschäftsmann hat dann direkt nebenan noch, meines Wissens, das erste Kino in der kleinen nordkaukasischen Republik eröffnet, nachdem er in seinem Umfeld einen Bedarf dafür erkannt zu haben glaubte. Den von vorne nach hinten ansteigenden Saal, mit einem Fassungsvermögen von etwa vierzig Sesseln, hatte er professionell ausgestattet, und mittels Projektor DVD- Filme auf einer großen Leinwand vorgeführt.

Obwohl der Eintrittspreis gerade einmal einen Euro betragen hatte, musste er den Betrieb jedoch nach kurzer Dauer mangels Zuschauer wieder einstellen. Der eigentliche Grund seien Beschwerden von vielen gewesen, dass das kleine Lichtspieltheater über keine Separees, wie sonst in Restaurants üblich, verfügte! Er vermutete, dass Pärchen offenbar Filme sehen wollten, ohne beim Kuscheln gesehen zu werden.

Deshalb tauschte er die Einrichtung gegen Gaststättenmobiliar aus, und eröffnete darin ein Restaurant, in gewisser Weise als luxuriösere Variante des Cafés von nebenan. Jedenfalls liefen beide Etablissements glänzend.

Mich beeindruckte vor allem sein Geschäftssinn, weshalb ich ihm einmal gesagt habe, dass er wohl, egal wo auf der Welt irgendetwas auf die Beine stellen könne. Beeindruckt hatte mich auch die Tatsache, dass er während unserer Arbeitszeiten die Geschäftsführung keineswegs Verwandten, sondern nur guten Bekannten überließ, was in der von Clans geprägten Gesellschaft nicht gerade üblich war. Leider hatte sich das später gerächt, als er mir Jahre danach berichtete, dass sich einer der Geschäftsführer samt beträchtlicher Einnahmen aus dem Staub gemacht hätte, und ihn vor dem völligen Ruin stehend hinterließ.

Bevor ich anfing, mit ihm zusammenzuarbeiten war der Koordinator eines Verteilungsteams sein Cousin gewesen, der allerdings wegen eines Drogendelikts ins Gefängnis kam. Offenbar hatte der selbst ein Suchtproblem und war nur auf Druck der Verwandtschaft vom Koordinator eingestellt worden. Als dieser während meiner Zeit vor Ort aus der Haft entlassen wurde, hatte er gerichtlich dafür gesorgt, dass er von uns wieder engagiert werden musste, und zwar in derselben Position, wie zuvor. In dieser Hinsicht ging meinem Koordinator allerdings das Wohl der Organisation, und damit seines eigenen Arbeitsplatzes, eindeutig über dem des Clans. Denn kurz vor dessen Wiedereinstellung machte er sich große Sorgen, dass sein Cousin nichts als Probleme bereiten würde. Deshalb präsentierte er mir ein ausgeklügeltes Konzept, das am Ende dazu führen sollte, dass sein Verwandter von selbst kündigen würde, indem er nämlich jeden Tag einem anderen Team an unterschiedlichen Orten zugeteilt werden sollte. Der Plan ging jedenfalls voll und ganz auf. Die Kündigung erhielt ich nur wenige Tage später. Diese ganze Episode, nämlich, dass sich der Koordinator, anders als dort üblich, auch über Clan-Strukturen und damit verbundene Zwänge hinwegsetzte, war für mich ein Ausdruck seiner Integrität, aber auch seines Selbstbewusstseins.

Dagegen schien sein Privatleben einige dunklere Flecken aufzuweisen. Er war mit unserer Verwaltungskraft verlobt, die er später heiratete, und mit der er zwei Kinder bekam. Dass er zumindest anfangs eine parallele Beziehung führte, erfuhr ich erst, als ich ihn nach Stavropol, in Südrussland begleitete, und dann auch erst beim zweiten Mal.

Dorthin ist er regelmäßig übers Wochenende gereist und hatte mich eingeladen, ihn zu begleiten – er hätte dort ‚Dinge zu erledigen' – welcher Art ließ er im Verborgenen. Als wir dort ankamen, wunderte ich mich, dass er mich am Freitagabend in einem Hotel mit dem Hinweis ablieferte, er würde mich Sonntagnachmittag wieder abholen. Dabei hatte ich angenommen, er würde mir die Stadt zeigen oder zumindest einmal zusammen mit mir essen gehen. Auf ein Wochenende allein hatte ich mich jedenfalls nicht eingestellt.

Beim nächsten Mal erzählte er mir, er hätte dort eine Frau mit zwei Kindern zu versorgen, die seine leiblichen wären. Darüber sei seine inguschetische Verlobte durchaus im Bilde. Soweit ich mich erinnern kann, gab es anderswo noch eine weitere Frau mit mindestens einem Kind von ihm.

Wenn er auch kein gläubiger Muslim war, hatte er sich offenbar den christlichen Spruch: „Gehet hin und vermehret euch" allzu wörtlich genommen. Als hätte ihm das noch nicht genügt, chattete er gelegentlich mit anderen Frauen im Internet und schlug mir immer wieder vor, ich solle ihn eines Tages nach Astrachan begleiten, einer Stadt an der Wolga und unweit vom nordwestlichen Ufer des Kaspischen Meeres, immerhin fast achthundert Kilometer von Nazran entfernt. Dort gäbe es ‚Superfrauen'! Die Ironie der Geschichte war, dass er ausgebildeter Psychologe war, und meines Erachtens – das hatte ich ihm mehrmals gesagt – er einen solchen konsultieren und der ihm Rat geben sollte wegen seines offensichtlichen Don-Juan-Komplexes.

Ansonsten stellte er sich für mich tagtäglich als äußerst zuverlässiger Mitarbeiter heraus und war darüber hinaus immer auch um mein Wohlbefinden besorgt, mindestens im gleichen Maße wie dem seiner Lieben. In der sehr traditionell geprägten

Gesellschaft war er jedenfalls ein völlig untypischer Einheimischer, mit dem für mich gut Kirschen essen war, anders als mit den typischen, die uns Ausländern alles andere als wohlgesinnt waren.

Ob ich den kleineren meiner beiden Bodyguards in diese große Gruppe einordnen sollte, glaubte ich eigentlich nicht. Mit ihm hatte ich tatsächlich insgesamt nur eine Handvoll Worte gewechselt. Richtig unterhalten konnte ich mich mangels Sprachkenntnisse mit ihm sowieso nicht. Meistens nickte er mir mit freundlichem Gesicht nur zu. Überhaupt habe ich selten gesehen, dass er überhaupt einmal gesprochen hat.

Wenn er mich begleitete, hielt er sich, anders als sonstige Leibwächter, stets im Hintergrund. Und wenn ich ihn dann nirgends sah, wusste ich, dass er mich im Auge hatte. Auch beschwerte er sich im Gegensatz zu dem zweiten nie. Trotzdem: er war immer zur Stelle und auf ihn konnte man sich hundertprozentig verlassen.

Kaum zu glauben, dass er verheiratet war und Kinder, ja, dass er überhaupt ein Privatleben hatte. Denn ich hatte den Eindruck, er war ununterbrochen im Einsatz. Tagsüber, wenn wir zu Terminen unterwegs waren, begleitete er uns. War ich am selben Abend bei anderen NGOs eingeladen, er war dabei, manchmal bis nach Mitternacht. Gleichermaßen schien er permanente Wochenenddienste zu schieben, selbst bei den Skitouren oder Wanderungen war er dabei. Meinem lokalen Koordinator war er völlig ergeben. Offenbar engagierte der ihn auch gegen Extrabezahlung in seiner Freizeit. Ob das der Grund für seine unbedingte Loyalität war, erschloss sich mir nie. Könnte aber eine Erklärung sein, da sein Gehalt äußerst niedrig war.

Aus persönlicher Neugier, mehr aber der Abwechslung wegen fuhr ich einmal samstags mit, weil er sich, ob mit oder ohne Ratenzahlung, in Pjatigorsk, im Süden Russlands ein nagelneues Auto kaufte. Selbst dort überließ er das Reden dem

Koordinator. Umso stolzer erschien er im neuen Wagen am Montag darauf im Büro und präsentierte ihn stolz den übrigen Kollegen. Die Schutzfolie, mit der die Sitze überzogen waren, hatte er nicht entfernt; tat es auch nicht in den folgenden Monaten.

Über ihn hatte mir unser Psychologe erzählt, dass er zunächst eine militärische Ausbildung genossen habe und nachher als privater Leibwächter gearbeitet hätte. Als einmal eine bewaffnete Gruppe von Freischärlern in ein Hotel in Nazran versucht hätte, seine Schutzperson – eine lokale Größe – zu entführen, hätte er sich ihnen unverhohlen mit Gewehr im Anschlag allein entgegengestellt und gedroht: „Keinen Schritt weiter oder ich schieße!", woraufhin sie abgezogen seien.

Hatte ich schon vorher großes Vertrauen in seine Fähigkeiten, so hat es diese Geschichte noch erhöht. Am Ende meines zweiten Einsatzes wollte ich ihm besonders dafür danken, dass er immer so gut auf mich aufgepasst hatte. Ausdrücken konnte ich es in seiner Sprache leider nicht. Dafür drückte ich ihm einen Hundertdollarschein in die Hand, woraufhin er mich dankbar umarmte.

Ähnlich unscheinbar wie er war anschließend unsere Büroassistentin in Sri Lanka, und obwohl ich nicht so viel mit ihr zu tun hatte, ist sie mir doch im Gedächtnis geblieben. Wenn sie redete, dann klang es immer im ersten Moment, als wenn ein kleines Kind spräche. Scherzhaft nannte ich sie immer Milupa, da ihr eigentlicher Name fast genauso klang. Jung war sie in der Tat, hatte aber auch selbst schon Kinder. Ihre offene Art begeisterte mich stets innerlich, obwohl es manchmal sehr naiv klang, was wohl daran lag, dass sie nur über eine geringe Schulbildung verfügte. Unsere Verwaltungschefin, eine Französin, hatte sie so weit eingearbeitet, dass sie zumindest kleinere Angelegenheiten selbstständig erledigen konnte. Von ihr lernte ich den Satz, „ich hätte gerne eine Tasse Kaffee" auf

Singhalesisch, womit ich anderntags unsere Reinigungskraft fast dazu brachte, das Tablett fallen zu lassen.

Gelegentlich nahm ich ‚Milupa', wie oben erwähnt, zu Projektbesuchen mit, wo wir dann während der Fahrt näher ins Gespräch kamen. Sie liebe ihren Job, denn er böte ihr die Gelegenheit, sich aus den allzu engen familiären Banden zu befreien. Und dass sie dabei mit Ausländern zusammenarbeite, die „extra von weit her" in ihr Land gekommen seien, begeisterte sie umso mehr. Dadurch würde sie einen Hauch der großen weiten Welt mitbekommen, den sie sonst nur erahnen könne. In diesen tieferen Gesprächen entpuppte sie sich in meinen Augen beinahe als Philosophin. Denn, dass sie sich derlei Gedanken machte, hätte ich nicht für möglich gehalten. Und wenn sie dann noch begeistert von ihrem eigenen Reisfeld und dessen Wichtigkeit für sie und ihre Familie sprach, dann war ich gewiss, dass ich eine außergewöhnliche Frau vor mir hatte.

Im Gegensatz zu vielen anderen lokalen Mitarbeitern, mit denen ich anderswo zusammenarbeitete, war sie eine der wenigen, die während der Arbeit einen Enthusiasmus und eine Freude ausstrahlte, keinerlei Ansprüche stellte, sondern zufrieden ihren Aufgaben nachging. Manchmal hatte ich bei ihr sogar das Gefühl, dass sie sich gerne über die interethnischen Hürden hinweggesetzt hätte. Denn dann und wann sah ich sie mit muslimischen Volontärinnen im Gespräch. Sobald aber ein Singhalese dazu kam, tat sie so, als hätte sie lediglich über für die Arbeit relevante Aspekte gesprochen. Ihr inneres Streben nach Wissen und ihre Offenheit wurden leider durch die äußeren gesellschaftlichen Schranken im Keim erstickt. Als ich mich von ihr verabschiedete, glaubte ich sogar den Drang in ihr gespürt zu haben, mich aus purer Dankbarkeit umarmen zu wollen. Das tat dann ich, was ihr vor allen anderen sichtlich peinlich war. Umgehend entschuldigte ich mich bei ihr förmlich, was vor allem die umstehenden Männer sichtlich beeindruckte; und sie dazu, was sie veranlasste, nur noch verlegen „Thank you, Sir!", „Really, thank you; Sir!", „All the best, Sir!", „Good-bye, Sir!" zu stammeln, bis ich sie stoppte und erwiderte, mein Name sei nicht „Sir". Am Ende sprach sie sogar meinen Vornamen aus, und war damit die einzige unter den lokalen Mitarbeitern gewesen, die es bis dahin je getan hatte. Das wiederum imponierte mir!

In ganz anderer Weise brillierte ein Türke bei meinem zweiten Einsatz. Eigentlich war er Logistiker in einem anderen Projekt, unterstützte aber auch meins, als wir die Lieferung von etwa Tausend Tonnen Saatkartoffeln nach Syrien organisierten. Welche Rolle er genau dabei spielte, hatte ich nie exakt begriffen. Denn richtig arbeiten, hatte ich ihn nie gesehen. Arbeitsaufträge hat er gewöhnlich an den Kollegen weitergeleitet, der ihm gegenübersaß und den er offensichtlich als seinen persönlichen Assistenten, besser Lakai, ansah. Lediglich ganz am Anfang beeindruckten mich seine Reden. Die klangen geradeso, als würde er allein den gesamten Laden am Laufen halten. Seine Landsleute achteten ihn, bei dem einen oder anderen hatte ich sogar das Gefühl, dass sie ihn fürchteten. Das mag zum einen an seinem sehr selbstbewussten Auftreten gelegen haben. Andererseits schien er über exzellente Kontakte zu verfügen, die offenbar auch der einzige Grund dafür waren, warum er angestellt worden war.

Bereits morgens schwang er mit seiner lauten Stimme und Zigarillo rauchend vor dem Gebäude weit ausschweifende Reden, mit der er unweigerlich die Aufmerksamkeit aller Ankommenden auf sich zog. Mit der Zeit habe ich mich dann immer schmunzelnd hinzugesellt, weil seine Geschichten fast den Charakter Münchhausener Prägung hatten. Und er war zweifellos ein besonderer Charakter.

Harmlos war noch seine Behauptung, er hätte nebenbei ein sehr florierendes Geschäft – Import-Export! - und sei eigentlich gar nicht von dem Job bei uns abhängig. Den würde er nur zum Zeitvertreib tun. Obendrein sei seine Frau ebenfalls eine erfolgreiche Geschäftsfrau. Die hätte in Antalya ein Nagelstudio. Aufgrund dessen könne man ihm nichts vormachen. Deshalb sprach er im Zusammenhang mit auftretenden Problemen oder dergleichen bei uns immer nur von Kinkerlitzchen, die er alle mit einem kurzen Telefonat lösen würde.

Eine Maßnahme in meinem Verantwortungsbereich bestand aus der Installation einer Solaranlage auf dem Dach eines Krankenhauses in Syrien. In deren Lieferung per Schiff aus dem Ausland war er involviert. Am Ankunftshafen waren die Elemente aus den Containern genommen und auf LKWs verladen worden. Als es nun um die Begleichung der Rechnung ging, beinhaltete diese die Container, die aber nie vor Ort angekommen waren, sondern im Hafen gelagert sein mussten. Die Frage war demnach, wo genau sich die Container jetzt befänden. Eine Kollegin aus der Zentrale, die generell zur Unterstützung der Verwaltung gekommen war, befasste sich auch mit diesem Fall. Ihr riet ich mit ‚Münchhausen' zu sprechen, der könne ihr sicherlich Details mitteilen.

Nach etwa zwei Stunden kam sie völlig entnervt in mein Büro und klagte: „Herr Fischer, so kann man doch nicht arbeiten!" Sie hätte mit ihm gesprochen, der ihr allerdings keinerlei Antworten liefern konnte, sondern „nur wirres Zeug oder wahrscheinlich sogar Märchen (!)" erzählt hätte – der Lügenbaron ließ offensichtlich tatsächlich grüßen. Den Verbleib der Container erfuhr sie danach von jemand anderen.

Die Krönung seiner Flunkereien war die Episode um ein angeblich revolutionäres Haarwuchsmittel. Das hätte ein Freund von ihm erfunden – Erfolg garantiert! Entsprechende Probanden könne er allerdings noch nicht vorweisen. Ein Fläschchen würde nur 3.000 US-Dollar (!) kosten. Er würde seinen sehr breiten Scheitel selbst schon seit einigen Tagen damit einreiben. In der Folge hatte ich deshalb stets ein besonderes Auge auf seinen kahlen Schädel geworfen, konnte aber sogar nach drei Monaten keinerlei Sprösslinge erkennen. Es bräuchte eben seine Zeit, entgegnete er halb im Ernst.

Selbstverständlich änderte sich bis zum Ende meines Einsatzes nichts an seiner Haarpracht. Bei meiner Abschiedszeremonie kam er jedenfalls zu mir und dankte mir überraschenderweise. Wofür, ließ er offen. Entweder, vermutete ich, weil ich ihm so oft unkommentiert, dafür lächelnd zugehört, oder, weil ich ihn nicht vor anderen bloßgestellt hatte. Immerhin waren seine Erzählungen immer sehr unterhaltsam gewesen. Wahrscheinlich hat er seine eigene Rolle auch als Entertainer verstanden, und man weiß ja, dass bei denen vieles nur Show ist. Tatsache war dagegen, dass ich später erfuhr, er sei wegen Korruptionsvorwürfen entlassen worden. Gewundert hat es mich ganz und gar nicht.

Am Ende möchte ich noch einem Kollegen, seines Zeichens Franzose, erwähnen. Bei meinem allerletzten Einsatz in Georgien wurde ich von ihm mehr als herzlich willkommen geheißen. Gleichzeitig war er der erste Ausländer, den ich über all die Jahre kennenlernte, der seit Jahren glücklich verheiratet vor Ort arbeitete, die Landessprache konnte und, nach eigener Aussage, sehr gerne dort lebte.

Deshalb war er mit den örtlichen Gegebenheiten und der Mentalität der Menschen sehr vertraut. Die ersten Kostproben davon lieferte er gleich am zweiten Tag, als er zum Abendessen in ein Restaurant einlud. Er leitete ein länderübergreifendes Projekt unter anderem auch in Armenien und begann auf die Unterschiede zwischen Georgien und dem Nachbarland einzugehen.

Im Gegensatz zu dem dortigen würde der armenische Arbeitstag zum Beispiel viel früher beginnen. In der Tat war mir das bereits am Vorabend aufgefallen, als ich im Hotel auf meine Frage, ab wann es Frühstück gäbe, zu hören bekam, ab neun Uhr! Die Büroarbeit startete gewöhnlich um zehn Uhr!

Anschließend ging es bei seinen Erzählungen jedoch nur noch um Armenien. Das wäre für mich besonders wichtig, da ich das EU-Projekt dort managen würde. Grundsätzlich müsse ich damit rechnen, dass sich die dortigen Kolleginnen und Kollegen nichts vorschreiben ließen, da sie davon überzeugt seien, Probleme und dergleichen selbst in die Hand nehmen zu können. Diesen Wesenszug konnte ich in der Tat danach vielfach erleben. Selbst als ich der Partnerorganisation anbot, einen Kontakt zur GIZ herzustellen, der unter Umständen für deren Zukunft wichtig sein könnte, winkte man zunächst ab – immerhin kannte ich den Landesdirektor in Georgien persönlich, in dessen Zuständigkeit auch Armenien fiel. Offenbar waren sie aber zu hochmütig, in ihrem Heimatland auf die Hilfe eines Ausländers angewiesen zu sein.

Immer wieder fragte ich deshalb nach, ob sie bereits einen Gesprächstermin abgemacht hätten, bekam jedoch keine Antwort. Daher nahm ich es selbst in die Hand und war wenige Tage danach persönlich dabei. Hinterher freuten sie sich, da die Unterhaltung sehr vielversprechend geklungen hatte. Dafür gedankt haben sie mir nicht.

Im Restaurant fuhr der Franzose fort, dass Armenier ebenfalls nicht nur besonders stolz auf ihr Heimatland seien, sondern – jetzt schmunzelte er verschmitzt – sie würden auch sämtliche Errungenschaften, die ihren Ursprung (angeblich) dort gehabt haben, stets hervorheben. Neben der Religion seien das noch weitere maßgebliche Innovationen und nicht zuletzt auch bekannte Persönlichkeiten gewesen. Je mehr er aufzählte, desto lauter wurde sein Lachen; und ich solle mich nicht wundern, wenn dort behauptet würde, Charles de Gaulle, genauso wie Edith Piaf wären ursprünglich aus Armenien. Wenn ich sonst irgendetwas nicht wissen würde, solle ich einfach behaupten, es wäre sicherlich in Armenien erfunden worden. Jetzt war kein Halten mehr. Wir prusteten vor Lachen.

Wie man einer Gruppe von Menschen Geschichten erzählt, das verstand er bestens; dazu noch sein verschmitztes Lächeln, den Kopf etwas zur Seite geneigt, und am Ende „voilà" in dem typisch französischen Akzent, wenn er Englisch sprach – köstlich.

Von Anfang an gefiel mir auch, dass er kein Blatt vor den Mund nahm, und mich in alle Einzelheiten im Hinblick auf die laufenden Projekte sowie Besonderheiten unseres Arbeitgebers einweihte. Andersherum tat ich es gleichermaßen. Wir sprachen auf derselben Wellenlänge und die Zusammenarbeit mit ihm war eine, wie man sie sich nur wünschen konnte.

Während ich zugegebenermaßen mit dem Land fremdelte, war ich beeindruckt von meinem französischen Kollegen. Selbst die immensen Probleme innerhalb unseres Arbeitgebers nahm er hin, nur damit er weiterhin dort arbeiten und leben konnte. Dabei war er sich über die organisationalen Schwierigkeiten sehr bewusst. Bei ihm ging aber das Private über das Berufliche. Eine dauerhafte Trennung von seiner Familie kam für ihn nicht infrage.

In der Praxis sah es so aus, dass er gewöhnlich nach Feierabend nicht zu erreichen war, was mich keineswegs störte. Vielmehr faszinierte mich seine strikte Ansicht, die Arbeit im Büro in jeder Hinsicht zu lassen. Das hieß aber nicht, dass er sein Projekt schleifen ließ. Ganz im Gegenteil, er kümmerte sich um jedes kleinste Detail, weshalb es in der Tat sehr erfolgreich lief.

An meinem allerletzten Arbeitstag hatte er mich, bezeichnenderweise als ersten Kollegen überhaupt, zu sich nach Hause zum Abendessen eingeladen. Dort war ich noch beeindruckter. Denn er führte mich durch die Wohnung und deutete auf viele Möbel aus sehr schwerem Holz, die er selbst zusammengezimmert hatte – und zwar in brillanter Art und Weise.

Schade war nur, dass wir nicht länger miteinander gearbeitet haben. Dass ich ihm im letzten Auslandseinsatz begegnete, war in jeder Hinsicht ein Glücksfall und eine Bereicherung für mich. Ich mag mir gar nicht ausmalen, wie der ansonsten, in meinen Augen, katastrophale Aufenthalt verlaufen wäre, hätte ich mit Kollegen wie dem anfangs erwähnten Zyniker oder dem Holländer zusammenarbeiten müssen. Das wäre sicherlich eine mehrdimensionale Katastrophenbegegnung gewesen, für die es keine Steigerung mehr gegeben hätte.

Mit ihm und vielen anderen ehemaligen Mitarbeitern bin ich noch heute gelegentlich in Kontakt. Mit den meisten derjenigen, die ich in dem Kapitel erwähnt habe, ist das nicht der Fall. Trotzdem hinterließen sie bei mir tiefe Eindrücke.

Solche Erfahrungen kann man zwar in allen Arbeitsbereichen machen, trotzdem glaube ich, dass die Auslandstätigkeit in der humanitären Hilfe im Vergleich zu anderen Branchen ganz besondere persönliche Begegnungen ermöglicht. Denn ich kann mir kaum ein anderes Berufsfeld vorstellen, in dem es ähnlich international zugeht.

Lokal mögen Expats aus anderen Gebieten gleichartige Erlebnisse gehabt haben. Trotzdem waren es für mich einzigartige Katastrophenbegegnungen – in jeder erdenklichen Hinsicht.

Nach meiner Rückkehr aus Georgien begegnete mir erneut das Problem der Jobfindung. Ich würde es als eine halbe Katastrophe bezeichnen, denn nach meinen vergangenen Erfahrungen hatte ich ohnehin damit gerechnet. Noch während meiner Zeit im Ausland hatte ich gelegentlich Versuche unternommen, hierzulande einen Job zu ergattern. Dafür hatte ich mich vor allem auf Projektmanager-Positionen im Umkreis meines Wohnortes konzentriert. Die Ergebnisse waren jedoch sehr ernüchternd, denn ich war nicht ein einziges Mal zu einem Vorstellungsgespräch eingeladen worden.

Jetzt bewarb ich mich auf alle möglichen Stellen, Hauptsache ich fand eine. Mir war egal welche, wie auch die Bezahlung. Meine Bereitschaft zu Kompromissen war sehr, sehr hoch. Selbst Leiharbeitsfirmen kamen in Betracht.

Bei einer stellte ich mich als Fahrer vor, für den damals geltenden Mindestlohn von zwölf Euro pro Stunde. Die Arbeitszeit wäre von morgens etwa vier bis acht Uhr und nachmittags von dreizehn bis etwa sechzehn Uhr gewesen. Die Zeit dazwischen gelte als Freizeit. Man könne mir, neben den durchzuführenden Fahrten, zusätzlich die Stelle des Koordinators aller Fahrer anbieten, hieß es, dafür gebe es einen Euro (!) mehr. In dem Fall wäre mein Büro bzw. Arbeitsplatz der Transporter gewesen, mit welchem ich Arbeitskräfte zur und von der Arbeit zurück nachhause hätte bringen sollen; den dafür notwendigen Computer zur Erstellung von Excel Tabellen sowie Kommunikation per E-Mail müsse ich allerdings selbst mitbringen!

War es möglich, dass hierzulande derartige Konditionen für einen Arbeitsplatz tatsächlich vorausgesetzt wurden? War das der allgemeine Standard? Wusste ich tatsächlich nicht mehr, wie die Arbeitswelt in Deutschland aussah?

Denn das war einer der Gründe gewesen, den mir im Ausland einmal ein Kollege erläuterte, warum man nach langjähriger Auslandstätigkeit hier nicht so einfach unterkommen würde. Als weitere Erklärungen fügte er hinzu, dass man womöglich im Ausland Privilegien (Dienstwagen und womöglich Personal) genossen hätte, die ein Arbeitgeber in Deutschland nicht bieten könne, und deshalb von vornherein abschreckend wirkten; obendrein wisse man einfach nicht mehr, wie *richtig* gearbeitet würde. Verlernt hatte ich das sicherlich nicht – davon war ich jedenfalls überzeugt.

Nachdem ich zwei Monate später tatsächlich einen Job gefunden hatte, wurde ich jedoch eines Besseren belehrt. Ich war zwar keine Führungskraft mehr, aber: eine fehlende Einarbeitung, merkwürdige interne Abläufe, mangelnde Führung und mangelnde Bereitschaft zur Zusammenarbeit unter Kollegen, ja, generelles Desinteresse an mir und meiner Tätigkeit stellten meine Frustrationsfähigkeit nicht nur auf eine harte Probe, sondern auch meinen gewohnten Arbeits- und Managementstil, wie ich ihn im Ausland praktiziert hatte, stellten sie grundsätzlich auf den Kopf.

Insofern hat sich meine Prophezeiung ganz am Ende der ‚Katastrophenbegegnungen' 2019, ich würde auch derartige Begegnungen daheim machen, in einem nicht für möglich gehaltenen Ausmaß bewahrheitet.

Thematisch würde diese Feststellung zwar zum jetzigen Titel passen, allerdings entspricht sie keineswegs der Kürze einer Anekdote oder Episode. Zumindest ein kleines Büchlein würden diese Erfahrungen auf jeden Fall füllen. Aber das ist eine andere Geschichte.